Paul Wilmott

Grundkurs
Machine Learning

Liebe Leserin, lieber Leser,

mit Machine Learning haben Sie sich ein spannendes Thema vorgenommen.

Maschinelles Lernen ist angewandte Mathematik. Dieser Grundkurs stellt Ihnen neun wichtige Lernverfahren genau aus dieser Perspektive vor.

Es lädt sie ein, die mathematischen Verfahren nachzuvollziehen – anhand von Beispielen, die für alle Fachrichtungen nachvollziehbar sind. Legen Sie sich neben dem Computer auch Papier und Bleistift zurecht und scheuen Sie die Mühe nicht, einmal Schritt für Schritt durchzuspielen, was Ihnen auch eine Software abnehmen kann.

Sie können dieses Buch von vorne nach hinten lesen und so nach und nach alle Verfahren kennenlernen. Vielleicht interessiert Sie aber auch nur eine Auswahl. Oder Sie sind schon dabei, eine bestimmte Methode in einem Softwareprojekt anzuwenden, und möchten besser verstehen, was dahintersteckt.

Dann spricht nichts dagegen, direkt zu dem Kapitel zu springen, das Sie interessiert. Alle Kapitel sind unabhängig voneinander lesbar, die Beispiele stehen für sich selbst.

Sollten Sie übrigens Fragen zum Buch haben, Lob oder Kritik äußern wollen, wenden Sie sich gern an mich. Ihre freundlichen Kommentare sind uns jederzeit willkommen.

Ihre Almut Poll
Lektorat Rheinwerk Computing

almut.poll@rheinwerk-verlag.de
www.rheinwerk-verlag.de
Rheinwerk Verlag · Rheinwerkallee 4 · 53227 Bonn

Auf einen Blick

1	Einführung	17
2	Allgemeines	35
3	K-nächste Nachbarn	75
4	K-Means Clustering	87
5	Naiver Bayes-Klassifikator	107
6	Regressionsmethoden	115
7	Support-Vektor-Maschinen	123
8	Selbstorganisierende Karten	137
9	Entscheidungsbäume	151
10	Neuronale Netze	173
11	Verstärkendes Lernen	199

Wir hoffen, dass Sie Freude an diesem Buch haben und sich Ihre Erwartungen erfüllen. Ihre Anregungen und Kommentare sind uns jederzeit willkommen. Bitte bewerten Sie doch das Buch auf unserer Website unter **www.rheinwerk-verlag.de/feedback**.

An diesem Buch haben viele mitgewirkt, insbesondere:

Lektorat Almut Poll
Übersetzung Joachim Steinwendner
Korrektorat Annette Lennartz, Bonn
Herstellung Norbert Englert
Typographie und Layout Vera Brauner
Einbandgestaltung Julia Schuster
Titelbilder iStock: 1097395654 © nd3000; shutterstock: 1188563173 © Konstantin Faraktinov
Satz Daniel van Soest
Druck und Bindung Beltz Grafische Betriebe, Bad Langensalza

Dieses Buch wurde gesetzt aus der TheAntiquaB (9,35 pt/13,7 pt) in LaTeX.
Gedruckt wurde es auf ungestrichenem Offsetpapier (90 g/m²). Hergestellt in Deutschland.

Übersetzung der Originalausgabe:
Paul Wilmott: Machine Learning. An Applied Mathematics Introduction
Copyright © 2019, Paul Wilmott
All rights reserved

Original English-language edition first published 2019 by Panda Ohana Publishing.
German-language edition published 2020 by Rheinwerk Verlag GmbH.

Das vorliegende Werk ist in all seinen Teilen urheberrechtlich geschützt. Alle Rechte vorbehalten, insbesondere das Recht der Übersetzung, des Vortrags, der Reproduktion, der Vervielfältigung auf fotomechanischen oder anderen Wegen und der Speicherung in elektronischen Medien.

Ungeachtet der Sorgfalt, die auf die Erstellung von Text, Abbildungen und Programmen verwendet wurde, können weder Verlag noch Autor, Herausgeber oder Übersetzer für mögliche Fehler und deren Folgen eine juristische Verantwortung oder irgendeine Haftung übernehmen.

Die in diesem Werk wiedergegebenen Gebrauchsnamen, Handelsnamen, Warenbezeichnungen usw. können auch ohne besondere Kennzeichnung Marken sein und als solche den gesetzlichen Bestimmungen unterliegen.

Bibliografische Information der Deutschen Nationalbibliothek:
Die Deutsche Nationalbibliothek verzeichnet diese Publikation in der Deutschen Nationalbibliografie; detaillierte bibliografische Daten sind im Internet über *http://dnb.d-nb.de* abrufbar.

ISBN 978-3-8362-7598-9

1. Auflage 2020
© Rheinwerk Verlag GmbH, Bonn 2020

Informationen zu unserem Verlag und Kontaktmöglichkeiten finden Sie auf unserer Verlagswebsite **www.rheinwerk-verlag.de**. Dort können Sie sich auch umfassend über unser aktuelles Programm informieren und unsere Bücher und E-Books bestellen.

Für JRO, von Ihrem furchtlosen Studenten

Inhalt

Vorwort 13

1 Einführung 17

1.1	Maschinelles Lernen	18
1.2	Lernen ist der Schlüssel	19
1.3	Ein wenig Geschichte	20
1.4	Schlüsselmethodiken in diesem Buch	22
1.5	Klassische mathematische Modellierung	26
1.6	Maschinelles Lernen ist anders	28
1.7	Einfachheit führt zu Komplexität	29
1.8	Weiterführende Literatur	33

2 Allgemeines 35

2.1	Jargon und Notation	35
2.2	Skalierung	37
2.3	Distanzmessung	38
2.4	Fluch der Dimensionalität	39
2.5	Hauptkomponentenanalyse	39
2.6	Maximum-Likelihood-Schätzung	40
2.7	Konfusionsmatrix	44
2.8	Kostenfunktion	47
2.9	Gradientenabstieg	52
2.10	Training, Testen und Validieren	54
2.11	Bias und Varianz	57
2.12	Lagrange-Multiplikatoren	63

2.13	Mehrfachklassen	65
2.14	Informationstheorie und Entropie	67
2.15	Verarbeitung natürlicher Sprache (NLP)	70
2.16	Bayes-Theorem	72
2.17	Was nun?	73
2.18	Weiterführende Literatur	74

3 K-nächste Nachbarn 75

3.1	Wofür können wir die Methode verwenden?	75
3.2	Wie die Methode funktioniert	76
3.3	Der Algorithmus	78
3.4	Probleme mit KNN	78
3.5	Beispiel: Körpergröße und -gewicht	79
3.6	Regression	83
3.7	Weiterführende Literatur	85

4 K-Means Clustering 87

4.1	Wofür können wir die Methode verwenden?	87
4.2	Was macht K-Means Clustering?	89
4.3	Scree-Plots	93
4.4	Beispiel: Kriminalität in England, 13 Dimensionen	94
4.5	Beispiel: Volatiliät	98
4.6	Beispiel: Zinssatz und Inflation	100
4.7	Beispiel: Zinssätze, Inflation und BIP-Wachstum	103
4.8	Ein paar Kommentare	104
4.9	Weiterführende Literatur	105

5 Naiver Bayes-Klassifikator — 107

- 5.1 Wofür können wir ihn verwenden? — 107
- 5.2 Verwendung des Bayes-Theorems — 108
- 5.3 Anwendung des NBK — 108
- 5.4 In Symbolen — 110
- 5.5 Beispiel: Politische Reden — 111
- 5.6 Weiterführende Literatur — 114

6 Regressionsmethoden — 115

- 6.1 Wofür können wir sie verwenden? — 115
- 6.2 Mehrdimensionale lineare Regression — 116
- 6.3 Logistische Regression — 117
- 6.4 Beispiel: Noch einmal politische Reden — 119
- 6.5 Weitere Regressionsmethoden — 121
- 6.6 Weiterführende Literatur — 122

7 Support-Vektor-Maschinen — 123

- 7.1 Wofür können wir sie verwenden? — 123
- 7.2 Harte Ränder — 123
- 7.3 Beispiel: Iris (Schwertlilie) — 126
- 7.4 Lagrange-Multiplier-Version — 128
- 7.5 Weiche Ränder — 130
- 7.6 Kernel-Trick — 132
- 7.7 Weiterführende Literatur — 136

8 Selbstorganisierende Karten — 137

8.1	Wofür können wir sie verwenden?	137
8.2	Die Methode	138
8.3	Der Lernalgorithmus	140
8.4	Beispiel: Gruppierung von Aktien	142
8.5	Beispiel: Abstimmungen im Unterhaus	147
8.6	Weiterführende Literatur	149

9 Entscheidungsbäume — 151

9.1	Wofür können wir sie verwenden?	151
9.2	Beispiel: Zeitschriftenabo	153
9.3	Entropie	158
9.4	Überanpassung und Abbruchregeln	161
9.5	Zuschneiden	162
9.6	Numerische Merkmale/Attribute	162
9.7	Regression	164
9.8	Ausblick	171
9.9	Bagging und Random Forest	171
9.10	Weiterführende Literatur	172

10 Neuronale Netze — 173

10.1	Wofür können wir sie verwenden?	173
10.2	Ein sehr einfaches Netzwerk	173
10.3	Universelles Approximations-Theorem	174
10.4	Ein noch einfacheres Netzwerk	176
10.5	Die mathematische Manipulation im Detail	177
10.6	Häufige Aktivierungsfunktionen	181

10.7	Das Ziel	182
10.8	Beispiel: Approximation einer Funktion	183
10.9	Kostenfunktion	184
10.10	Backpropagation	185
10.11	Beispiel: Buchstabenerkennung	188
10.12	Training und Testen	190
10.13	Mehr Architekturen	194
10.14	Deep Learning	196
10.15	Weiterführende Literatur	197

11 Verstärkendes Lernen   199

11.1	Wofür können wir es verwenden?	199
11.2	Geländeausfahrt mit Ihrem Lamborghini 400 GT	200
11.3	Jargon	202
11.4	Ein erster Blick auf Blackjack	203
11.5	Der klassische Markow-Entscheidungsprozess für Tic-Tac-Toe	204
11.6	Noch mehr Jargon	206
11.7	Beispiel: Der mehrarmige Bandit	207
11.8	Etwas anspruchsvoller 1: Bekannte Umgebung	211
11.9	Beispiel: Ein Labyrinth	214
11.10	Notation zu Wertefunktionen	218
11.11	Die Bellman-Gleichung	220
11.12	Optimale Policy	221
11.13	Die Bedeutung der Wahrscheinlichkeit	222
11.14	Etwas anspruchsvoller 2	223
11.15	Monte Carlo Policy Evaluation	224
11.16	Temporal-Difference-Lernen	227
11.17	Vor- und Nachteile: MC versus TD	228
11.18	Finden der optimalen Policy	229

11.19 Sarsa 230
11.20 Q-Lernen 232
11.21 Beispiel: Blackjack 233
11.22 Große Zustandsräume 245
11.23 Weiterführende Literatur 245

Datensätze 247
Epilog 251

Index 253

Vorwort

Dieses Buch soll Ihnen die wichtigsten mathematischen Grundlagen möglichst vieler maschineller Lernverfahren vermitteln. Ich lasse die meiner Einschätzung nach unnötig langweiligen Teile dabei weg. Es unterscheidet sich außerdem absichtlich von den meisten anderen Büchern zu diesem Thema.

Sollten Sie dieses Buch bereits gekauft haben, dann können Sie die nächsten Absätze überspringen. Denn darin erkläre ich, für wen das Buch gedacht ist. Wenn Sie das Buch gekauft haben und es stellt sich heraus, dass Sie das falsche Publikum sind, dann... ups.

Es gibt verschiedene Lesertypen von Lehrbüchern zu maschinellem Lernen. Ihre Zugehörigkeit ist je nach Typ sehr unterschiedlich verteilt.

Gemessen an den via Amazon verfügbaren Büchern, schätze ich, dass es eine Unzahl an Leuten gibt, die nur auf relevanten Programmiercode aus sind, zumeist in Python oder R. Und es gibt in der Tat eine Menge Bücher, die genau das bieten. Noch dazu mit einer beeindruckend kompakt programmierten Repräsentation der Problemlösungen. Diese Gruppe werde ich links liegen lassen, die sind bereits gut versorgt.

Dann gibt es eine ganze Reihe von Büchern, die die *Anwendungen* von Techniken des maschinellen Lernens hervorheben – ausgestattet mit wenig Code und sehr elementarer Mathematik. Diese eignen sich hervorragend, um sich einen Überblick über das Thema zu verschaffen, aber es mangelt ihnen an Details. Man kann sie leicht an der etwas fragwürdigen Schriftart erkennen, die sie für ihre Mathematik verwenden. Und daran, dass sie im Eigenverlag publiziert werden, obwohl daran absolut nichts auszusetzen ist.

Und dann gibt es da noch die Expertenbücher, von denen sich jedes einem speziellen Teilgebiet widmet und sehr in die Tiefe geht. Zwar sind sie nicht erkennbar an ihrer Schriftart, aber sie sind doch etwas unheimlich. Und für gewöhnlich sehr, sehr teuer.

Nein, ich versuche nicht, mit einem der obengenannten Buchtypen zu konkurrieren.

Ich ziele auf ein kleines Publikum ab, das diesbezüglich etwas unterversorgt ist – ein Publikum, das womöglich minütlich schwindet, während ich diese Zeilen tippe: Angewandte Mathematiker. Menschen, die es lieben, Mathematik zu *machen* und knifflige Probleme zu lösen. Vielleicht alte Hasen, geübt in klassischen Methoden, die daran interessiert sind, mehr über die datengetriebene Revolution zu erfahren, die sie vom Rande aus beobachten. Sie wissen, wer sie sind. Ja, Sie da hinten. Nein, nicht abhauen. Setzen Sie sich hier vorne hin in die erste Reihe, und lassen Sie uns gemeinsam dieses Thema erarbeiten...

Lassen wir Die Maschinen sprechen

Bevor wir so richtig beginnen, lassen Sie uns lesen, was »Die Maschine« über dieses Buch zu sagen hat.[1] (Sehr aufschlussreich. Besonders gefallen hat mir die Empfehlung im letzten Satz.)

> *Diese Bände sollen in mehreren Abschnitten erscheinen. Sie können sie in diesem Buch an jedem der vier verschiedenen Orte von Anfang bis Ende lesen. Der Hauptpunkt, den Sie hier machen wollen, ist, dass sowohl das Buch als auch der Text über so viele der Techniken, die Sie verwenden werden, gut verstanden werden. Aber was wird getan, um sie alle zugänglich zu machen, und dass sie nicht zu schwer zu verstehen sein werden? Tatsächlich wird jede der Techniken ziemlich leicht zu verstehen sein, und das Material wird sehr gut organisiert sein, so dass Sie in kürzester Zeit (d. h. nach weniger als 40 Seiten) das tun können, was Sie wollen. Einige grundlegende Beispiele für verschiedene Arten des maschinellen Lernens finden sich in dem Buch, aber ich werde mich auf die Hauptpunkte des Buches konzentrieren. Wenn Sie daran interessiert sind, mehr über dieses Thema zu lesen, dann sehen Sie sich mein Buch an.*

Danksagung

Ich möchte meinem Co-Autor des Buches *The Money Formula* (erhältlich in allen guten Buchhandlungen), David Orrell, danken für seine speziell auf Tippfehlererkennung gebauten Augen. Das Cover habe ich Liam Larkin zu verdanken, dem Designer meines Magazins (»The world's most expensive magazine«, laut *Esquire*).

Ich bin besonders Thijs van den Berg zu Dank verpflichtet, der mich auf dieses Thema gebracht hat. Er schlug außerdem viele Ergänzungen und Korrekturen zum Buch vor, die ich zu 82,1 % auch umgesetzt habe. Thijs und ich geben Schulungen zum Thema maschinelles Lernen, und so möchte ich auch den Kursteilnehmern danken. Ihre Kommentare und Fragen waren eine große Hilfe, um gute Erklärungen für die oft komplexen Zusammenhänge zu finden.

Schließlich muss ich noch meine Frau, meine Kinder, das Finanzamt Ihrer Majestät, IRS, »Game of Thrones«, Sky News und den Brexit erwähnen, ohne die dieses Buch in der Hälfte der Zeit fertig geworden wäre.

---

1 Text erzeugt mit Maschine Nr. 1 *https://colab.research.google.com/github/ilopezfr/gpt-2/blob/master/gpt-2-playground_.ipynb* und von Maschine Nr. 2 (DeePL) vom Englischen ins Deutsche übersetzt.

Über den Autor

Beruflich gesehen ...

Paul Wilmott studierte Mathematik am St. Catherine's College, Oxford, wo er auch sein Doktorat (Dr. phil.) abschloss. Er ist der Autor von *Paul Wilmott Introduces Quantitative Finance* (Wiley 2007), *Paul Wilmott On Quantitative Finance* (Wiley 2006), *Frequently Asked Questions in Quantitative Finance* (Wiley 2009), *The Money Formula: Dodgy Finance, Pseudo Science, and How Mathematicians Took Over the Markets* (mit David Orrell) (Wiley 2017) und anderen Finanzlehrbüchern. Er hat über 100 Forschungsartikel zu Finanzwissenschaften und Mathematik geschrieben. Paul Wilmott war Gründungspartner des Volatilitäts-Arbitrage-Hedgefonds Caissa Capital, der 170 Millionen US$ verwaltete. Sein Verantwortungsbereich umfasste die Prognose, das Pricing von Derivaten und das Risikomanagement.

Paul ist der Inhaber von *www.wilmott.com*, der beliebten Website der Community zur quantitativen Finanz und des Magazins *Wilmott*. Er ist der Schöpfer des Certificate in Quantitative Finance, *cqf.com*, und Präsident des CQF Instituts, *cqfinstitute.org*.

Andererseits ...

Paul war ein professioneller Jongleur bei der Dab-Hands-Truppe und hat als Undercover-Ermittler für Channel 4 gearbeitet. Er erhielt auch drei »half blues« (Auszeichnung für sportliche Spitzenleistung) von der Oxford University für Gesellschaftstanz. Im Alter von 41 Jahren gewann er schließlich einen Wettbewerb im Sandburgenbau. Er erzeugt seinen eigenen Käse, dessen Geschmack als »gewöhnungsbedürftig« beschrieben wurde.

Paul war der erste Mann in Großbritannien, der sich online scheiden ließ. Er war als Experte an einer TV-Show unter anderem mit der Vorhersage des Namens des königlichen Nachwuchses und des Gewinners des Eurovision Song Contests beauftragt. Er lag vollkommen falsch.

Er spielte Bridge für das D-Team seiner Schule. (Es gab kein E-Team.)

Und er spielt Ukulele. Klar.

Kapitel 1
Einführung

Hallo, mein Name ist Paul Wilmott.[1] Ich gehöre der Profession der angewandten Mathematiker an und habe viele Jahre in der Wissenschaft gearbeitet, dies und das erforscht, Studierende betreut und Arbeiten für wissenschaftliche Journale geschrieben. Der Beginn meiner Forschung lag im Bereich der angewandten/industriellen Mathematik. Damit ging einher, dass ich mit Leuten aus der Industrie zu tun hatte und ihre Aufgaben, die oft mit physikalischen Prozessen zu tun hatten, in mathematische Modelle zu transferieren versuchte. Die Lösung dieser mathematischen Modelle ergab interessante Einblicke in die gestellten Probleme. Diese Vorgehensweise hatte viele Vorteile gegenüber physikalischen Experimenten, nicht zuletzt den, dass wir viel billiger waren. Über die Jahre entwickelt man dabei eine Reihe von Techniken, die helfen, fast jede Situation modellieren zu können. Manchmal hat man physikalische Gesetze, wie etwa das Gesetz der Massenerhaltung, auf dem man aufbauen kann, viel öfter aber eben nicht. Hat man solide physikalische Gesetze zur Verfügung, dann führt das zu einem *quantitativ* guten Modell. Ansonsten bleibt nur ein Modell übrig, das lediglich *qualitativ* gut ist. Letzteres bezeichnet man oft auch als Spielzeugmodell. (Okay, zugegeben: Manchmal waren die Modelle richtiggehend schlecht, die Ergebnisse haben wir dann tendenziell eher nicht publiziert – normalerweise.)

Ich erzähle Ihnen das, weil dieser Werdegang großen Einfluss auf meine Sichtweise auf diesen relativ jungen Wissenschaftszweig, das maschinelle Lernen, hat. Ich betrachte ihn durchaus mit einer gewissen Skepsis, die ich auch in dieses Buch einfließen lasse. Dennoch hoffe ich, dass der Spaß an diesem Thema nicht allzu sehr darunter leidet. Ich werde etwas später in diesem Kapitel noch einmal darauf zurückkommen. Außerdem werde ich die klassische mathematische Modellierung und das maschinelle Lernen einander gegenüberstellen. Für zwei Bereiche, die das gleiche Ziel verfolgen, ist es doch überraschend, wie groß die Unterschiede sind.

Ich bringe auch meine Philosophie als angewandter Mathematiker mit ein, der gerne Probleme aus der echten Welt löst. Das bedeutet, man schreibt schnell mal ein mathe-

---

1 Das Kapitel heißt ja schließlich Einführung, *Introduction*, deshalb stelle ich mich vor, *I introduce myself.*

matisches Modell auf, ohne alles auch mathematisch beweisen zu müssen. Die Tatsache, dass etwas nicht bewiesen ist, bedeutet noch lange nicht, dass es falsch ist. Man will nur so schnell wie möglich zum Fleisch kommen, ohne dass ganze Gemüse essen zu müssen. (Nach all dem bin ich sicher, dass es einige Leser darauf anlegen werden, so viele Fehler wie möglich in diesem Buch zu finden. Wenn Sie welche finden, dann schreiben Sie mir zunächst eine E-Mail, über den Verlag an *almut.poll@rheinwerk-verlag.de*, bevor Sie mich bei Amazon rezensieren. Feedback ist mir willkommen.)

Dieses Buch enthält absolut keinen Programmiercode. Dies ist gewollt, und zwar aus zwei Gründen: Zum einen bin ich als Programmierer nicht zu gebrauchen. Zum anderen ist es mit dem Vorteil verbunden, dass ich die Methoden so detailliert vermitteln muss, dass Sie sie selbst umsetzen können. Ich kann keine Abkürzungen nehmen, wie zum Beispiel eine mathematisch schwer nachvollziehbare Beschreibung einer Technik, gefolgt von den Worten: »Nun schreiben Sie diese zwei Zeilen Code, drücken die Eingabetaste und schauen Sie sich die hübschen Bilder an.«

Natürlich gibt es viele Programmbibliotheken, die Sie zur Implementierung der von mir beschriebenen Methoden verwenden können, und Sie brauchen nicht zu wissen, wie sie funktionieren, um sie anzuwenden – und das ist in Ordnung. Genauso, wie mich meine völlige Ahnungslosigkeit darüber, wie ein Vergaser funktioniert, nicht davon abhält, mein Jensen Interceptor Cabriolet zu genießen. Und es mir wahrscheinlich trotzdem eine Menge Zeit und Kosten ersparen würde, etwas über Vergaser zu wissen.

Schließlich bietet dieses Buch eine Fülle von Beispielen, fast immer mit realen Daten. Dies ist jedoch kein dicker Forschungswälzer, deshalb dienen diese Beispiele nur der Veranschaulichung. Wäre dies ein Buch, das den neuesten Stand der Forschung beschreibt, dann bräuchte es viel mehr Datenvorbereitung, Tests und Validierungsaufgaben. Gleichzeitig müsste ich auf manche Erklärung zu den Grundlagen verzichten, und auch auf Hinweise, wo etwas schief laufen kann.

Lassen Sie uns aber zum eigentlichen Thema kommen.

1.1 Maschinelles Lernen

Eine Definition aus Wikipedia:

> *Maschinelles Lernen ist ein Zweig der Computerwissenschaften, der sich damit beschäftigt, mittels statistischer Methoden ein Computersystem zu befähigen, aus Daten zu »lernen« (zum Beispiel durch schrittweise Verbesserung der Aufgabenlösung), ohne explizit dafür programmiert zu werden.*

Womit beginnen wir also … mit Computern? Oder mit Statistik? Oder mit den Daten? Dies ist sicher nicht der geeignete Ort für eine detaillierte Geschichte des maschinellen Lernens. Ich könnte das auch nie so gut wie Google. (Ich habe außerdem dieses persönliche Vorurteil, dass jeder Mathematiker, der sich mit der Geschichte seines Fachs auskennt, kein richtiger Mathematiker ist.) Sollten Sie aber ein paar knackige Sätze für eine Dinnerparty-Unterhaltung brauchen (bevor Sie zu spannenderen Themen wie Religion oder Politik wechseln), dann bitte:

- Wahrscheinlichkeitsrechnung und Statistik gehen zurück auf das Jahr 1654, als Schlüsselereignis gilt ein Briefwechsel zwischen den französischen Mathematikern Blaise Pascal und Pierre de Fermat zu einem Würfelspiel. Ihr Problem bestand darin, herauszufinden, wie eine Wette gesetzt werden kann, um besser abzuschneiden als der Spielgegner. Dies galt als die Geburtsstunde des Begriffs und Konzepts der statistischen Erwartung.

- Wem die Erfindung des ersten Taschenrechners zuzuschreiben ist, ist umstritten. Es könnte wieder Pascal oder aber Wilhelm Schickard um 1623 gewesen sein. So oder so war es kaum mehr als eine einfache Additionsmaschine. Der erste *programmierbare* Computer wurde jedoch 1837 von Charles Babbage, oft als Vater der Computerwissenschaften bezeichnet, erfunden – allerdings nie gebaut. Sein Computer sollte Lochkarten für die Programmierung verwenden. Solche Systeme der Programmierung existierten bis in die jüngste Zeit. Für manchen Leser werden vertraute, wenn auch schmerzhafte Erinnerung geweckt.

- Viel früher schon wurden jedoch Daten gesammelt. Für das maschinelle Lernen brauchen wir Daten – und zwar Unmengen davon. Historisch gesehen wurden Daten oft in Form von Fragebögen und Umfragen erhoben. Das berühmte, rund 900 Jahre alte »Domesday Book« war eine von Wilhelm dem Eroberer in Auftrag gegebene Erhebung in England und Wales. Es diente unter anderem dazu, bei der Steuereintreibung zu helfen. *Plus ça change, plus c'est la même chose.*

Man nehme also Daten und Statistik und bewerfe damit einen Computer – und voilà, erhält man maschinelles Lernen.

1.2 Lernen ist der Schlüssel

Natürlich ist es mehr als das, aber die Crux steckt im Wort »Lernen«. In der klassischen Modellierung würden Sie sich mit einem Stück Papier, einem Bleistift und einem Single Malt hinsetzen und … dem Algorithmus alles beibringen, was Sie oder besser wir über zum Beispiel das Schachspiel wissen. Sie würden eine Codeanweisung aufschreiben wie »WENN weiße Dame ETWAS ETWAS schwarzer Läufer DANN ETWAS ETWAS.« (Ich habe seit vierzig Jahren kein Schach mehr gespielt, also entschuldigen Sie bitte den Mangel an Präzision.) Und Sie würden sehr, sehr viele Zeilen mit WENN-, UND- und ODER- Codeanweisungen brauchen, die dem Programm sagen, was in komplexen Situationen zu tun ist, mit Nuancen in den Positionen der Schachfiguren. Oder ... Sie würden eine Differenzialgleichung aufschreiben, die Ihrer Meinung nach erfasst, wie sich die Inflation zu einer Veränderung der Zinssätze verhält. Die Inflation steigt, also reagiert eine Zentralbank mit einer Erhöhung der Zinssätze. Die Erhöhung der Zinssätze verursacht ...

Sie würden sich die Daten genauer ansehen, vielleicht unter Verwendung von grundlegender Statistik, aber hauptsächlich wäre das Ergebnis ein Produkt des eigenen Gehirns.

Wie auch immer das Problem, Sie würden das Modell selbst erstellen.

Beim maschinellen Lernen sind Ihre Möglichkeiten zu modellieren viel eingeschränkter. Sie entscheiden sich für ein Gerüst, eine Methode, zum Beispiel ein neuronales Netz oder eine Support-Vektor-Maschine, und die Daten erledigen den Rest. (Es wird nicht mehr lange dauern, und die Maschinen kümmern sich auch um die Daten.) Der Algorithmus *lernt*.

1.3   Ein wenig Geschichte

Wie schon erwähnt, werde ich in diesem Buch Geschichtliches kurz halten. Das allein deshalb, weil sich die Geschichte in diesem Bereich rasend schnell ändert durch Ergänzungen und andere Sichtweisen. Ich möchte nur auf zwei Aspekte des maschinellen Lernens hinweisen, die ich persönlich sehr interessant finde.

Lassen Sie mich zunächst Donald Michie vorstellen. Während des Zweiten Weltkrieges, hat Donald Michie zusammen mit Alan Turing daran gearbeitet, Codes zu knacken. Nach dem Krieg promovierte er, und als Professor in Edinburgh widmete er sich Anfang der 60er Jahre der Frage, wie man einen Computer trainieren könnte, um Tic-Tac-Toe alias »Drei gewinnt« zu spielen. Das Wort *trainieren* werden Sie noch ziemlich oft lesen. Nun, eigentlich ging es hierbei nicht so sehr um einen Computer, sondern vielmehr eine Reihe von Streichholzschachteln – ohne Streichhölzer. 304 Schachteln, die so angeordnet sind, dass sie die Phasen eines Tic-Tac-Toe-Spiels repräsentieren. Ich werde hier nicht die Regeln dieses Spiels erklären, so wie ich weiter unten auch nicht die Regeln des Spiels Go erklären werde. Aber jede Phase wird durch ein Gitter dargestellt, in das ein Spieler jeweils ein X und abwechselnd der andere Spieler ein O schreibt mit dem Ziel, drei gleiche Symbole in einer Reihe zu erhalten. (Verflixt, jetzt habe ich die Spielregeln doch erklärt. Aber bitte, erwarten Sie keine Anleitung für das Spiel Go, allein schon, weil ich dieses Spiel selbst nicht zu 100 % verstanden habe.)

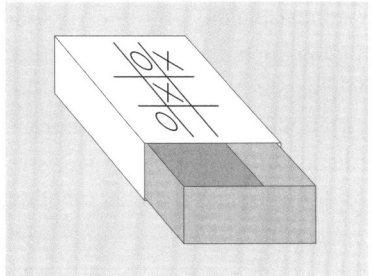

Abbildung 1.1 Eine Streichholzschachtel, die einen Tic-Tac-Toe-Zustand darstellt

In Abbildung 1.1 sehen wir die Skizze einer Streichholzschachtel von Professor Michie. Hier ist Spieler X an der Reihe. Offensichtlich gibt es einen Zug, der zum Gewinn führt (eigentlich zwei davon). Ich weiß das, Sie wissen das, aber würde das ein Computer ebenso wissen? Traditionellerweise würde man einem Computer so programmieren, dass er von allen möglichen Zuständen des Spiels den besten nächsten Spielzug macht. Das ist noch machbar für Tic-Tac-Toe, aber ganz sicher nicht für ein nicht-triviales Spiel. Stattdessen füllte Professor Michie jede der 304 Streichholzschachteln mit farbigen Glaskügelchen, wobei jede Farbe eine der leeren Zellen im Gitter repräsentiert. (Dabei machte er sich gewisse Symmetrien zunutze, sonst hätte man mehr als 304 Schachteln gebraucht.) Sind wir am Zug, dann entnehmen wir der Streichholzschachtel ein zufällig gewähltes Kügelchen, dessen Farbe uns zeigt, wo wir unser X hinzeichnen sollen. Dann ist unser Gegner an der Reihe. Das Spiel geht weiter, und wir bewegen uns von Spielzustand zu Spielzustand, also von Schachtel zu Schachtel. Gewinnen wir, dann erhält jede Schachtel in dem gewonnen Spiel ein zusätzliches Kügelchen in genau der Farbe, dessen Gitterplatz wir in der Spielaktion ausgewählt haben. Verlieren wir, wird das Kügelchen dieser Farbe hingegen entfernt. Schlussendlich füllen sich die Streichholzschachteln mit Glaskügelchen jener Farben, die den erfolgreichsten Zug in jedem Status repräsentiert. Diese Maschine, die Michie MENACE getauft hat (die Abkürzung steht für *Machine Educable Noughts And Crosses Engine*), hat Tic-Tac-Toe spielen gelernt. Einige wichtige Begriffe sind hier bereits gefallen: *Training, Zustand, Aktion, Belohnung, Lernen*. Sie werden noch mehr davon hören, und wir werden auch auf Donalds Streichholzschachteln zurückkommen, und zwar im Kapitel über verstärkendes Lernen. Die nächste spannende Geschichte ist die von Google DeepMind, in der einem Computer das Go-Spiel beigebracht worden war, der daraufhin prompt Lee Sedol schlug, einen professionellen Go-Spieler des 9. Dan. (Nein, ich wusste nicht, dass man den 9. Dan nur durch Sitzen auf dem eigenen Hintern erreichen kann. Das gibt uns allen noch Hoffnung.) AlphaGo verwendete eine Reihe von Techniken, darunter auch neuronale Netze. Wieder lernte es das Spiel ohne explizite Programmierung der optimalen Spielzüge. Kurioserweise ließ man AlphaGo nicht nur gegen menschliche Gegner, sondern auch gegen sich selber spielen. Um eine Vorstellung davon zu bekommen, wie schwierig Go ist und folglich auch die Programmierung für AlphaGo, stellen wir uns vor, wir würden Donald Michies Streichholzschachtel-Methode verwenden, um die Spielzustände zu umfassen. Man würde wesentlich mehr als 304 Schachteln brauchen, die notwendige Anzahl würde das uns bekannte Universum vollständig mit Streichholzschachteln auffüllen. Ich empfehle an dieser Stelle, sich den Film mit dem kreativen Namen »The AlphaGo Movie« zu Gemüte zu führen. Beobachten Sie dabei die Gesichtszüge aller involvierten Personen. Lee Sedol startete das Spiel durchaus selbstsicher, wirkte bisweilen ziemlich ausgeblutet und gab schließlich auf. Er wirkte auch psychisch angeschlagen. Die meisten Entwickler hingegen jubelten vor Freude ob des weiteren Spielverlaufs. Obwohl unter ihnen einer war, der etwas entsetzt wirkte, so als ob er dächte »Oh Gott, was haben wir nur getan?«

Zuweilen machte der Computer eigenartige Spielzüge, die kein professioneller Go-Spieler je in Erwägung ziehen würde. Im Film wurde darüber diskutiert, ob es sich dabei jeweils um einen Programmierfehler, zu wenig Training oder einen Geniestreich des Computers handelte. Es war immer letzteres! Man sagte auch, das Spiel Go habe sich aufgrund dessen, was Menschen von der Maschine gelernt haben, weiterentwickelt. (Läuft es Ihnen auch gerade kalt den Rücken herunter? Also mir schon.)

Ich versuche, Sie in diesem Buch durch einige der populärsten Techniken des maschinellen Lernens zu leiten. Und zwar auf einem Niveau, auf dem Sie es sofort ausprobieren können. Der Rest dieses Kapitels widmet sich einem kurzen Überblick einiger dieser Verfahren.

Dieses Werk ist nicht als starres Lehrbuch gedacht, sondern es soll Ihr Interesse wecken, und idealerweise sitzen Sie mit einer geöffneten Excel-Datei (oder Ähnlichem) am PC und experimentieren. Es ist die Art Buch, die ich mir gewünscht hätte, als ich begann, mich mit diesem Bereich auseinanderzusetzen.

Noch eine Warnung: Dieses Buch wird zeigen, wie schnell man süchtig nach maschinellen Lernen werden kann, weil es so gottverdammten Spaß macht. Selbstüberschätzung ist jedoch nicht angebracht, wenn man sich mit einem Thema auseinandersetzt, das nach derzeitigem Kenntnisstand die Weltherrschaft übernehmen wird.

1.4 Schlüsselmethodiken in diesem Buch

Wir unterscheiden drei Hauptkategorien des maschinellen Lernens, wobei sich zwei davon durch den Grad der Unterstützung der Maschine unterscheiden. Bei der dritten geht es darum, einer Maschine beizubringen, bestimmte Dinge zu tun.

Prinzipielle Kategorien

- **Überwachtes Lernen**

  Beim *überwachten Lernen* sind Eingabe und Ausgabe gegeben. Die Eingabe liegt als Vektor vor, d. h. mit typischerweise mehr als einer Variablen. Nehmen wir z. B. digitale Bilder von Hunden, die zu Vektoren transformiert werden, die die Pixelfarben repräsentieren. Diese Bilder wurden als Jagdhund, Pudel, Terrier etc. klassifiziert. Wir trainieren nun unseren Algorithmus auf Basis dieser Bilder in der Hoffnung, dass ein neues Bild korrekt klassifiziert wird. Natürlich können wir überwachtes Lernen auch für Regressionsaufgaben verwenden, in denen für jede Eingabe numerische Werte für die jeweilige Ausgabe vorhergesagt werden (zum Beispiel besteht die Eingabe aus Temperatur und Tageszeit, und wir versuchen, den Stromverbrauch vorherzusagen).

  Überwachtes Lernen umfasst viele verschiedene Algorithmen, von denen wir einige im Folgenden erwähnen.

- **Unüberwachtes Lernen**

  Man spricht von *unüberwachtem Lernen*, wenn die Eingabedaten beim Training nicht mit passenden Ausgabewerten versehen sind. Das bedeutet, wir haben nur Eingabedaten, keine Ausgabedaten (die auch zuweilen als *Label* oder *Kennzeichnung* bezeichnet werden und die Daten als *gekennzeichnet*). Der Algorithmus ist gewissermaßen auf sich allein gestellt. Dieser Algorithmus hat eher die Aufgabe, Beziehungen oder Muster für Sie zu finden. Wir zeigen dem Computer digitale Hundebilder, und dieser versucht, diese Bilder zu gruppieren oder zu bündeln auf Basis irgendwelcher Eigenschaften, die *er* für am wichtigsten hält. Möglicherweise erhalten wir als Ergebnis Gruppen oder Cluster, die wir dann als Jagdhund, Pudel oder Terrier ... oder vielleicht als schwarz, braun, weiß ... bezeichnen. Oder der Computer liefert Gruppen nach vollkommen unterschiedlichen Kriterien, die wir Menschen nicht mal bemerken würden. Unüberwachtes Lernen mag auf den ersten Blick etwas eigenartig erscheinen, aber um es zu verstehen, können Sie sich vorstellen, ich würde zu Ihnen sagen: »Hier ist der Inhalt meiner Schreibtischlade. Bitte sortiere die Sachen.« Auch für das unüberwachte Lernen gibt es viele verschiedene Algorithmen, die wir uns später noch genauer ansehen.

- **Verstärkendes Lernen**

  Beim *verstärkenden Lernen* lernt ein Algorithmus, etwas zu *tun*. Dabei wird der Algorithmus für erfolgreiches Vorgehen belohnt und/oder für misslungenes Verhalten bestraft. (Womit wir wieder bei den Hunden wären!) Das zuvor erwähnte MENACE war dafür ein einfaches Beispiel, Belohnungen und Bestrafungen bestanden dabei aus Zugabe oder Wegnahme von Streichhölzern zu oder von den Schachteln. Computer erfolgreich Brettspiele oder Videospiele aus den 80ern spielen zu lassen, scheint gerade hochmodern zu sein. Für diese Aufgaben werden Algorithmen des verstärkenden Lernens verwendet.

Wichtige Verfahren

Ich beschreibe im Folgenden viele der wichtigsten Verfahren, die auf den zuvor erwähnten prinzipiellen Kategorien aufbauen. Die Reihenfolge orientiert sich hauptsächlich an ihrer mathematischen Komplexität. Die meisten dieser Verfahren können mit einigen wenigen Zeilen Python-Code implementiert werden, meine Aufgabe sehe ich allerdings nicht darin, solchen Code vorzugeben, sondern vielmehr in der Erklärung dessen, was der Code eigentlich macht. In der Folge sehen Sie eine Liste der in diesem Buch beschriebenen Verfahren des überwachten und unüberwachten Lernens. Das verstärkende Lernen wird separat behandelt, und zwar ganz am Ende des Buches.

Ich persönlich sehe einige dieser Techniken nicht unbedingt als maschinelles Lernen, sie haben zu viel Ähnlichkeit mit klassischen statistischen Methoden. Aber ich habe sie trotzdem hier aufgenommen, weil sie allgemein als maschinelles Lernen akzeptiert sind – und, ja, sie haben mit maschinellem Lernen gemein, viele, viele Daten zu verwenden.

- **K-nächste-Nachbarn:** *K-nächste-Nachbarn* ist eine Technik des überwachten Lernens, bei der wir Abstände zwischen jedem neuen Datenpunkt (in beliebig vielen Dimensionen) und den K am nächsten gelegenen unserer bereits klassifizierten Daten messen und so schließen, zu welcher Klasse unser neuer Datenpunkt gehört. Ein einfaches Beispiel: Wir sind auf einer Party, und von den fünf Personen, die uns am nächsten stehen, tragen drei eine Brille, also sind wir wahrscheinlich auch Brillenträger. Diese Methode kann auch zur Regression verwendet werden.

- **K-Means Clustering:** *K-Means Clustering* ist eine Technik des unüberwachten Lernens. Wir haben viele Daten in Vektorform (also mehrdimensionale Information für jeden Punkt), und wir haben K Zahlen, Punkte oder Zentroide im Raum. Jeder Datenpunkt ist mit dem nächstgelegenen Zentroid verbunden, und das definiert, zu welcher Kategorie jeder Datenpunkt gehört. Dann finden wir die optimale Position für diese Zentroide, die uns die beste Einteilung in die K-Klassen ermöglicht. Schließlich experimentieren wir mit der Zahl K herum, um zu sehen, welche Auswirkung das auf die Einteilung der Daten in Kategorien hat.

- **Naiver Bayes-Klassifikator:** Der *naive Bayes-Klassifikator* ist ein Vertreter des überwachten Lernens, bei dem das Bayes-Theorem verwendet wird, um die Wahrscheinlichkeit dafür zu berechnen, dass neue Datenpunkte in verschiedenen Klassen liegen. Das Wort naiv bezieht sich auf vereinfachende Annahmen, die dabei getroffen werden, obwohl sie in der Praxis selten zutreffen, was aber dennoch zu guten Ergebnissen führt.

- **Regression:** *Regressionsverfahren* sind überwachte Lerntechniken, die versuchen, eine numerisch abhängige Variable in Form von unabhängigen Variablen zu erklären. Wahrscheinlich kennen Sie den Begriff Regression bereits von einem bekannten Vertreter, der linearen Regression. Aber mit komplizierteren Regressionstypen können Sie viel komplexere Aufgaben lösen.
- **Support-Vektor-Maschinen:** Ein weiteres Verfahren des überwachten Lernens sind die sogenannten *Support-Vektor-Maschinen*, eine Technik, die Daten in Klassen einteilt, je nachdem, auf welcher Seite einer Hyperebene im Merkmalsraum ein Datenpunkt liegt.
- **Selbstorganisierende Karten:** Eine *selbstorganisierende Karte* ist ein Beispiel eines unüberwachten Lernverfahrens, das hochdimensionale Daten in schöne, typischerweise zweidimensionale Bilder zur Visualisierung von Beziehungen zwischen Datenpunkten umwandelt. Stellen Sie sich ein Schachbrett vor, und setzen Sie in die Felder Datenpunkte mit ähnlichen Eigenschaften. Sie allerdings spezifizieren diese Merkmale nicht, sie werden als Ergebnis des Algorithmus gefunden.
- **Entscheidungsbäume:** Wiederum ein Verfahren des überwachten Lernens. Ein *Entscheidungsbaum* ist wie ein Flussdiagramm. »Wie viele Beine hat es? Zwei, vier, mehr als vier?« Vier. Als Nächstes: »Hat es einen Schwanz? Ja oder nein.« Ja. Und so weiter. Wie ein Spiel mit 20 Fragen. Aber kann eine Maschine auf diese Weise lernen und bessere Entscheidungsbäume aufbauen als Menschen? Gibt es eine beste Reihenfolge, in der die Fragen gestellt werden, damit die Klassifizierung schnell und genau erfolgt? Überraschenderweise kann dieses Verfahren auch für Regressionsaufgaben verwendet werden.
- **Neuronale Netzwerke:** Ein *neuronales Netz* (manchmal auch als *künstliches neuronales Netz* bezeichnet) ist ein maschinelles Lernverfahren, das versucht, die Funktionsweise unseres Gehirns zu modellieren. Dabei wird ein Eingangsvektor transformiert, typischerweise durch Multiplikation mit einer Matrix. So weit, so linear. Dann wird das Ergebnis in eine nicht lineare *Aktivierungsfunktion* eingesetzt. Das bezeichnen wir dann als eine *Schicht*. Das Ergebnis wird dann der nächsten Schicht übergeben und wieder transformiert usw. In dieser Form kann man es als Anwendung einer nicht linearen Funktion der ursprünglichen Daten sehen. Aber es wird noch komplizierter, wenn die Daten nicht nur in eine Richtung gehen, sondern durch eine Rückkopplung in die entgegengesetzte Richtung laufen. Die Parameter im neuronalen Netz werden durch *Training* gefunden. Die Technik kann sowohl für überwachtes als auch für unüberwachtes Lernen verwendet werden.

1.5 Klassische mathematische Modellierung

Ich möchte kurz erklären, worin sich das maschinelle Lernen vom klassischen mathematischen Modellieren unterscheidet. Ich muss betonen, dass ich nicht über statistisches Modellieren oder Ökonometrie spreche, obwohl es durchaus einige Ähnlichkeiten mit dem maschinellen Lernen gibt. Zu einem gewissen Grad entspringt das meiner persönlichen Sicht und meinem Erfahrungsschatz in der angewandten mathematischen Modellierung.

Es gibt da einen anerkannten, oftmals beschrittenen Pfad, dem (wir) mathematische Modellierer folgen, wenn wir uns einem neuen Problem stellen. Er geht in etwa so:

Zuerst bestimme deine Variablen

Man unterscheidet zwei Typen von Variablen: unabhängige und abhängige Variablen. Unabhängige Variablen beschreiben den Raum, in dem unser Problem definiert ist. Typische Vertreter für unabhängige Variablen wären zum Beispiel Raum- und Zeitkoordinaten x, y, z und t.

Im Gegensatz dazu stehen die abhängigen Variablen, für die wir eine Lösung suchen. Sie könnten zum Beispiel eine Wärmetransportaufgabe lösen wollen, in der die Temperatur typischerweise die abhängige Variable darstellen würde. Als weiteres Beispiel betrachten wir die Schwingung einer Cellosaite (oder Gitarrensaite für jene auf den billigen Plätzen). Die abhängige Variable wäre hier die Distanz von der Saite in Ruhestellung. (Hier hätten wir also eine Distanz als abhängige Variable, aber auch die unabhängigen Variablen enthalten eine Distanz – nämlich den Abstand entlang der Saite – und natürlich die Zeit.)

Auf jeden Fall wollen wir mit einer Minimalzahl an Variablen auskommen, um ein System und sein Verhalten zu spezifizieren. Einstein soll einmal gesagt haben: »Man muss die Dinge so einfach wie möglich machen. Aber nicht einfacher.« Das ist wahrscheinlich die Regel Nummer 1 für die mathematische Modellierung. Regel Nummer 2 lautet: »Willst du es komplizierter, dann nimm eine Eigenschaft nach der anderen dazu.« Da haben wir bereits einen Riesenunterschied zu maschinellem Lernen, wo man dazu tendiert, zu Beginn einfach alles hineinzuwerfen, und die Küchenspüle noch dazu.

In diesem Stadium ist das Ziel der klassischen mathematischen Modellierung, das kleinstmögliche nicht triviale mathematische Problem zu definieren, das von einem gewissen Interesse ist.

Finde die hauptsächlichen Treiber deines Systems heraus

Was treibt Ihr System? Gibt es Kräfte, die etwas schieben oder ziehen? Prallen Moleküle zufällig aufeinander? Bewegen Käufer und Verkäufer den Milchpreis hinauf oder hinunter? Mit etwas Glück haben Sie jetzt schon einige annehmbare Grundlagen, auf denen Sie Ihr Modell aufbauen können, so wie das Erhaltungsgesetz. Oder die Cellosaite folgt Newtons zweitem Gesetz: Die Kraft, die durch die Biegung der Saite entsteht, bewegt die Saite.

Manchmal ist die Physik zu kompliziert, aber die Statistik ist robust, wie beim Münzwurf. (Und dann noch die Kategorie des Bauchgefühls, so wie das quadratische Abstandsgesetz der Schwerkraft.)

Vielleicht tut es auch der Hausverstand oder die Beobachtung. Um das dynamische System von Löwen und Gazellen zu modellieren (wobei Erstere ganz gern Letztere fressen), würde man sagen: Je mehr Löwen es gibt, desto mehr Vermehrung, Gleiches gilt für die Gazellen. Je mehr Gazellen es gibt, desto mehr Futter für die Löwen, großartig für die Löwen, nicht so sehr für die Gazellen. Ausgehend von diesen Beobachtungen kann man einen ganz netten Satz an Differenzialgleichungen formulieren. Während das Cellosaiten-Modell ziemlich genau das Verhalten der Saite beschreibt, dient das Löwen-Gazellen-Modell eher der Erklärung gewisser Effekte, ist aber nicht notwendigerweise quantitativ korrekt. Das letztere Modell bezeichnet man dann als Spielzeugmodell.

Ihr Modell muss wahrscheinlich für einige Parameter mit Werten gefüttert werden. Mit etwas Glück (schon wieder) können diese durch Experimente gewonnen werden; die Beschleunigung durch Schwerkraft oder die Viskosität einer Flüssigkeit. Vielleicht sind diese Parameter konstant, oder aber sie sind schwierig zu messen, nicht stabil oder existieren einfach nicht, wie die Volatilität der Aktienkurse.

Das sind Herausforderungen, derer sich ein mathematischer Modellierer annehmen muss. Sie machen den Unterschied zwischen einem Modell mit verlässlichen Ergebnisdaten und einem, das die Phänomene lediglich zu erklären hilft.

Wähle die mathematische Fachrichtung

Es gibt viele mathematische Disziplinen, wobei manche leichter auf praktische Probleme anzuwenden sind als andere.

Diskrete Mathematik oder kontinuierliche Mathematik? Verwenden Sie Analysis, oder Differenzialgleichungen? Oder basiert Ihr Modell auf Wahrscheinlichkeiten? Wollen Sie ein System entwickeln, um beim Blackjack zu gewinnen, dann werden Sie mit diskreten Werten (für die Kartenwerte) arbeiten, und Wahrscheinlichkeit sowie Optimierung werden eine große Rolle spielen. Betrachten Sie stattdessen Poker, wird plötzlich Spieltheorie wichtig.

Mathematiker erliegen oft einem Problem, das mit folgendem Spruch am besten beschrieben wird: »Wenn du nur einen Hammer hast, sehen alle Probleme wie ein Nagel aus.« Man sucht dann die Problemlösung in einem mathematischen Zweig (in dem man sich gut auskennt) und übersieht dabei andere Lösungsmöglichkeiten.

Und die Antwort lautet ...

Ein Problem und ein Modell zu definieren, ist nett. Aber das reicht nicht, es will auch eine Lösung gefunden werden. Wenn man Glück hat, kann man eine Formel mit Papier und Bleistift finden. In den meisten Fällen, speziell bei Aufgaben der realen Welt, muss man sich mit komplexer Zahlenverarbeitung herumschlagen. Dafür gibt es viele numerische Methoden, eine Vielzahl für jeden mathematischen Zweig. Numerische Lösungen sind allerdings nicht mit mathematischer Modellierung zu verwechseln. Numerische Analysis oder Numerik ist ein eigenständiges mathematisches Gebiet.

1.6 Maschinelles Lernen ist anders

Dazu könnte maschinelles Lernen unterschiedlicher nicht sein. Keine der obigen Aussagen lassen sich auf das maschinelle Lernen übertragen.

Der größte Unterschied liegt sicher in der Rolle der Daten. Klassisches mathematisches Modellieren kann ohne Daten auskommen. Angenommen, Sie hätten eine Aufgabe zur Strömungsmechanik – dann würden Sie Ihr Modell auf den Gesetzen von Massenerhaltung und Momentum aufbauen (ich sage »Ihr Modell,« und meine natürlich das Modell nach Euler, Navier und Stokes). Sie wären in der Lage, das Modell zu erstellen, während Sie gemütlich in Ihrem Büro sitzen, mit nichts anderem als Papier, Bleistift oder sogar einem Glas Whisky. Sie bräuchten nur einige Parameter (Flüssigkeitsdichte und Viskosität) und fertig. Sie müssen das System nur noch für eine bestimmte Geometrie lösen. Würden wir diese Aufgabe hingegen als Problem des maschinellen Lernens sehen, dann würden Sie dem Algorithmus eine Riesenmenge an Daten präsentieren, vielleicht in Form von Videos, und würden es trainieren. Richtig aufgesetzt, würde die Maschine lernen und Ergebnisse liefern wie auch die Navier-Stokes-Gleichung. Sie müssten aber nichts spezifizieren, keine physikalischen Gesetze, keine Parameter, etc.

Sherlock Holmes würde maschinelles Lernen lieben: »Es ist ein kapitaler Fehler, eine Theorie aufzustellen, bevor man entsprechende Daten hat.«

In der klassischen Modellierung haben Parameter oft eine ganz bestimmte Bedeutung oder Interpretation. Auf jeden Fall dann, wenn Sie eine physikalische Situation oder ein physikalisches Gesetz beschreiben. Aber wie kann man Parameter in einer versteckten Schicht eines neuronalen Netzes interpretieren? Diese Parameter werden so modifiziert, dass das Modell am besten zu den gegebenen Daten passt.

Die Wahl der mathematischen Disziplin zur Lösung eines Problems wird zur Wahl des passenden Verfahrens des maschinellen Lernens. Ist die Aufgabe mit überwachtem oder unüberwachten Lernen zu lösen? Sind selbstorganisierende Karten oder K-Means Clustering die richtige Wahl?

Oft sind die grundsätzlichen Bausteine, aus dem ein Algorithmus des maschinellen Lernens besteht, sehr einfach. Ein neuronales Netz braucht nur ein paar Matrixmultiplikationen und einige nicht lineare Funktionen. Einfache Modelle können dennoch zu einem komplexen Verhalten führen. Aber haben wir das richtige einfache Modell gewählt, das im quantitativen Sinne das richtige Verhalten zeigt?

1.7 Einfachheit führt zu Komplexität

Erinnern wir uns an ein paar einfache mathematische Konzepte, die zu einem komplexen strukturierten Verhalten führen.

Zelluläre Automaten

Ein zellulärer Automat besteht aus einem Zellgitter, in dem jede Zelle einen von mehreren Zuständen repräsentiert. Die Zellen können den Zustand nur nach gewissen Regeln ändern. Obwohl zelluläre Automaten in die 1940er zurück datieren und auf die Arbeiten von Stanislaw Ulam und Johann von Neumann zurückgehen, die beide am bekannten Los Alamos National Laboratory gewirkt haben, ist der wohl berühmteste zelluläre Automat das »Spiel des Lebens«. Es wurde von John Conway in den 1970ern entwickelt und wird deshalb auch »Conways Spiel des Lebens« genannt. In diesem Spiel ist jede Zelle entweder tot oder lebendig, das Ganze soll das Verhalten einer Population von Lebewesen repräsentieren. Ein Beispiel sehen Sie in Abbildung 1.2.

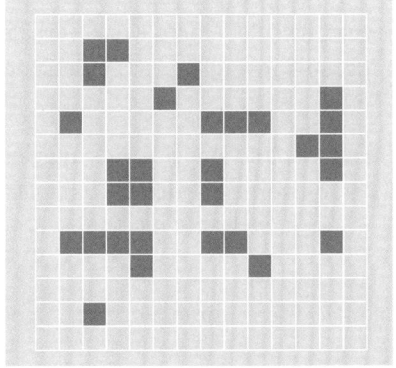

Abbildung 1.2 Eine Momentaufnahme aus Conways »Spiel des Lebens«

Die Regeln lauten:

- Jede lebende Zelle mit weniger als zwei benachbarten Lebendzellen stirbt, was eine Unterbevölkerung modellieren soll.
- Jede lebende Zelle mit zwei oder drei benachbarten Lebendzellen lebt bis zur nächsten Generation weiter.
- Jede lebende Zelle mit mehr als drei benachbarten Lebendzellen stirbt, was ein Modell für Überbevölkerung darstellt.
- Jede tote Zelle mit genau drei Lebendnachbarn wird wieder lebendig, was man als Fortpflanzung sehen kann.

Ein nettes Video zu Conways »Spiel des Lebens« finden Sie hier:

https://www.youtube.com/watch?v=lxIeaotWIks

Und eine dreidimensionale Version hier:

https://www.youtube.com/watch?v=EW9QOqMc2Xc

Ich arbeitete in den frühen 90er Jahren selbst an einem Modell eines zellulären Automaten. Dieses Modell versuchte, die Trennung von granularem Material unterschiedlich großer Körnung zu repräsentieren. Dieser Ansatz wurde gewählt, da wir bei dem Versuch eines klassischeren Kontinuummodells nicht sehr erfolgreich waren.

Fraktale

Um Fraktale aus technischer Sicht zu verstehen, müsste man mehr über die Hausdorff-Dimension im Gegensatz zur topologischen Dimension wissen. Aber wir können uns behelfen, indem wir die Küstenlinie Großbritanniens betrachten. Es ist ziemlich offensichtlich, dass die Länge der Küstenlinie von der Größe bzw. Länge des Messgeräts abhängt. Je kürzer das Lineal, desto genauer kann man Ecken und Kanten messen.

Bei einer klassischen zweidimensionalen Form, wie zum Beispiel einem Kreis, verhält sich das komplett anders. Misst man den Kreisumfang, so konvergiert der gemessene Umfang, wenn das Lineal immer kleiner wird.

Lewis Fry Richardson vermaß verschiedene Küstenlinien und fand eine Annäherung der gemessenen Länge basierend auf dem Potenzgesetz. Daraus wurde die Idee der *fraktalen Dimension* eine Küstenlinie. Im Fall der britischen Westküste liegt die fraktale Dimension bei 1,25, also irgendwo zwischen Linie und Fläche.

Einfache Algorithmen können zu komplexen fraktalen Formen führen. Hier der Algorithmus, der Barnsleys Farn erzeugt (siehe Abbildung 1.3):

1.7 Einfachheit führt zu Komplexität

$$f_1(x,y) = \begin{bmatrix} 0,00 & 0,00 \\ 0,00 & 0,16 \end{bmatrix} \begin{bmatrix} x \\ y \end{bmatrix}$$

$$f_2(x,y) = \begin{bmatrix} 0,85 & 0,04 \\ -0,04 & 0,85 \end{bmatrix} \begin{bmatrix} x \\ y \end{bmatrix} + \begin{bmatrix} 0,00 \\ 1,60 \end{bmatrix}$$

$$f_3(x,y) = \begin{bmatrix} 0,20 & -0,26 \\ 0,23 & 0,22 \end{bmatrix} \begin{bmatrix} x \\ y \end{bmatrix} + \begin{bmatrix} 0,00 \\ 1,60 \end{bmatrix}$$

$$f_4(x,y) = \begin{bmatrix} -0,15 & 0,28 \\ 0,26 & 0,24 \end{bmatrix} \begin{bmatrix} x \\ y \end{bmatrix} + \begin{bmatrix} 0,00 \\ 0,44 \end{bmatrix}$$

Um nun einen Farn zu generieren, wählen Sie einen beliebigen Startpunkt, also x und y, der Einfachheit halber nehmen Sie $(0,0)$. Dann malen Sie einen Punkt an diese Position. Nun wählen Sie zufällig eine der oben genannten vier Transformationen und wenden sie auf x und y an. Der Zufall wird etwas beeinflusst, indem wir die erste Transformation mit einer Wahrscheinlichkeit von 1 %, die zweite mit einer Wahrscheinlichkeit von 85 % und die letzten beiden mit je einer Wahrscheinlichkeit von 7 % wählen. Das liefert uns eine neue Position für den nächsten zu zeichnenden Punkt. Nun wende man das Ganze auf den neuen Punkt an und wiederhole es, bis die Form genügend stark ausgefüllt wird.

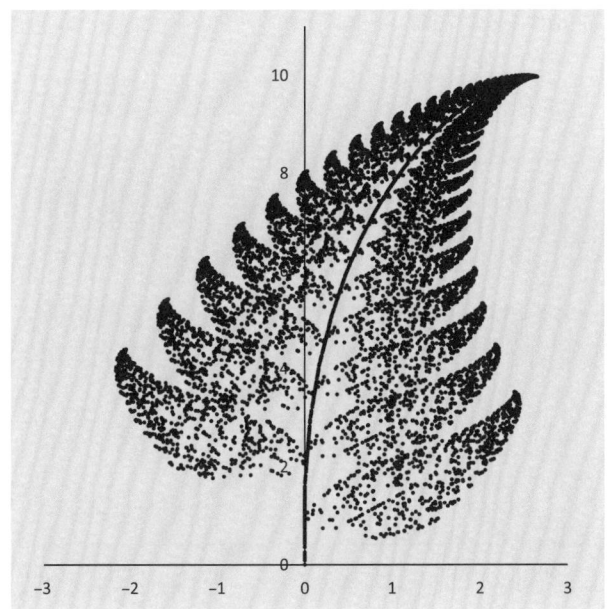

Abbildung 1.3 Computer-generierter Farn

Chaos

Und dann gibt's da noch Everybody's Darling, das Chaos. Eine simple Nicht-Linearität kann trotz klarem Determinismus zu einem komplexen und unvorhersehbaren Verhalten führen. Nehmen wir zum Beispiel ein einfaches Populationsmodell (auch bekannt unter dem Namen *logistische Abbildung*)

$$x_{n+1} = \lambda x_n(1 - x_n),$$

wo die Populationszahl x_n eine Funktion der Generation n darstellt. Dieses Modell repräsentiert eine Art Bevölkerungsdynamik, denn es hat zwei Schlüsseleigenschaften: Die Größe der nächsten Generation ist proportional zur momentanen Population für kleine Populationen, mit einem Wachstumskoeffizienten von λ wird die Population allerdings zu groß, dann sinkt die Wachstumsrate aufgrund des Wettbewerbs um Ressourcen.

Abhängig von der Größe von λ, bekommen Sie eine Konvergenz von x_n gegen null, gegen einen anderen Wert, eine Oszillation zwischen zwei oder mehr Werten, oder aber Chaos. Eine grundlegende Eigenschaft von chaotischen Systemen ist die hohe Sensitivität der Anfangsbedingungen, auch Schmetterlingseffekt genannt. Der Grad der Abweichung von zwei Pfaden mit ähnlichen Anfangsbedingungen ist durch den *Ljapunov-Exponenten* gegeben und ist der Grund, warum chaotische Systeme unvorhersehbar werden, wenn man zu weit in die Zukunft sehen will.

Siehe dazu Abbildung 1.4 für ein x_n mit $\lambda = 3,7653$.

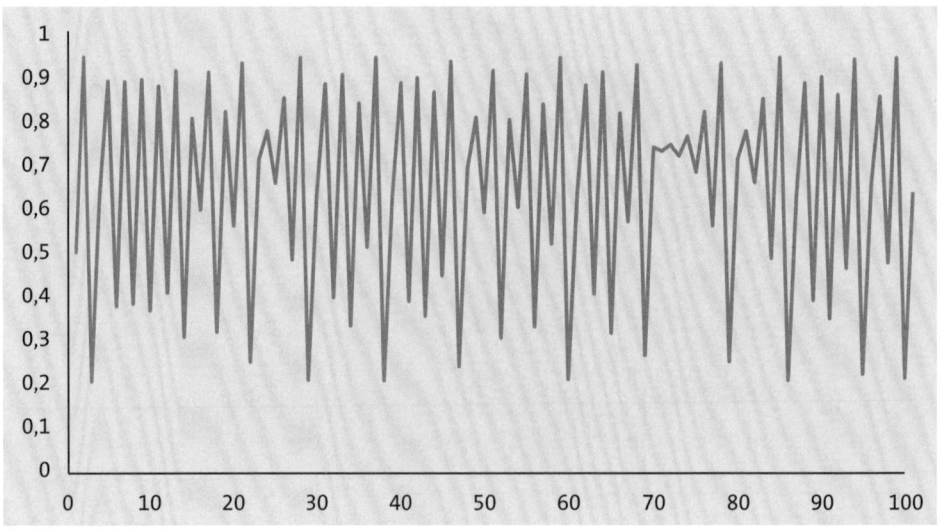

Abbildung 1.4 Chaos

Was willst du damit sagen, Paul?

Zugegeben, die letzten Seiten tangieren unser eigentliches Thema nur peripher. Aber seien Sie versichert, es gibt sie gratis dazu.

Ich erwähne die vorher beschriebenen Begriffe gleichzeitig als Ermutigung und Warnung für jeden, der in das maschinelle Lernen einsteigt. Positiv zu vermerken ist, dass sich komplexes Verhalten aus den simpelsten Modellen ergibt; und einige Verfahren des maschinellen Lernens sind in der Tat sehr einfach. Die Bausteine eines neuronalen Netzes bestehen im Wesentlichen aus Matrixmultiplikationen und einigen recht unauffälligen Aktivierungsfunktionen.

Auf der anderen Seite, wenn wir einmal etwas recht Kompliziertes, wie zum Beispiel Millionen von Datenpunkten, durch etwas Simples repräsentiert haben, wie wollen wir wissen, ob es das *richtige* einfache Modell ist?

Ich erinnere mich an eine Begebenheit aus meiner damaligen Mathematikabteilung so in den späten 1980igern. Eine Gruppe hatte gerade die aufregende Entdeckung gemacht, sie könnten den Fremdwährungsmarkt mittels eines dynamischen (also chaotischen) System modellieren. Die Aufregung flachte sehr schnell ab, als sie mehr darüber erfuhren, wie der Währungsmarkt wirklich funktioniert. Ihre Prognosen diesbezüglich waren im Grunde wertlos. (Ich konnte an ihren Schuhen erkennen, dass sie noch nicht reich geworden waren.)

1.8 Weiterführende Literatur

Wenn Sie sich umfassend über Methoden des mathematischen Modellierung informieren wollen, gibt es kaum etwas Besseres als die Werke von Jim Murray: *Mathematical Biology*, veröffentlicht im Springer-Verlag in zwei Bänden. Es ist bisher das einzige Mathematikbuch, das ich im Bett gelesen habe.

Zelluläre Automaten werden bestens von Stephen Wolfram: *A New Kind of Science* behandelt, veröffentlicht 2002 durch Wolfram Media Verlag.

Zu Fraktalen erfahren Sie alles aus den Werken von Benoit Mandelbrot, zum Beispiel über den Finanzmarkt *The (Mis)Behaviour of Markets: A Fractal View of Risk, Ruin and Reward*, veröffentlicht durch den Profile Books Verlag.

Zum Thema Chaos gibt es den Klassiker *Chaos: Making a New Science* von James Gleick, veröffentlicht im Penguin-Verlag.

Kapitel 2
Allgemeines

Es gibt Dinge, die sind allgemeingültig für viele Zweige des maschinellen Lernens. In diesem Kapitel versuche ich, diese Dinge zusammenzustellen und zu besprechen. In späteren Kapiteln mache ich es mir einfach und verweise auf dieses Kapitel.

2.1 Jargon und Notation

Jedes technische Thema hat seinen eigenen Jargon, das ist bei maschinellem Lernen nicht anders. Wir starten mit einigen wichtigen Begriffen. (Jedes Kapitel wird zusätzlichen Jargon einführen.)

Eine kleine Klage an dieser Stelle: Einige einfache Dinge, mit denen ich in der angewandten Mathematik aufgewachsen bin, erhalten plötzlich ausgefallene, beeindruckende Namen, wenn es um maschinelles Lernen geht. Okay, okay, ich höre schon auf.

▶ Daten (Punkte, Mengen)
Um einen Algorithmus des maschinellen Lernens zu trainieren, brauchen wir eine Menge Eingabedaten. Jeder Datenpunkt wird auch als *Beispiel* oder *Sample* bezeichnet. Im Fall des überwachten Lernens ist jede Eingabe (ein Vektor) mit einer Ausgabe (ebenfalls ein Vektor) assoziiert. Man kann sich die Eingabe als unabhängige und die Ausgabe als assoziierte, abhängige Variablen denken.

▶ Merkmal (Vektor)
Als *Merkmal* bezeichnet man eine charakteristische Eigenschaft von Daten. Statistiker würden das als *erläuternde* oder *erklärende* Variable bezeichnen. Allerdings finden wir beim maschinellen Lernen viel mehr erläuternde Variablen als in klassischen statistischen Modellen.

Merkmale können *numerisch* (Baumhöhe 6,3 m) oder aber auch *kategorisch* (Augenfarbe *blau*) sein. Ist ein Merkmal kategorisch, muss man es dennoch mit einer passenden numerischen Kennzeichnung versehen, damit es mathematisch verarbeitet werden kann.

Wollen Sie zum Beispiel Katzen in verschiedene Rassen einteilen, dann könnte die Pelzhaarlänge ein Merkmal sein (numerisch), oder ob die Katze einen Schwanz hat oder nicht (kategorisch, aber einfach als Zahl codierbar, nämlich mit 0 oder 1). (Keinen Schwanz? Falls Sie sich wundern, die Manx-Katzen sind schwanzlos.) Jeder Datenpunkt wird oft als Merkmalsvektor repräsentiert, wobei jeder Eintrag im Vektor ein Merkmal darstellt.

▶ **Klassifikation**

Sehr oft unterteilen wir unsere Daten in unterschiedliche Klassen oder Kategorien. Beim überwachten Lernen geschieht das *a priori*. (Ist die Waschmaschine zuverlässig oder nicht?) Beim unüberwachten Lernen passiert das als Teil des Lernprozesses. Manchmal repräsentieren wir diese Klassen ebenfalls als Vektor.

Die Klassifikation eines Sandwiches würden wir etwa mit Schinken als $(1, 0, \ldots, 0)$, Käse als $(0, 1, \ldots, 0)$, usw. darstellen. (In diesem Buch verwende ich allerdings hauptsächlich Spaltenvektoren, die von oben nach unten geschrieben werden.) Ist ein einziger Eintrag des Merkmalsvektors eine 1 und die restlichen Einträge 0, dann wird das als One-Hot-Codierung bezeichnet.

▶ **Regression**

Sie wollen numerische Werte vorhersagen? Dann verwenden Sie dazu die *Regression*, im Gegensatz zur Klassifikation, die das Resultat einer Klasse oder Kategorie ergibt.

Ich habe mich bemüht, die Notation im ganzen Buch konsistent zu halten, im Einklang mit den üblichen mathematischen Konventionen:

▶ Ich verwende die Hochstellung $.^{(n)}$ zur Bezeichnung des n^{ten} Datenpunktes aus einer Gesamtmenge von N Datenpunkten. Hätte ich zum Beispiel die Aufgabe, N Blumen(daten) zu klassifizieren, und ich betrachte den n-te Blume, dann wäre die dazugehörige Klasse, Ausgabe oder Wert des n^{ten} Individuums $y^{(n)}$.

▶ Vektoren sind prinzipiell Spaltenvektoren und werden fett gedruckt geschrieben. Der Merkmalsvektor des n^{ten} Individuums würde als $\mathbf{x}^{(n)}$ bezeichnet.

▶ Die Tiefstellung m bezeichnet das m^{te} Merkmal aus einer Gesamtmenge von M Merkmalen. Ein Merkmal könnte etwa die Höhe des Gehalts oder die Anzahl der Wörter in einer E-Mail sein.

▶ Wenn ich von Kategorien, Klassen oder Clustern spreche, kommt der Buchstabe k zum Einsatz, wobei der Großbuchstabe K für die Gesamtzahl der Kategorien etc. und k für eine bestimmte Klasse steht.

Ich versuche natürlich, den fachspezifischen Jargon auf ein Minimum zu reduzieren, in der Hoffnung, alle wichtigen Begriffe erwähnt zu haben.

2.2 Skalierung

Zu Beginn einer jeden Aufgabe des maschinellen Lernens werden Sie mit Datentransformation bzw. -skalierung konfrontiert sein. Sie müssen oft die Distanz zwischen Datenpunkten bestimmen und daher sicherstellen, dass die Skalierung für jedes Merkmal in etwa gleich ist. Angenommen, wir möchten Leute kategorisieren anhand der Gehaltshöhe und der Anzahl ihrer Haustieren. Ohne Skalierung würde das Gehalt, üblicherweise mehrere tausend, die Anzahl an Haustieren bei Weitem überwiegen. Die Anzahl der Haustiere wäre wertlos, wollten wir die typischen Ausgaben für Hundefutter prognostizieren.

Um die Merkmalseinträge individuell anzupassen, müssen wir nur eine Zahl addieren und das Ergebnis mit einer weiteren Zahl multiplizieren. So stellen wir sicher, dass die Skalierung aller Merkmale in etwa ähnlich ist.

Das ist relativ einfach. Es gibt einige offensichtliche Methoden, eine passende Skalierung zu erhalten (eine zweite findet sich weiter unten in Klammern). Wählen Sie ein bestimmtes Merkmal aus den originalen unskalierten Daten aus, und bestimmen Sie den Mittelwert und die Standardabweichung (oder das Minimum und Maximum) über alle Daten dieses Merkmals. Dann bestimme für dieses Merkmale einen Additions- und Multiplikationswert, sodass die Einträge im Merkmalsvektor einen Mittelwert von null und eine Standardabweichung von 1 (oder ein Minimum von null und Maximum von 1) haben. Dieser Vorgang wird sodann für alle Merkmale durchgeführt. Um keine Verwirrung aufkommen zu lassen, wir addieren und multiplizieren für ein Merkmal über *alle* Datenpunkte. Der Additions- und Multiplikationswert ist allerdings für jedes Merkmal anders.

Die Skalierung ist ein selbstverständlicher erster Schritt beim maschinellen Lernen, ich erwähne ihn deshalb nicht mehr in jedem Kapitel. Nehmen Sie sie als gegeben an.

Oh, und nicht vergessen! Sie müssen natürlich für die Prädiktion eines neuen Datenpunktes die gleiche Skalierung (also Additions- und Multiplikationswert) anwenden wie in der Datenvorbereitung.

An dieser Stelle eine kleine Warnung: Sollten Sie in den Daten Ausreißer haben, dann können diese einen großen Einfluss auf den Rest Ihrer Daten haben. Wenn Sie zum Beispiel einen einzelnen sehr großen Wert für ein Merkmal eines Datenpunkts haben, dann kann es passieren, dass nach der Skalierung alle Werte dieses Merkmals für alle anderen Merkmalsvektoren verschwindend klein sind und ihre Bedeutung bei der Distanzbestimmung verlieren. Der Einfluss dieses Effekts hängt natürlich stark von der Skalierungsmethode ab. Ihr Hausverstand sollte Ihnen helfen, die richtige Methode zu bestimmen.

2.3 Distanzmessung

Wie schon gesagt arbeiten wir mit Vektoren, und wir möchten den Abstand die Distanz zwischen Vektoren messen. Je geringer die Distanz, desto näher und ähnlicher sind sich zwei Datenpunkte. Überraschenderweise gibt es nicht nur eine Methode zur Distanzmessung:

- **Euklidische Distanz**
  Die klassische Messung quadriert die Differenz der Einträge zweier Vektoren, summiert das Ergebnis und nimmt davon die Quadratwurzel, was uns sehr an Pythagoras erinnert. Das wäre sozusagen unsere Standardeinstellung für die Distanzmessung, auch oft als L^2-*Norm* bezeichnet.

- **Manhattan-Distanz**
  Die *Manhattan-Distanz* entspricht der Summe der Absolutwerte der Differenzen zweier Vektoren. Der Name rührt vom Weg her, den man zurücklegen muss, um in einer Stadt mit gitterartigem Straßenverlauf (wie eben in Manhattan) von einem Punkt zum nächsten zu gelangen. Vorzugsweise wird dieses Distanzmaß bei Aufgaben mit hochdimensionalen Datenpunkten verwendet. Hier haben wir es mit der L^1-*Norm* zu tun.

- **Tschebyscheff-Distanz**
  Man betrachte wieder den Absolutwert aller Differenzen der Einträge zweier Vektoren und nehme davon das Maximum. So erhält man die *Tschebyscheff-Distanz* – das Distanzmaß der Wahl in einem Raum mit vielen Dimensionen, von denen die meisten keinerlei Bedeutung für die Klassifikation haben. Auch hierfür gibt es eine Abkürzung, die L^∞-*Norm*.

Kosinus-Ähnlichkeit

Unter manchen Umständen sind zwei Vektoren ähnlich, wenn sie in die gleiche Richtung zeigen, auch wenn sie sich in der Länge deutlich unterscheiden. Die *Kosinus-Ähnlichkeit* ist das Distanzmaß in dieser Situation und bestimmt den Kosinus des Winkels zwischen zwei Vektoren.

In diesem Fall nehme man das Skalarprodukt zweier Vektoren und dividiere durch das Produkt ihr Längen. Dieses Maß wird oft für die maschinelle Verarbeitung natürlicher Sprache (bekannt unter dem Begriff *Natural Language Processing*, noch bekannter ist die Abkürzung *NLP*) verwendet, wie zum Beispiel die Methode Word2vec, die wir später noch kurz behandeln.

2.4 Fluch der Dimensionalität

Jedes Problem mit hochdimensionalen Daten muss sich mit dem furchterregend klingenden *Fluch der Dimensionalität* auseinandersetzen. Angenommen, wir arbeiten mit Daten in M Dimensionen, dann nutzen wir Merkmalsvektoren mit M Einträgen. Nehmen wir des Weiteren an, wir haben N Datenpunkte. Eine große Menge an Daten ist gut, je mehr, desto besser. Aber wie verhält es sich mit der Anzahl an Merkmalen?

Nun könnte man meinen, je mehr Merkmale, desto besser, denn das würde zu einer besseren Klassifikation von Daten führen. Bedauerlicherweise funktioniert das so nicht. Stellen Sie sich diese N Datenpunkte in einem M-dimensionalen Raum vor. Der Einfachheit halber kann jedes Merkmal nur den Wert 0 oder 1 annehmen, was zu 2^M möglichen Kombinationen führen würde. Wenn nun N kleiner als dieser Wert ist, dann riskieren wir, dass jeder Datenpunkt an verschiedenen Ecken des M-dimensionalen Hyperwürfels liegt. Dadurch verlieren die Distanzen, die wir für unsere Analyse brauchen, ihre Bedeutung. Wenn jeder Datenpunkt einzigartig ist, dann wird die Klassifikation bedeutungslos.

Es gibt nur 7 Milliarden Menschen auf diesem Planeten, aber gewisse Unternehmen versuchen, so viele Daten über uns zu sammeln. Es ist abzusehen, dass der Fluch der Dimensionalität ein Thema ist. Die Lösung? Sammelt einfach nicht so viele Daten.

In der Praxis ist es meist nicht so schlimm, ich habe eher ein Worst-Case-Szenario als Warnung ausgepackt. Meistens gibt es einen Zusammenhang zwischen den Merkmalen, so dass, sagen wir, ein 13-dimensionales Problem, effektiv nur in sechs Dimensionen besteht. Manchmal ist es eine gute Idee, etwas vorbereitende Datenanalyse bezüglich der Merkmale durchzuführen, um zu sehen, ob die Dimensionen reduziert werden können. Das führt uns direkt zur …

2.5 Hauptkomponentenanalyse

Die *Hauptkomponentenanalyse* (im Englischen als *Principal Components Analysis* mit der Abkürzung *PCA* bekannt) ist eine Technik zur linearen Transformation von Daten. Sie könnten zum Beispiel im Besitz von Daten mit unterschiedlichen Straftaten an unterschiedlichen Orten sein (und wir werden später tatsächlich mit solchen Daten arbeiten). Es scheint vernünftig, dass an einem Ort mit einer großen Anzahl eines Straftatentyps, zum Beispiel »Gewalt gegen eine Person – mit Verletzung«, auch eine große Anzahl Staftaten vom Typ »Gewalt gegen eine Person – ohne Verletzung« vorkommt. Da könnte man auf die Idee kommen, eines dieser Merkmale (klingt komisch für eine Straftat) wegzulassen, um die Dimensionalität der Aufgabe zu reduzieren. Das könnte man tun, oder man könnte es mit einem etwas ausgeklügelteren Ansatz versuchen – nämlich mit der Hauptkomponentenanalyse (die wir jetzt als PCA bezeichnen).

Dazu müssen wir zuerst eine Korrelationsmatrix über alle unsere originalen Merkmale finden und dann die dazugehörigen Eigenvektoren und Eigenwerte dieser Matrix. Den zum größten Eigenwert gehörende Eigenvektor bezeichnet man als *erste Hauptkomponente* usw. Die Größe der Eigenwerte ist ein Maß dafür, wie stark ein Eigenwert das Gesamtverhalten der Daten beeinflusst. Je größer, desto mehr Einfluss. Ich muss an dieser Stelle annehmen, dass die verehrten Leser über Eigenwerte und Eigenvektoren Bescheid wissen.

Alles, was jetzt zu tun bleibt, ist, den Merkmalsvektor für jeden Datenpunkt als Summe der Hauptkomponenten anzuschreiben. Das ist leicht, und es ist einzigartig, denn die Eigenvektoren sind mit sehr hoher Wahrscheinlichkeit orthogonal zueinander, vorausgesetzt, man hat zur Berechnung eine genügende Menge an Echtdaten verwendet. Auf diese Art wird unser Problem mittels Hauptkomponenten formuliert, und anstatt das Merkmal »Gewalt gegen eine Person – ohne Verletzung« zu löschen, nehmen wir nun die Hauptkomponente mit dem geringsten Eigenwert weg. Genauer gesagt wählt man alle Hauptkomponenten, sodass sie zusammen zu 95 % oder 99 % zur Beschreibung der Daten beitragen. Und wie erhalten wir diese Prozentzahlen? Man dividiere jeden Eigenwert durch die Summe aller Eigenwerte und erhält so den prozentuellen Beitrag jeder Hauptkomponente.

2.6 Maximum-Likelihood-Schätzung

Die *Maximum-Likelihood-Schätzung (MLS)* ist in der statistischen Welt eine sehr übliche Methode zur Schätzung von Parametern. In Worten, man sucht den (oder die) Parameter auf Basis der Stichprobe, der mit größter Wahrscheinlichkeit die Situation am besten beschreibt. Aber sehen wir uns dazu einige klassische Beispiele an.

Beispiel: Anzahl an Taxis

Sie kommen am Bahnhof einer Stadt an, in der Sie noch niemals zuvor waren. Am Taxistand nehmen Sie ein Taxi, das Sie zu Ihrem Ziel bringt. Es ist nur ein Taxi da, das nehmen Sie natürlich, und während Sie mit dem Taxifahrer über die europäische Politik diskutieren, bemerken Sie, dass die Fahrzeugnummer 1234 lautet. Wie viele Taxis befinden sich in dieser Stadt? Um die Antwort zu finden, müssen wir einige Dinge voraussetzen: Taxifahrzeugnummern sind positiv, ganzzahlig und beginnen bei 1, außerdem gibt es keine Lücken und keine Wiederholungen. Gleichzeitig setzen wir voraus, dass wir in jedes Taxi mit gleicher Wahrscheinlichkeit einsteigen könnten. Nun führen wir den Parameter N als die Anzahl der Taxis ein. Was ist MLS für N?

Nun ja, wie hoch ist die Wahrscheinlichkeit, in ein Taxi mit der Nummer 1234 zu steigen, wenn es N Taxis in der Stadt gibt? Sie ist

$$\frac{1}{N} \text{ für } N \geq 1234, \text{ sonst } 0.$$

Welcher Wert für N führt zum Maximum dieses Terms? Offensichtlich ist das $N = 1234$, und das ist gleichzeitig die Maximum-Likelihood-Schätzung für den Parameter N. Es wirkt etwas irritierend, weil man denkt, es sei reiner Zufall, dass man das Taxi mit der höchsten Nummer erwischt. Allerdings ist zu bedenken, dass die Wahrscheinlichkeit für jedes Taxi gleich ist. Komisch ist auch, dass bei N Taxis die durchschnittliche Taxinummer $(N+1)/2$ ist. Man hat irgendwie das Gefühl, das sollte auch eine Rolle spielen.

Beispiel: Münzen werfen

Angenommen, Sie werfen eine Münze n-mal und erhalten h-mal Kopf. Wie hoch ist die Wahrscheinlichkeit p, dass sie beim nächsten Wurf wieder mit dem Kopf nach oben landet? Unter der Annahme, dass die Würfe unabhängig sind, ist die Wahrscheinlichkeit, bei n Würfen h-mal Kopf zu erhalten, gegeben durch

$$\frac{n!}{h!(n-h)!}p^h(1-p)^{n-h} = \binom{n}{h}p^h(1-p)^{n-h}.$$

Die Anwendung von MLS entspricht dem Finden des Maximums bezüglich p. Die *Likelihood-Funktion* (ohne den Koeffizienten am Anfang, der unabhängig von p ist) zeigen wir in Abbildung 2.1 für $n = 100$ und $h = 55$. Das Maximum ist offensichtlich.

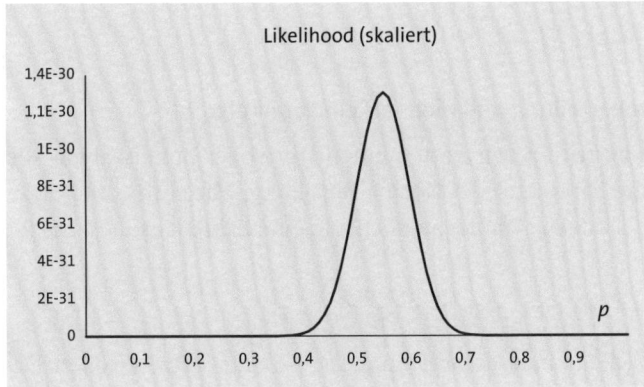

Abbildung 2.1 Likelihood versus Wahrscheinlichkeit p

Wenn man für MLS so wie hier Wahrscheinlichkeiten multipliziert, dann nimmt man stattdessen den Logarithmus der Likelihood und maximiert das.

Das ändert nicht den Maximalwert, aber es verhindert das Produkt von vielen kleinen Zahlen, was bei endlicher Präzision zu Problemen führen kann. (Man betrachte die Größenordnung der Zahlen auf der vertikalen Achse in der Abbildung.) Da der erste Teil des Ausdrucks unabhängig von p ist, maximieren wir folgenden Ausdruck

$$h \ln p + (n - h) \ln(1 - p) \tag{1}$$

bezüglich p. Siehe dazu Abbildung 2.2.

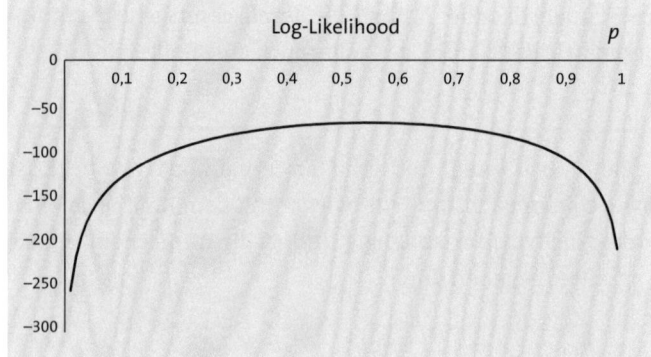

Abbildung 2.2 Log-Likelihood versus Wahrscheinlichkeit p

Hier bilden wir die erste Ableitung nach p und setzen das Ergebnis gleich 0. Wir erhalten dann

$$p = \frac{h}{n},$$

was überaus vernünftig erscheint.

Beispiel: Eine kontinuierliche Verteilung und mehr als ein Parameter

Für das letzte Beispiel nehmen wir an, wir hätten einen Hut voller Zufallszahlen, die normalverteilt sind, wobei die Parameter der Normalverteilung, Mittelwert und Standardabweichung, unbekannt sind. Die Wahrscheinlichkeit, eine Zahl x aus diesem Hut zu ziehen, ist

$$p(x) = \frac{1}{\sqrt{2\pi}\sigma} \exp\left(-\frac{(x-\mu)^2}{2\sigma^2}\right),$$

wobei μ der Mittelwert und σ die Standardabweichung ist, die wir schätzen wollen. Die Log-Likelihood ist dann der Logarithmus, d. h.

$$\ln(p(x)) = -\frac{1}{2}\ln(2\pi) - \ln\sigma - \frac{1}{2\sigma^2}(x-\mu)^2. \tag{2}$$

Unter der Annahme, dass die Züge unabhängig sind, erhalten wir nach N Zügen x_n für die Likelihood einfach

$$p(x_1)p(x_2)\ldots p(x_N) = \prod_{n=1}^{N} p(x_n).$$

Und so erhalten wir die Log-Likelihood-Funktion mit

$$\ln\left(\prod_{n=1}^{N} p(x_n)\right) = \sum_{n=1}^{N} \ln(p(x_n)).$$

Das liefert uns eine schöne Log-Likelihood

$$-N\ln\sigma - \frac{1}{2\sigma^2}\sum_{n=1}^{N}(x_n - \mu)^2 \tag{3}$$

für die Normalverteilung. (Die Konstante am Anfang habe ich weggelassen, denn sie hat keinen Einfluss auf die Position des Maximums.)

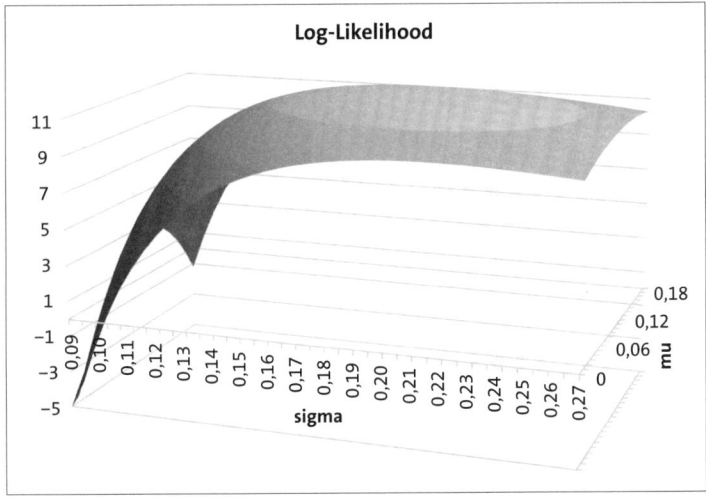

Abbildung 2.3 Log-Likelihood für die Normalverteilung

Abbildung 2.3 zeigt ein schönes Beispiel. Für dieses Diagramm habe ich zehn Zufallszahlen x_n aus einer Normalverteilung mit Mittelwert 0,1 und Standardabweichung 0,2 gewählt. Diese zehn Zahlen verwendet man in der Summe aus Ausdruck (3), und dieser Ausdruck wird gegen μ und σ im Diagramm eingetragen. Das Maximum soll um die

Werte $\mu = 0,1$ und $\sigma = 0,2$ liegen. (Es wird *exakt* darauf liegen, egal welchen wirklichen Mittelwert und welche Standardabweichung ich für die Generierung der zehn Zufallszahlen gewählt habe. Das werde ich Ihnen nun zeigen.)

Um die Maximum-Likelihood-Schätzung μ zu erhalten, bestimmte ich die 1. Ableitung bezüglich μ und setze sie wieder null. Das ergibt

$$\mu = \frac{1}{N} \sum_{n=1}^{N} x_n.$$

Das heißt, μ ist einfach der Durchschnitt. Und die Ableitung bezüglich σ liefert

$$\sigma = \sqrt{\frac{1}{N} \sum_{n=1}^{N} (x_n - \mu)^2}. \tag{4}$$

Das war zu erwarten.

Diese Technik kann auch angewandt werden, wenn man zwischen verschiedenen Verteilungen auszuwählen hat. Angenommen, Sie hätten drei Hüte gefüllt mit Zufallszahlen, wobei Sie für jeden Hut die Verteilung und deren Parameter kennen. Jemand wählt nun einen der Hüte, Sie wissen allerdings nicht, welchen. Dann beginnt dieser Jemand, Zahlen aus dem Hut zu ziehen. Mit MLS können Sie ziemlich genau bestimmen, welcher der drei Hüte höchstwahrscheinlich ausgewählt wurde.

Alle obigen Lösungen wurden analytisch bestimmt, d. h. durch Finden der Parameter, die die Likelihood maximieren. So viel Glück hätten wir nicht, wenn wir MLS für weitaus kompliziertere Aufgaben des maschinellen Lernens verwendeten. In diesem Fall brauchen wir numerische Methoden.

2.7 Konfusionsmatrix

Eine *Konfusionsmatrix* liefert uns einen einfachen Weg, der aufzeigt, wie gut ein Algorithmus eine Klassifikationsaufgabe löst. Er basiert auf der Idee der Bestimmung der falsch-positiven und falsch-negativen Ergebnisse. Beginnen wir wieder mit einem einfachen Beispiel.

Einem Algorithmus werden Bilder von Früchten präsentiert, die er zum Beispiel in die Klassen Apfel, Birne, Orangen etc. einzuteilen hat. Meist liegt der Algorithmus richtig, manchmal nicht. Wie können wir das quantifizieren?

Nehmen wir an, wir hätten 100 Obstbilder. Konzentrieren wir uns darauf, wie gut unser Algorithmus Äpfel identifiziert.

		TATSÄCHLICHE KLASSE	
		Apfel	Nicht-Apfel
PRÄDIZIERTE KLASSE	Apfel	11 TP	9 FP
	Nicht-Apfel	5 FN	75 TN

Abbildung 2.4 (Miss-)Identifikation von Äpfeln, TP = richtig-positive, FP = falsch-positive, TN = richtig-negative, FN = falsch-negative Ergebnisse

Um diese Zahlen adäquat zu interpretieren, werden sie oft in Brüche oder Relationen konvertiert:

- *Genauigkeitsrate:* $\frac{TP+TN}{Total}$ wo Total = TP + TN + FP + FN. Das ist ein Maß dafür, wie viel der Daten richtig klassifiziert wurden.
- *Fehlerrate:* $1 - \frac{TP+TN}{Total}$
- Richtig-positiv-Rate, *Sensitivität* oder *Recall:* $\frac{TP}{TP+FN}$
- Falsch-positiv-Rate: $\frac{FP}{TN+FP}$
- Richtig-negativ-Rate oder *Spezifizität*: $1 - \frac{FP}{TN+FP}$
- Genauigkeit oder *Präzision:* $\frac{TP}{TP+FP}$. Wenn der Algorithmus Äpfel klassifiziert, wie oft liegt er richtig?
- *Prävalenz:* $\frac{TP+FN}{Total}$. Was ist der Anteil der Äpfel?

Die Wahl des richtigen Qualitätsmaßes ist kontextabhängig. Für einen Krebserkennungs-Algorithmus möchten Sie eher eine kleine falsch-negativ-Rate und sind nicht allzu bekümmert bei einer hohen falsch-positiv-Rate (der individuelle Patient mag das anders sehen). Auf der anderen Seite wollen Sie natürlich nicht bei jedem Patienten Krebs vorhersagen.

Manchmal ist es sinnvoll, Zahlen mit der *Nullfehlerrate* zu vergleichen. Sie gibt an, wie oft wir falsch lägen, wenn wir immer alle Datenpunkte mit der größten vorkommenden Klasse klassifzieren würden. In der Abbildung sind die Nicht-Äpfel die größte vorkommende Kategorie. Würden wir jede Frucht als Apfel kennzeichnen, würden wir zu einem

Anteil von $\frac{11+5}{11+5+9+75}$ falsch liegen. Die Nullfehlerrate ist besonders dann nützlich, wenn eine Klasse bei Weitem überwiegt.

Wenn man bedenkt, dass wir hier vier Kennzahlen zusammensetzen, dann kann man annehmen, dass es eine Unmenge an Kombinationen gibt, um Maße für die Interpretation der Klassifikationsqualität zu erhalten. Auf den Wikipedia-Seiten zur Konfusionsmatrix zähle ich 13 unterschiedliche Maße. Hier kommt ein gutes Maß, der Matthews-Korrelationskoeffizient, definiert durch

$$\frac{TP \times TN - FP \times FN}{\sqrt{(TP + FP)(TP + FN)(TN + FP)(TN + FN)}}.$$

Das ist ein Korrelationstyp, der zeigt, wie gut ein Klassifikator ist. Die Zahl liefert Werte zwischen −1 bis +1, wobei +1 ein Hinweis auf eine perfekte Klassifikation ist, 0 bedeutet »nicht besser als eine zufällige Zuordnung«. Dieses Maß ist sinnvoll bei unbalancierten Klassenverteilungen, wenn also eine Kategorie viel größer oder kleiner ist als alle anderen.

Receiver-Operating-Charakteristik

Wieder eine andere Methode zur Bewertung der Algorithmusqualität ist die *Receiver-Operating-Charakteristik* oder *ROC(-Kurve)*.

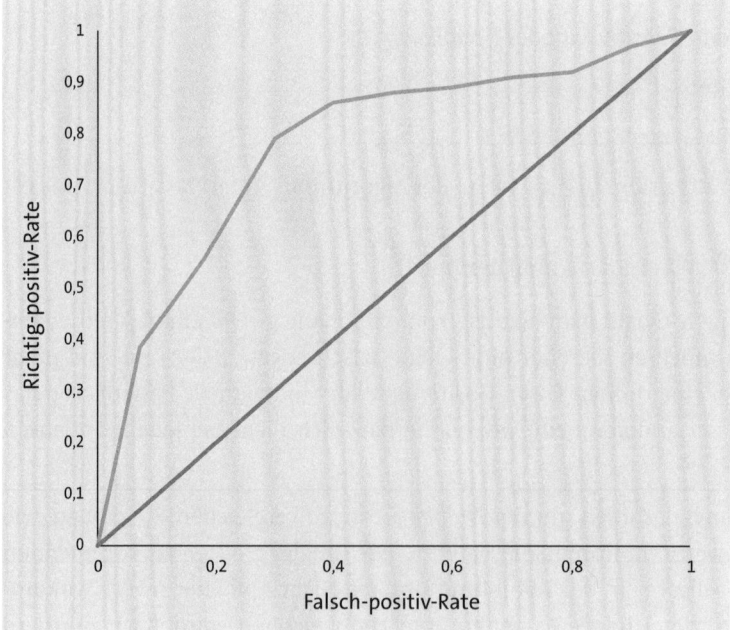

Abbildung 2.5 Receiver-Operating-Charakteristik

Sie ergibt sich wie folgt, ein Beispiel wird in Abbildung 2.5 gezeigt. Angenommen, es gibt einen Schwellenwert/Parameter im Algorithmus, der bestimmt, ob Sie einen Apfel oder Nicht-Apfel haben. Zeichnen Sie die richtig-positive-Rate gegen die falsch-positive-Rate, wobei der Schwellenwert/Parameter variiert. Alle Punkte über der 45°-Diagonale sind gut, je weiter die Linie nach links oben tendiert, desto besser.

Die Fläche unter der ROC-Kurve (wird oft mit AUC, *Area under the ROC-curve*, abgekürzt) ist ein Maß dafür, wie gut unterschiedliche Algorithmen sind. Je näher an der 1 (dem möglichen Maximum), desto besser. Die Teilnehmer an Kaggle-Wettbewerben werden oft auf Basis des AUC bewertet. (Sollten Sie nach der Lektüre dieses Buches an Kaggle-Wettbewerben teilnehmen – was ich hoffe –, dann denken Sie bitte an meinen 10 %-Anteil am Gewinn. Schauen Sie noch mal im Kleingedruckten nach!)

2.8 Kostenfunktion

Die *Kosten-* oder *Verlustfunktion* wird im maschinellen Lernen verwendet, um zu bestimmen, wie weit ein mathematisches Modell von den Echtdaten entfernt ist. Das Modell wird angepasst, indem man die Kostenfunktion minimiert, üblicherweise durch schrittweise Justierung der Modellparameter. Das wird dann so interpretiert, dass es das beste Modell seiner Art ist, das zu den gegebenen Daten passt.

Kostenfunktionen kommen in vielen Formen daher. Sie werden normalerweise so gewählt, dass sie für eine gegebenes Problem mathematisch sinnvoll und nachvollziehbar sind.

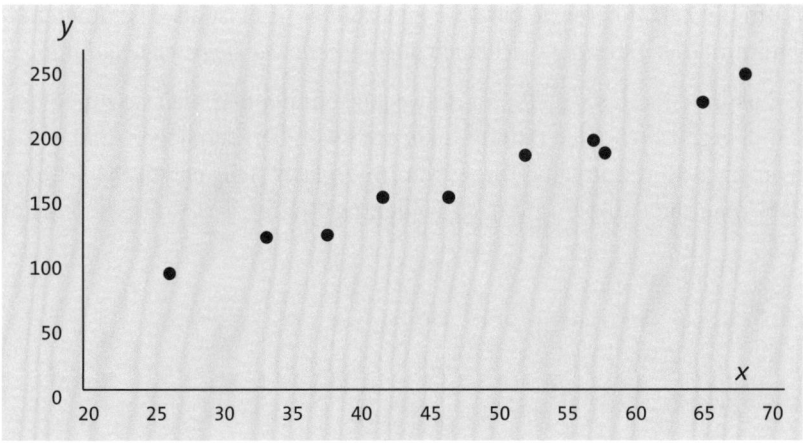

Abbildung 2.6 Passe eine Gerade an die Datenpunkte an.

Sehen wir uns das an einem Beispiel an, in dem wir Daten in Form von Gehalt und Alter von Rechtsanwälten gegeben sind, und wir möchten sehen, ob es da einen linearen Zusammenhang zwischen diesen beiden gibt. Alte Rechtsanwälte werden möglicherweise mehr verdienen. Wir bezeichnen für den n^{ten} Datensatz, das Alter mit $x^{(n)}$ und das dazugehörige Rechtsanwaltsgehalt mit $y^{(n)}$. Und wir haben eine Stichprobe mit Informationen zu N Anwälten. Grafisch dargestellt sieht es aus wie in Abbildung 2.6, obwohl die Zahlen natürlich frei erfunden sind. Die Skalierung der xs habe ich außer Acht gelassen, weil ich hier keine Distanzen zwischen Merkmalsvektoren messen muss.

Wir möchten also eine Beziehung der Form

$$y = \theta_0 + \theta_1 x \tag{5}$$

finden, wobei θs die Parameter sind, die wir finden wollen und die uns die beste Datenanpassung liefern. (In Kürze werde ich θ verwenden, um einen Vektor mit diesen Einträgen θ_1 zu repräsentieren.) Die bezeichnen wir mit der linearen Funktion $h_\theta(x)$, um die Abhängigkeit von der Variablen x sowie den beiden Parametern θ_0 und θ_1 zu betonen. Nun möchten wir messen, wie weit die Daten, die $y^{(n)}$s, von der Funktion $h_\theta(x)$ entfernt sind. Eine durchaus übliche Vorgangsweise ist die Verwendung der quadratischen Kostenfunktion

$$J(\theta) = \frac{1}{2N} \sum_{n=1}^{N} \left(h_\theta(x^{(n)}) - y^{(n)} \right)^2. \tag{6}$$

Die berechnet sich aus der Summe der Quadrate der vertikalen Distanzen zwischen den Punkten und der Geraden. Die Konstante vorne, $\frac{1}{2N}$, beinflusst das Minimum in keinster Weise, bleibt aber üblicherweise stehen. Sie kann auch plötzlich wichtig werden bei großen N, um die Zahlenbereiche passend zu skalieren. Ziel ist also, Parameter zu finden, die (6) minimieren. Das nennt sich auch die *Methode der kleinsten Quadrate*.

Diese Kleinste-Quadrate-Methode (KQM) ist deswegen sehr populär, weil sie zum einen offensichtlich null ergibt, wenn alle Datenpunkte auf einer Geraden liegen, und es zugleich nur ein einziges Minimum gibt. Dieses Minimum lässt sich analytisch leicht bestimmen, indem man die Funktion (6) nach beiden θs differenziert und das Resultat gleich null setzt:

$$\sum_{n=1}^{N} \left(\theta_0 + \theta_1 x^{(n)} - y^{(n)} \right) = \sum_{n=1}^{N} x^{(n)} \left(\theta_0 + \theta_1 x^{(n)} - y^{(n)} \right) = 0$$

Die Lösung für die zwei θs ist trivial:

$$\theta_0 = \frac{\left(\sum y\right)\left(\sum x^2\right) - \left(\sum x\right)\left(\sum xy\right)}{N \sum x^2 - \left(\sum x\right)^2}$$

und
$$\theta_1 = \frac{N\left(\sum xy\right) - \left(\sum x\right)\left(\sum y\right)}{N\sum x^2 - \left(\sum x\right)^2}$$

Ich habe die hochgestellten (n) zur besseren Lesbarkeit weggelassen.

Die Kostenfunktion ist eine Funktion von θ_0 und θ_1, wie in Abbildung 2.7 unter Verwendung der Daten aus Abbildung 2.6 gezeigt wird.

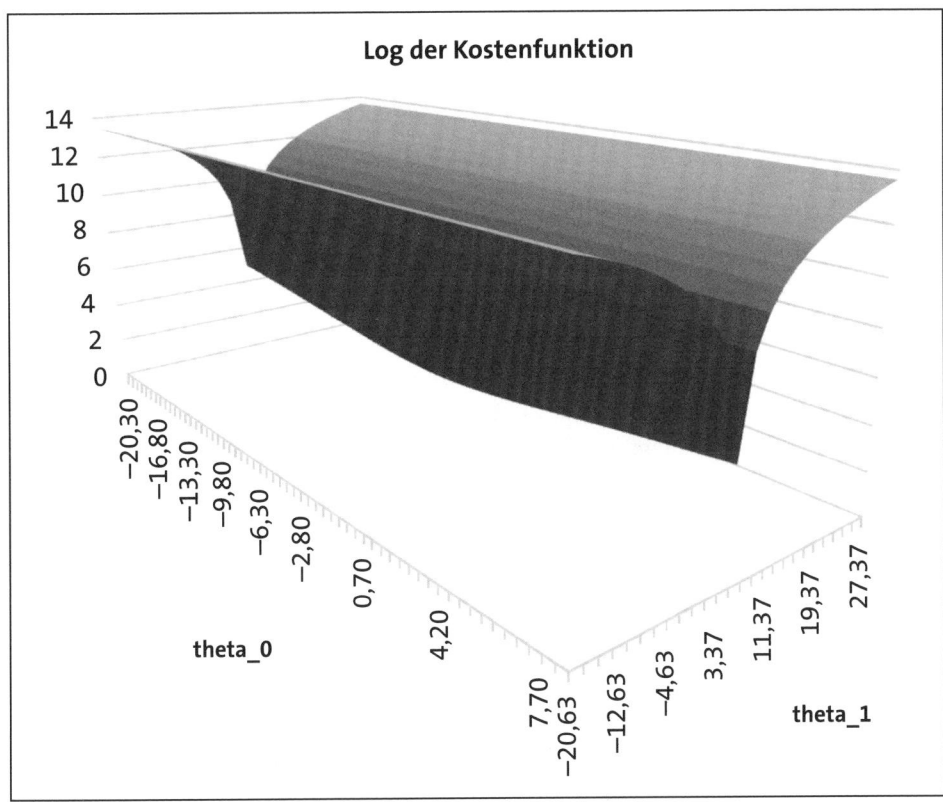

Abbildung 2.7 Der Logarithmus der Kostenfunktion als Funktion von zwei Parametern

Eigentlich ist es der Logarithmus der Kostenfunktion. Das vereinfacht die Darstellung des Minimums, denn ohne den Logarithmus würden die Flügel der Zeichnung das Bild dominieren. Die angepasste bzw. approximierte Gerade ist in Abbildung 2.8 zu sehen.

Viele Methoden des maschinellen Lernens bestimmen Modellparameter durch die Minimierung einer Kostenfunktion.

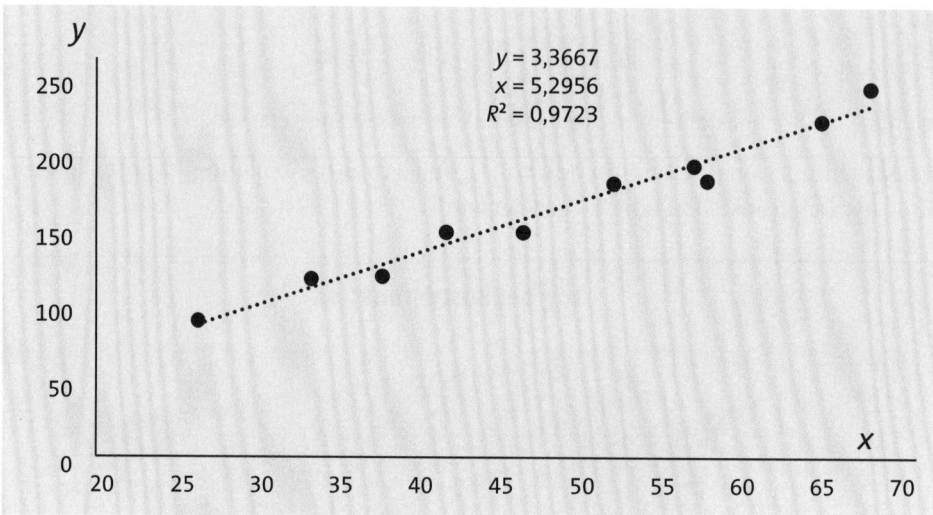

Abbildung 2.8 Die lineare Approximation

Später werden Sie Kostenfunktionen in höheren Dimensionen sehen, d. h. mit mehr Merkmalen (zusätzlich zum Alter des Rechtsanwalts könnten wir noch die jährlichen Studiengebühren der besuchten Universität hinzufügen, etc.).

Bei manchen Aufgaben können die Kostenfunktionsminimierung und die Maximierung der Likelihood zu ähnlichen mathematischen Optimierungsproblemen führen. Das ist dann der Fall, wenn ein Aspekt des Modells einer Gauß'schen Verteilung entspricht. Und, klar, die Anwendung von MLS erfordert natürlich ein probabilistisches Element, was bei Kostenfunktionen nicht der Fall ist.

Es sind natürlich andere Kostenfunktionen möglich, abhängig vom Typ des Problems. Hätten wir eine Klassifikationsaufgabe — »Das ist ein Apfel« anstelle von »0,365« — dann würden wir keine lineare Funktion anpassen. Bei einer binären Klassifikation würden Äpfel mit 1 und Nicht-Äpfel mit 0 gekennzeichnet. Bei der Prädiktion würde jeder neue Datenpunkt, jede neue Frucht, einen Wert zwischen 0 und 1 erhalten. Je näher dieser Wert bei 1 liegt, desto wahrscheinlicher ist es ein Apfel.

Für diese Klassifikationsaufgabe würden wir eine Kostenfunktion verwenden, die einen Wert zwischen 0 und 1 liefert, um mit der gewählten Klassenkennzeichnung konform zu sein. Linear wäre hier nicht allzu smart, wie Sie später sehen werden. Typischerweise finden wir eine Anpassung an eine sigmoide Funktion, die wie ein S geformt ist. Das wahrscheinlich häufigste Beispiel wäre

$$h_\theta(x) = \frac{1}{1 + e^{-\theta_0 - \theta_1 x}}.$$

Die quadratische Kostenfunktion passt hier einfach nicht. Stattdessen sieht man oft den folgenden Ausdruck:

$$J(\theta) = -\frac{1}{N} \sum_{n=1}^{N} \left(y^{(n)} \ln \left(h_\theta(x^{(n)}) \right) + (1 - y^{(n)}) \ln \left(1 - h_\theta(x^{(n)}) \right) \right)$$

Sieht auf den ersten Blick etwas komisch aus, zumindest ist nicht unmittelbar ersichtlich, wo es herkommt. Vergleichen wir es aber mit (1), dann kann man eine Verbindung erkennen zwischen der Minimierung einer Kostenfunktion und der Maximierung der Likelihood von irgendetwas (da gibt es einen Unterschied im Vorzeichen). Die Analogie besteht darin, dass die ys die Klasse der Originaldaten repräsentieren (Kopf/Zahl oder Apfel/Nicht-Apfel) und die h_θ eine Art Wahrscheinlichkeit (wo y entweder 1 oder 0 ist). Mehr dazu gleich.

Diese Kostenfunktion nennt man auch *Kreuzentropie* der beiden Wahrscheinlichkeitsverteilungen, eine davon besteht aus den ys, den empirischen Wahrscheinlichkeiten, und die andere ist h_θ, die angepasste Funktion. Die Kreuzentropie wird uns in Kürze wieder beschäftigen.

Regularisierung

Manchmal fügt man zur Kostenfunktion noch einer *Regularisierungsterm* (oder auch *Strafterm*) hinzu. Hier ist ein Beispiel anhand der Methode der kleinsten Quadrate mit einer Variablen:

$$J(\theta) = \frac{1}{2N} \left(\sum_{n=1}^{N} \left(h_\theta(x^{(n)}) - y^{(n)} \right)^2 + \lambda \theta_1^2 \right)$$

Der hinzugefügte zweite Term auf der rechten Seite des Ausdrucks soll die Optimierung dazu bringen, einfachere Modelle zu finden. Dabei ist zu beachten, dass dieser Term nicht den Parameter θ_0 beinhaltet. Je größer θ_1, desto größer die Änderung der Vorhersage für eine kleine Änderung der unabhängigen Variablen, deshalb möchten wir das reduzieren.

Bei einer einfachen, eindimensionalen linearen Regression ist es gar nicht so einfach, den Sinn und die Wichtigkeit des Regularisierungsterms zu schätzen. Ein besseres Beispiel wäre die Aufgabe, eine Polynomfunktion an gegebene Daten anzupassen. Wenn Sie eine Anpassung mit einem Polynom höherer Ordnung erzielen wollen, dann erhalten Sie schnell eine stark oszillierende Kurve. Verhalten sich die Daten wirklich so, oder kommt es hier zu einer Überanpassung? Der Regularisierungsterm reduziert hier die Anzahl aller Koeffizienten, außer dem ersten konstanten Parameter, womit auch die Anzahl der irrelevanten Oszillationen reduziert wird.

Aber zurück zur eindimensionalen linearen Regression, das Minimum findet sich bei

$$\theta_0 = \frac{\left(\sum y\right)\left(\lambda + \sum x^2\right) - \left(\sum x\right)\left(\sum xy\right)}{N\left(\lambda + \sum x^2\right) - \left(\sum x\right)^2}$$

und

$$\theta_1 = \frac{N\left(\sum xy\right) - \left(\sum x\right)\left(\sum y\right)}{N\left(\lambda + \sum x^2\right) - \left(\sum x\right)^2}.$$

Zwischendurch wieder eine kleine Warnung: Nur weil ich hier ein paar explizite Lösungen für das Minimum angegeben habe, erwarten Sie nicht, dass das im Buch noch oft vorkommt. Viel öfter werden wir numerische Lösungen für die Optimierung der Kostenfunktion verwenden müssen. Die Idee der Regularisierung kann recht einfach auch in höhere Dimensionen erweitert werden.

2.9 Gradientenabstieg

Wir betrachten den Fall, dass Sie jene Parameter finden wollen, die eine gegebene Kostenfunktion minimieren. Fast immer müssen Sie die Lösung auf numerischem Wege finden. Sie werden sogar ein Beispiel sehen, bei dem es technisch gesehen möglich wäre, eine explizite Lösung zu finden. Da man dafür aber eine Matrixinversion braucht, kann man genau so gut gleich einen numerischen Lösungsweg beschreiten.

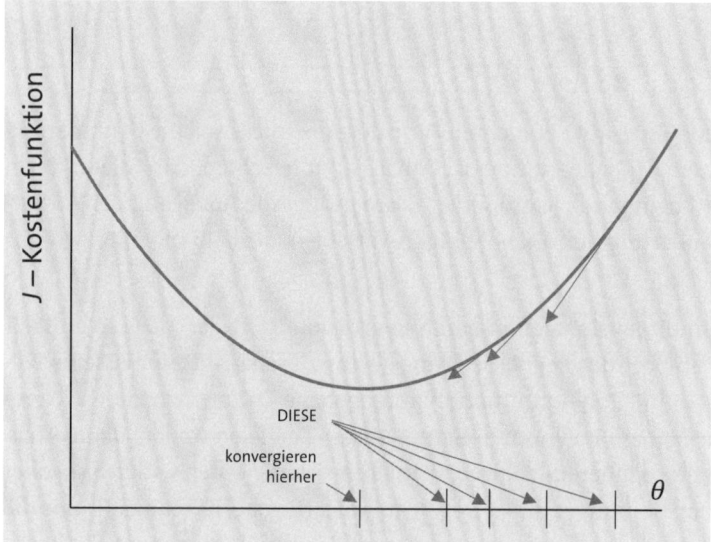

Abbildung 2.9 Illustration des Gradientenabstiegs. Ändere θ in Richtung des Gefälles, um eine Distanz proportional zum Gefälle und einem Parameter β.

Für den Fall einer schönen konvexen Funktion gibt es eine numerische Methode, den *Gradientenabstieg*, die zur gewünschten Lösung führt. Die Standardmethode für den Gradientenabstieg erfordert allerdings eine Kostenfunktion mit einem einzigen Minimum, dem globalen Minimum, ansonsten konvergiert diese Methode höchstwahrscheinlich gegen ein lokales Minimum. Aber man ist nicht ganz verloren, wenn lokale Minima existieren. Die Funktionsweise der Methode ist in Abbildung 2.9 dargestellt.

Das Grundschema funktioniert wie folgt. Starte mit initialen Werten für jeden Parameter θ_k. Dann bewege θ_k in die Richtung des Gefälles:

$$\text{neues } \theta_k = \text{altes } \theta_k - \beta \, \partial J/\partial \theta_k$$

Modifiziere alle θ_k gleichzeitig und wiederhole das Ganze, bis es zum Minimum konvergiert. Hier ist β ein Lernfaktor, der die Größe der Veränderung lenkt. Ist β zu klein, dann braucht es sehr lange, bis das Verfahren konvergiert. Ist die Lernrate zu groß, dann kann die Sache über das Ziel hinausschießen und gar nicht konvergieren. Wie schon erwähnt, kann diese Methode in einem lokalen Minimum stecken bleiben, sofern es mehr als ein Minimum gibt.

Die Verlustfunktion J ist eine Funktion über alle Datenpunkte, d. h. deren wirkliche und angepasste Werte. In der vorherigen Beschreibung haben wir alle Datenpunkte gleichzeitig verwenden, was man als *Batch-Gradientenabstieg* bezeichnet. Immer alle Datenpunkte für die Parameteraktualisierung zu verwenden, kann sehr rechenaufwändig sein, deshalb greifen wir auf eine Methode zurück, die sich *stochastischer Gradientenabstieg* nennt. Die funktioniert im Wesentlichen wie der Batch-Gradientenabstieg, verwendet aber für die Aktualisierung immer nur *einen* Datenpunkt. Dieser Datenpunkt wird zufällig ausgewählt, daher der Begriff *stochastisch*. Schreiben wir nun die Kostenfunktion an als

$$J(\theta) = \sum_{n=1}^{N} J_n(\theta),$$

mit der offensichtlichen Interpretation. Die Kleinste-Quadrate-Methode laut Gleichung (6) liefert uns

$$J_n(\theta) = \frac{1}{2N} \left(h_\theta(x^{(n)}) - y^{(n)} \right)^2.$$

$J_n(\theta)$ ist der Beitrag des Datenpunktes n zur Kostenfunktion.

Stochastischer Gradientenabstieg bedeutet also, man nehme ein zufälliges n und aktualisiere nach

$$\text{neues } \theta_k = \text{altes } \theta_k - \beta \, \partial J_n/\partial \theta_k.$$

Wiederhole dies durch Auswahl des nächsten zufälligen Datenpunktes, usw.

Es gibt da einige Gründe, warum wir die stochastische Gradientenabstiegsmethode gegenüber dem Batch-Verfahren bevorzugen. Zum Beispiel:

- Da die gewählten Datenpunkte für die Aktualisierung zufällig gewählt werden, konvergiert das System nicht so schön wie im Fall des Batch-Gradientenabstiegs. Überraschenderweise ist das nicht unbedingt schlecht. Hat die Verlustfunktion ein lokales Minimum, dann kann uns das Herumhüpfen um dieses Minimum darüber hinweghelfen, und die Sache konvergiert gegen das globale Minimum.
- Zudem ist es bezüglich des Rechenaufwands effizienter. Bei einem sehr großen Datensatz ist es wahrscheinlich, dass viele Datenpunkte ähnlich sind. Daher braucht man sie nicht alle zu verwenden. Würden Sie das tun, dann verlängerte sich die Rechenzeit, ohne recht viel im Sinne der Konvergenz zu gewinnen.

Und dann gibt's da noch das *Minibatch-Gradientenabstiegsverfahren*, bei dem man eine Teilmenge des ganzen Datensatesz für die Parameteraktualisierung verwendet, wo die Größe der Teilmenge größer als 1 und kleiner als n ist. Die Auswahl der Elemente der Teilmenge erfolgt wieder nach dem Zufallsprinzip.

Wenn Sie eine stochastische Version des Gradientenabstiegs verwenden, könnten Sie schließlich versuchen, das Herumspringen zu mildern, das zumeist nicht hilfreich ist. Man nehme dazu einen Durchschnitt der neuen Aktualisierung und der letzten Aktualisierungen, was zu einer exponentiell gewichteten Aktualisierung führt. Man führt somit eine Art Momentum ein, was die Konvergenz beschleunigen kann. Allerdings braucht es dazu weitere Parameter, um den Einfluss des Momentums zu konrollieren.

2.10 Training, Testen und Validieren

Die meisten Algorithmen des maschinellen Lernens müssen *trainiert* werden. Das bedeutet, man füttert sie mit Daten, sie suchen nach Mustern oder der besten Anpassung etc. Sie wissen, dass sie ihre Sache gut machen, wenn vielleicht die Verlustfunktion minimiert wurde oder die Belohnungen maximiert wurden. Aber das werden Sie später noch sehen.

Aufpassen müssen Sie, dass das Training nicht zu einer *Überanpassung (Over-Fitting)* führt. Wir möchten eigentlich nicht, dass uns der Algorithmus ein auf den gegebenen Datensatz abgestimmtes perfektes Resultat liefert. Vielmehr möchten Sie, dass der Algorithmus bei bisher noch nicht gesehenen Daten eine gute Performanz liefert.

In der Trainingsphase eines beliebigen Algorithmus könnten Sie alle zur Verfügung stehenden Daten verwenden. Aber das gibt Ihnen keine Auskunft darüber, wie robust das Modell ist. Um das Ganze richtig anzupacken, gibt es mehrere Dinge, die man tun kann. Zuallererst unterteilt man die Daten in einen Trainings- und einen Testdatensatz. Die Einteilung sollte natürlich zufällig geschehen, wobei man ca. 75 % für das Training und die restlichen 25 % für das Testen verwenden sollte. Wie gut funktioniert nun unser trainierter Algorithmus auf den Testdaten?

Eine weitere Möglichkeit im Falle einer zeitlichen Abhängigkeit in Ihren Daten — die vielleicht über viele Jahre gesammelt wurden — ist die folgende: Anstatt 25 % der Daten zufällig auszuwählen, könnten Sie die Daten in zwei Gruppen aufspalten, einmal vor und einmal nach einem bestimmten Datum. Nun werden diese Datensätze unabhängig voneinander trainiert. Erhalten Sie ähnliche Resultate?

Wenn ja, dann ist das großartig, das Modell erscheint verlässlich. Wenn nicht, dann gibt es zumindest drei Erklärungen: Erstens könnte das Modell grundsätzlich gut sein, aber es gibt Bereiche in den beiden Hälften, die nicht in die andere Hälfte reichen. Zweitens könnte ein Systemwechsel passiert sein, das heißt, die Welt hat sich geändert und Sie brauchen ein zeitabhängiges Modell. Oder Sie sind einfach auf dem Holzweg, egal, welchen Algorithmus Sie verwenden.

Epochen

Manche Methoden des maschinellen Lernens verwenden die gleichen Trainingsdaten öfter, während der Algorithmus schrittweise konvergiert (wie zum Beispiel beim stochastischen Gradientenabstieg). Jedes Mal, wenn der gesamte Trainingsdatensatz einmal verwendet wurde, nennt man das eine *Epoche* oder *Iteration*. Typischerweise braucht es mehrere Epochen, um zu einem akzeptablen Ergebnis zu kommen.

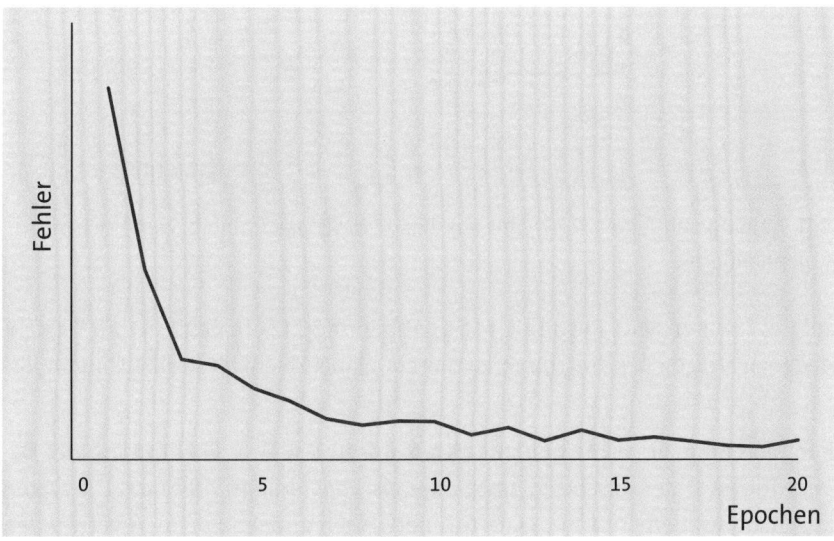

Abbildung 2.10 Fehler versus Epochen während des Trainings

Sinkt der Fehler mit der Anzahl der Epochen, wie in Abbildung 2.10 illustriert, dann bedeutet das nicht automatisch, dass Ihr Algorithmus besser wird. Es kann auch bedeuten, dass Sie das Modell zu sehr an die vorhandenen Trainingsdaten anpassen.

Das kann durchaus passieren, wenn der Algorithmus die Traingsdaten zu oft sieht, d. h. bei zu vielen Epochen. Um das zu überprüfen, führen Sie Testdaten ein, also Daten, die Sie zurückhalten und nicht für das Training verwenden. Wenn alles gut läuft, erhalten Sie Resultate wie in Abbildung 2.11. Das Ergebnis der Testdaten ist zwar nicht so gut wie das der Trainingsdaten, aber beide Kurven bewegen sich in die richtige Richtung. Sie können das Training stoppen, wenn sich die Fehler nicht mehr verändern. Dazu gibt es allerdings einen *Vorbehalt*: Wenn der Testfehler viel größer ist als der Trainingsfehler, dann kann auch das ein Hinweis auf Überanpassung sein.

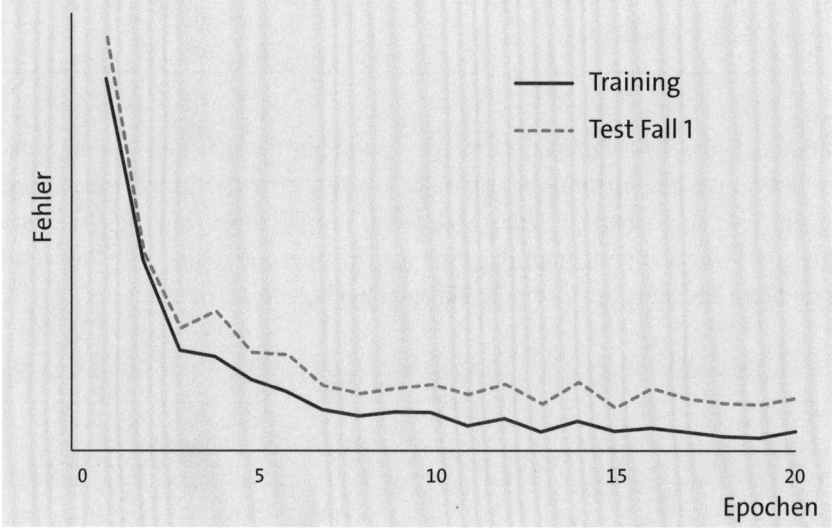

Abbildung 2.11 Training und Testen sehen gut aus. Beenden Sie das Training, wenn sich die Fehler nicht mehr ändern.

Wenn Sie auf der anderen Seite Resultate wie in Abbildung 2.12 erhalten, wo die Testfehlerkurve wieder zu steigen beginnt, dann ist das ein klares Zeichen für eine Überanpassung.

Um die Überanpassung zu vermeiden, teilen wir unsere Daten manchmal in *drei* Datensätze. Den dritten Datensatz bezeichnet man als *Validierungsdatensatz*. Die Daten werden wie gehabt auf dem Trainingssatz trainiert. Nach einigen Epochen verwenden wir den Validierungssatz, um zu sehen, wie der Algorithmus mit Daten außerhalb der Stichprobe zurechtkommt. Wir machen das mit immer mehr Epochen. Sobald wir sehen, dass der Validierungsfehler steigt, stoppen wir das Training. Bis jetzt können wir nicht ganz sicher sein, ob der Algorithmus wirklich gelernt hat, mit neuen Daten umzugehen, da wir ja den Validierungssatz verwendet haben, um zu entscheiden, wann wir stoppen.

Jetzt ist der richtige Zeitpunkt, um die Testdaten ins Spiel zu bringen und zu sehen, wie der Algorithmus damit zurechtkommt (das heißt, wie gut er generalisieren kann).

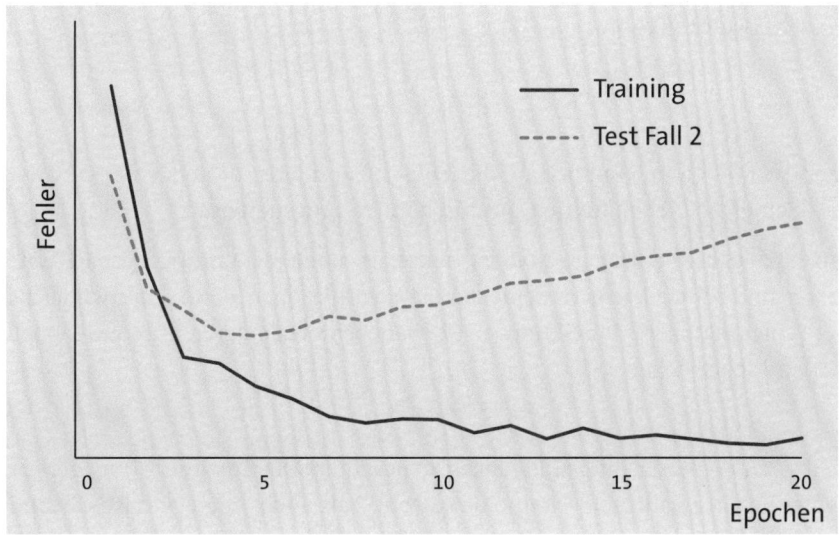

Abbildung 2.12 Sieht aus wie Überanpassung.

Wir zeichnen nicht immer die Fehler-Epochen-Kurve. Manchmal ist es sehr nützlich, den Fehler gegen einen Modellparameter aufzutragen, was uns hilft, den besten Parameter für unser Modell zu bestimmen.

2.11 Bias und Varianz

Gegeben sei eine Funktion mit der unabhängigen Variablen x und der abhängigen Variablen y

$$y = f(x) + \epsilon.$$

Das ϵ ist ein Fehlerterm mit einem Mittelwert von null (wäre er nicht null, könnte man ihn als Teil von $f(x)$ betrachten) und der Varianz σ^2. Der Fehlerterm, dessen Varianz durchaus auch von x abhängig sein kann, erfasst entweder echte Zufälligkeit in den Daten oder ein Rauschen (im signaltheoretischen Sinne), verursacht durch Messfehler.

Nehmen wir an, wir hätten mittels maschinellen Lernens ein deterministisches Modell für unsere Funktion gefunden:
$$y = \hat{f}(x)$$
Klarerweise können f und $\hat{f}$ nicht gleich sein. Die Funktion $\hat{f}$ wird stark vom verwendeten Algorithmus abhängen und unter Verwendung einer großen Menge an echten Trainingsdaten angepasst worden sein – wahrscheinlich durch Minimierung beispielsweise folgender Kostenfunktion:
$$\sum_{n=1}^{N} \left(\hat{f}(x^{(n)}) - y^{(n)} \right)^2$$
Je komplexer das Modell im Hinblick auf die (Hyper-)Parameter, desto kleiner wird der Fehler sein – kleiner, aber eben für den spezifischen Trainingsdatensatz.

Kommt nun ein neuer Datenpunkt x' daherspaziert, der noch nicht im Traingsdatensatz vorhanden war, und wir wollen das entsprechende y' vorhersagen, dann sehen wir leicht, wie groß der Fehler in unserer Prädiktion ist. Der beobachtete Fehler in unserem Modell am Punkt x' wird so aussehen:
$$\hat{f}(x') - f(x') - \epsilon \tag{7}$$
Allerdings gibt es hier eine wichtige Kleinigkeit zu beachten. Der Ausdruck (7) suggeriert, dass der Fehler nur in ϵ zu liegen scheint, da sowohl f als auch $\hat{f}$ deterministisch sind. Aber der Ausdruck versteckt einen weiteren, möglicherweise wichtigeren, aber auf alle Fälle interessanteren Fehler, der auf unsere Trainingsdaten zurückzuführen ist. Ein robustes Modell würde uns immer die gleiche Prädiktion liefern, egal, welche Daten wir für das Training unseres Modells nutzen. Also sehen wir uns den durchschnittlichen Fehler an, den Mittelwert von (7)
$$E\left[\hat{f}(x')\right] - f(x'),$$
wobei die Erwartung $E[\cdot]$ über zufällige Auswahl aus den Trainingsdaten angenommen wird (die alle die gleiche Verteilung wie die Trainingsdaten haben). Das ist die Definition der *Verzerrung* oder des gebräuchlicheren Begriffs, *Bias*:
$$\text{Bias}(\hat{f}(x')) = E\left[\hat{f}(x')\right] - f(x')$$
Wir können uns auch den mittleren quadratischen Fehler ansehen. Da $\hat{f}(x')$ und ϵ unabhängig sind, ergibt sich trivialerweise
$$E\left[(\hat{f}(x') - f(x') - \epsilon)^2\right] = \left(\text{Bias}(\hat{f}(x'))\right)^2 + \text{Var}(\hat{f}(x')) + \sigma^2, \tag{8}$$
mit der Varianz
$$\text{Var}(\hat{f}(x')) = E\left[\hat{f}(x')^2\right] - E\left[\hat{f}(x')\right]^2.$$

Der Ausdruck (8) ist also der mittlere quadratische Fehler unserer neuen Prädiktion. Das führt uns also zu zwei wichtigen Größen, dem Bias, und der Varianz, die unsere Resultate beeinflussen, aber durch Feinjustierung unseres Modells bis zu einem gewissen Grad kontrolliert werden können. Der quadratische Fehler (8) setzt sich also aus drei Termen zusammen, dem Bias, der Varianz der verwendeten Methode und einem Term (σ^2), den wir nicht so leicht loswerden.

Ein gutes Modell kommt wie erwartet mit einem geringen Bias und einer geringen Varianz aus, wie in Abbildung 2.13 links illustriert.

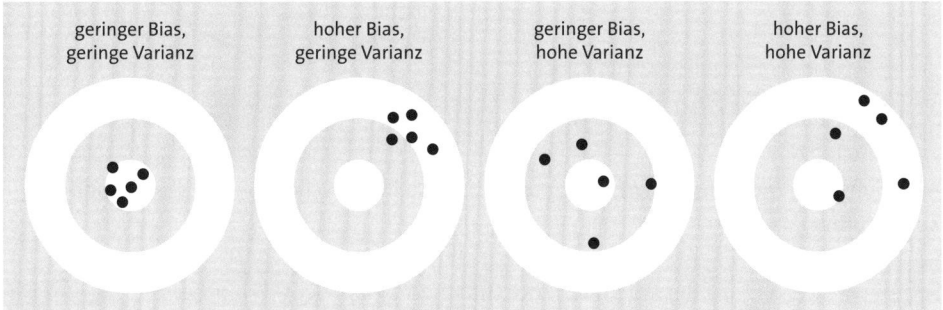

Abbildung 2.13 Beispiele für geringen und hohen Bias und Varianz

Der Bias zeigt uns an, wie weit das trainierte Modell vom korrekten Resultat im Durchschnitt entfernt ist. Dabei bezieht sich »Durchschnitt« auf mehrere Trainingsdurchgänge bei Verwendung unterschiedlicher Daten. Die Varianz ist ein Maß für die Größe dieses Fehlers.

Unglücklicherweise sind wir hier mit dem sogenannten *Bias-Varianz-Dilemma* konfrontiert. Reduziert man den Bias, erhöht sich die Varianz und umgekehrt, womit wir direkt beim Problem der Über- und Unteranpassung landen.

Es kommt zu einer *Überanpassung*, wenn wir unseren Algorithmus zu sehr an die Trainingsdaten anpassen, möglicherweise wegen der Verwendung zu vieler Hyperparameter. In Analogie stellen Sie sich ein zweijähriges Kind vor, das sein erstes Puzzlespiel löst. Nach vielen Versuchen und noch mehr Tränen ist es schließlich erfolgreich. Danach geht das Lösen dieses Puzzles viel leichter von der Hand. Aber hat das Kind wirklich gelernt, wie man ein Puzzlespiel löst, oder hat es nur das spezielle Bild auswendig gelernt?

Unteranpassung passiert, wenn der Algorithmus zu simpel ist oder nicht genügend trainiert wurde. Im Durchschnitt mögen die Resultate akzeptabel sein, aber der Algorithmus vermag die Nuancen in den Daten nicht zu erfassen.

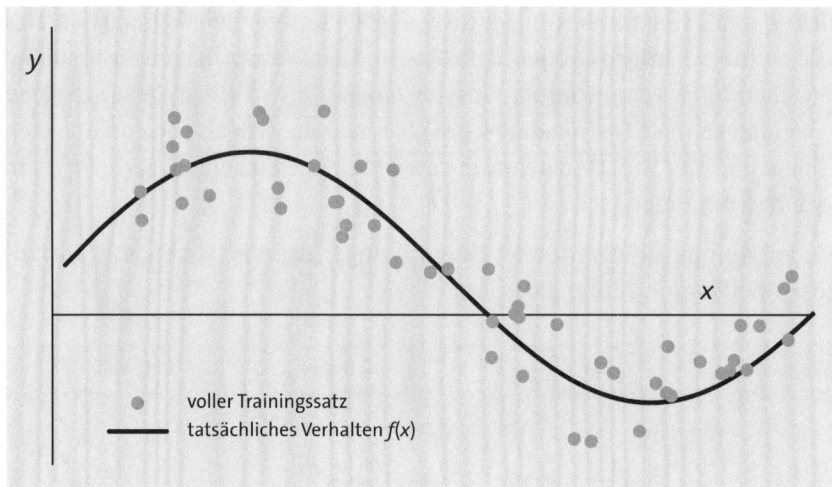

Abbildung 2.14 Die wahre Verknüpfung von y und x (eine verschobene Sinuskurve) und der Zufallsterm ϵ

Sehen wir uns das am Besten an einem einfachen Beispiel an. Wir arbeiten mit den Daten aus Abbildung 2.14, die die Verknüpfung zwischen y und x darstellen, versetzt mit einer zufälligen Komponente ϵ. Die Funktion $f(x)$ ist eine verschobene Sinuskurve, und die Trainingsdaten wurden erstellt mittels Addition einer gleichförmig verteilten Zufallszahl. Ein schwarzer gefüllter Kreis repräsentiert einen Datenpunkt, alle zusammen ergeben den Trainingsdatensatz.

Beginnen wir mit einem einfachen Modell für die Verknüpfung x und y, d. h. ein einfaches $\hat{f}(x)$. Einfacher als eine Konstante geht nicht. In Abbildung 2.15 zeige ich dieses erste Modell mit einer gestrichelten Linie. Als Konstante habe ich das durchschnittliche y für eine *Untermenge aller Daten*. Die Auswahl der Untermenge hat nicht sehr viel Einfluss auf den Durchschnitt. Das Ergebnis ist gelinde gesagt ein offensichtlich unterangepasstes Modell.

Nun kommt ein ungesehener Datenpunkt hinzu, der durch den weiß gefüllten Kreis dargestellt wird. Unsere Prädiktion ist der schwarze Kreis auf der gestrichelten Linie. Wie Sie bereits wissen, gibt es drei Fehlerquellen: ϵ, die Varianz und den Bias.

Das ϵ werden wir nicht los, das können wir nicht vorhersagen, obwohl es irgendwie in den Trainingsdaten steckt und implizit im Modell abgebildet wird. Die Varianz (des Modells) ist verschwindend klein, da die Auswahl einer anderen Trainingsdatenuntermenge den Durchschnitt kaum ändern würde. Daraus folgt, dass der Bias den größten Teil zum Modellfehler beiträgt. Der mittlere quadratische Fehler eines unterangepassten Modells wird durch den Bias und ϵ dominiert.

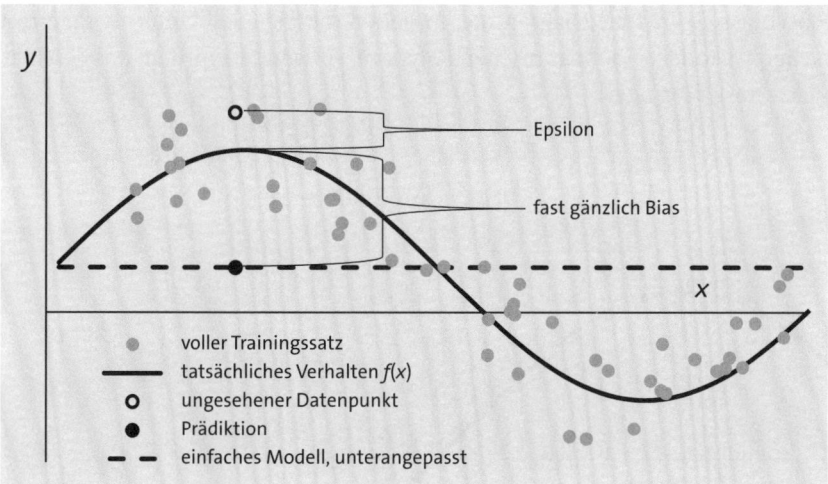

Abbildung 2.15 Unterangepasstes Modell mit hohem Bias

Die nächsten beiden Abbildungen illustrieren, was bei einem komplexeren Modell mit zwei unterschiedlichen Untermengen des Gesamttrainingsdatensatz passiert. Für beide Fälle habe ich Excel verwendet und die Punkte zweier unterschiedlicher Datenuntermengen verbunden, somit habe ich zwei Untermengen und zwei unterschiedliche Modelle und entsprechend unterschiedliche Prädiktionen. Der Fehler der Prädiktionen ergibt sich aus den beiden Größen Bias und Varianz.

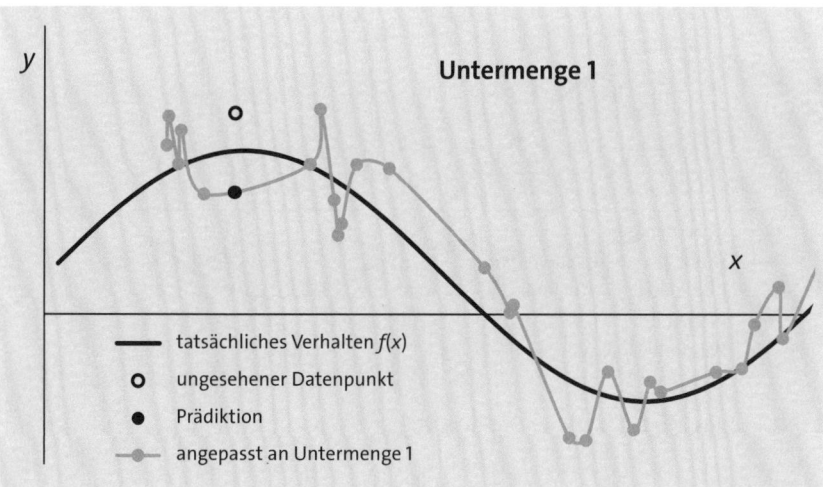

Abbildung 2.16 Ein komplexes Modell, (über)angepasst an eine Untermenge des Trainingsdatensatzes

Und zum Abschluss noch zwei Diagramme, in denen die gleichen Untermengen mit einem einfacheren Modell, einem kubischen Polynom, verwendet wurden, was den Bias und die Varianz stark verringert.

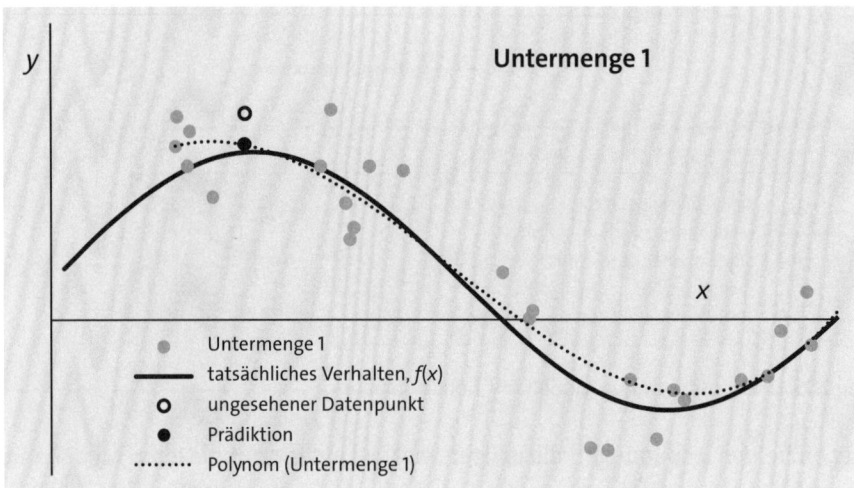

Abbildung 2.17 Ein gutes Modell, nicht zu simpel oder zu komplex

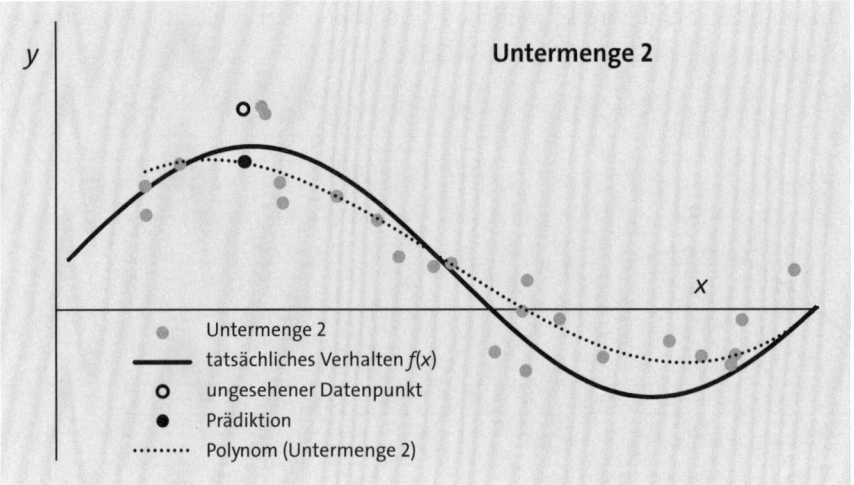

Abbildung 2.18 Gleiches Modell, anderer Datensatz

Das Bias-Varianz-Dilemma wird in Abbildung 2.19 schön dargestellt.

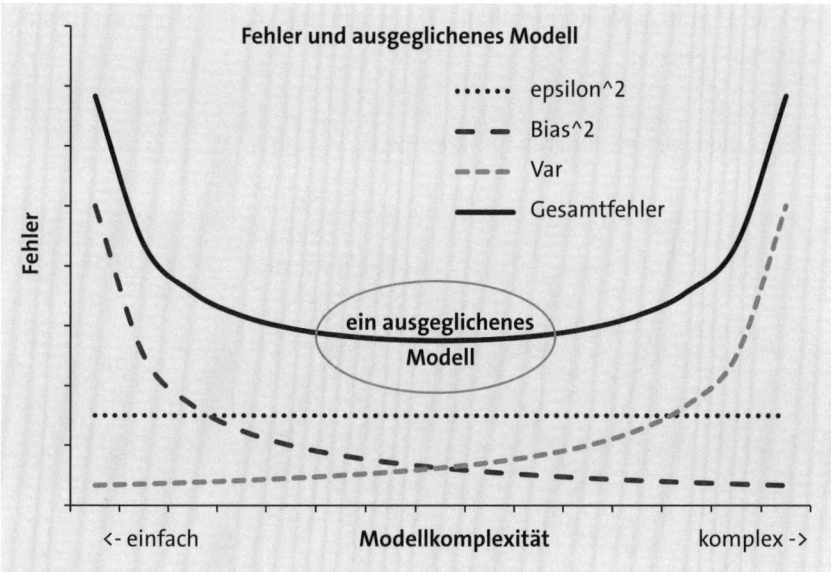

Abbildung 2.19 Die verschiedenen Fehlerterme

2.12 Lagrange-Multiplikatoren

Bei den meisten Verfahren des maschinellen Lernens kommt man an einen Punkt, an dem man geeignete (Hyper-)Parameter finden muss. Diese Aufgabe kann ebenfalls als Optimierungsproblem gesehen werden. Manchmal treffen wir hier auf sogenannte beschränkte Optimierungsprobleme, die etwa so lauten: »Finde jene Parameter, die folgenden Ausdruck ... unter den Nebenbedingungen ...«

Diese beschränkten Optimierungsaufgaben können unter Zuhilfenahme von *Lagrange-Multiplikatoren* gelöst werden.

Angenommen, wir wollen das Maximum der Funktion $f(x_1, x_2)$ bestimmen. Üblicherweise würden wir die erste Ableitung bezüglich der beiden Variablen bilden und die Werte der beiden Variablen so bestimmen, dass die erste Ableitung gleich null ist. (Das könnte uns ein Maximum, Minimum oder einen Sattelpunkt liefern, also braucht es etwas mehr Arbeit, um tatsächlich das Maximum zu erhalten.) Was aber, wenn wir die Funktion $f(x_1, x_2)$ aus Abbildung 2.20 maximieren wollen, mit der Nebenbedingung $g(x_1, x_2) = 0$, die eine Kurve im Raum x_1, x_2 repräsentiert? Diese Aufgabe können wir uns als Geländemodell vorstellen, wo x_1 und x_2 als geografische Koordinaten gelten und f als Höhe. Die Kurve $g(x_1, x_2) = 0$ ist ein Pfad, der sich am Gelände entlang schlängelt. Wir wandern nun diesen Weg entlang, bis wir den höchsten Punkt erreichen.

Die Methode der Lagrange-Multiplikatoren ermöglicht das Auffinden einer Lösung durch den Lagrange-Term
$$L = f(x_1, x_2) - \lambda g(x_1, x_2) \qquad (9)$$
und der Bestimmung eines stationären Punktes für x_1, x_2 und λ.

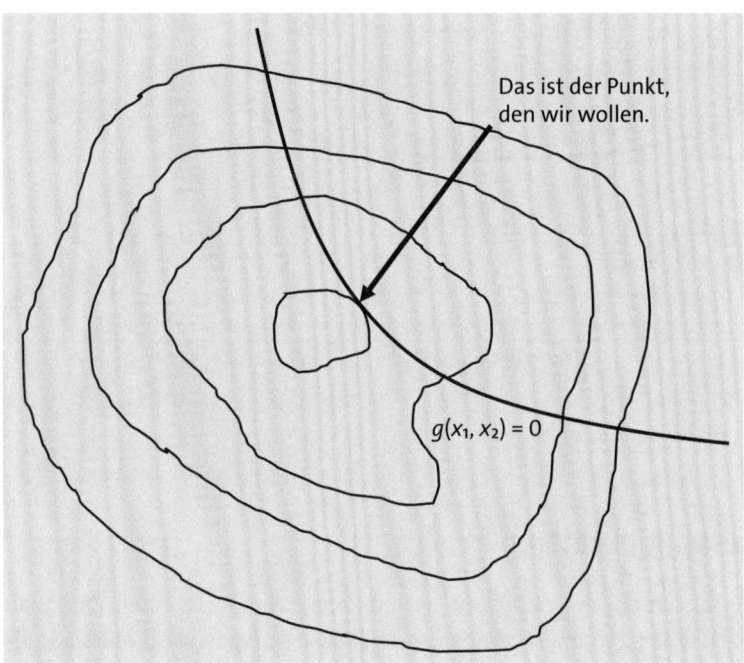

Abbildung 2.20 Die Konturkurve der Funktion $f(x_1, x_2)$ und der Kurve $g(x_1, x_2) = 0$.

Warum das funktioniert, lässt sich an der Konturkarte unseres Hügels in Abbildung 2.20 erkennen. Wir sehen hier, dass der größte Wert von f entlang des Pfades dort liegt, wo sich der Pfad und die Kontur aus der Vogelperspektive berühren. Aus geometrischer Sicht bedeutet das, dass der zur Kontur orthogonale Vektor und der zur Nebenbedingung orthogonale Vektor in die selbe Richtung zeigt, oder mathematisch ausgedrückt:
$$\left(\frac{\partial f}{\partial x_1}, \frac{\partial f}{\partial x_2}\right) \propto \left(\frac{\partial g}{\partial x_1}, \frac{\partial g}{\partial x_2}\right)$$
Aber die Differenzierung (9) bezüglich x_1 und x_2 liefert uns genau das, wobei λ eine Proportionalitätskonstante darstellt. Differenziert man den Audruck (9) nach λ, erhalten wir genau wieder die Nebenbedingung. Obwohl ich die Methode in zwei Dimensionen erklärt habe, ist sie natürlich auf beliebige Dimensionen und Nebenbedingungen anwendbar. Man füge einfach für jede Nebenbedingungen einen Lagrange-Term λ hinzu.

Die Methode kann für Nebenbedingungen erweitert werden, die als Ungleichungen gegeben sind. Wir wollen also jetzt $f(x_1, x_2)$ maximieren unter der Nebenbedingung $g(x_1, x_2) < 0$. Wir können immer noch mit (4) arbeiten, aber jetzt mit

$$\lambda \geq 0$$

und

$$\lambda g(x_1, x_2) = 0.$$

Dieser Ausdruck wird auch als Bedingung des *komplementären Schlupfes* bezeichnet. Sie lässt sich so interpretieren, dass entweder $g(x_1, x_2) < 0$ gilt und die Nebenbedingung erfüllt ist und wir also λ nicht brauchen, oder $g(x_1, x_2) = 0$ gilt und wir an der Grenze der erlaubten Region sind, und damit wieder bei der vorherigen Version der Lagrange-Multiplikatoren. Diese Verallgemeinerung kennt man auch unter dem Namen *Karush–Kuhn–Tucker-Bedingung (KKT)*.

Achtung! Lagrange-Multiplikatoren und KKT liefern uns nur *notwendige* Bedingungen für eine Lösung. Wir müssen also für jede Lösung überprüfen, ob sie tatsächlich passt.

2.13 Mehrfachklassen

Viele der Techniken, die wir in diesem Buch erobern, klassifizieren Daten in zwei Gruppen, in der Art: eine E-Mail ist entweder Spam oder kein Spam. Die Basisform der Support-Vektor-Maschinen unterteilt Daten, indem sie schaut, ob der Datenpunkt auf der einen oder anderen Seite einer Hyperebene liegt. Was aber machen wir bei einem Mehrklassenproblem, also zum Beispiel Spam, Nicht-Spam und E-Mails von der Schwiegermutter?

Dafür gibt es im wesentlichen drei Methoden: die *Eins-versus-eins-Klassifikation*, die *Eins-versus-alle-Klassifikation* und die *Softmax-Funktion*.

Aber zuerst noch ein Hinweis, was man absolut nicht tun sollte:

Angenommen, Sie wollen den Maler eines Kunstbildes bestimmen. Dem Algorithmus werden eine Menge Bilder gezeigt. Für die Künstler vergeben wir numerische Kennzeichnungen. Bilder von van Gogh erhalten den Wert 1, Bilder von Monet den Wert 2, Cassatts Bilder werden mit 3 gekennzeichnet usw. Nach dem Training zeigen wir dem Algorithmus ein Bild eines unbekannten Künstlers. Der Algorithmus liefert uns den numerischen Wert 2,7. Von wem ist nun dieses Bild? Man könnte meinen, der Algorithmus denkt, das Bild ist höchstwahrscheinlich von Cassat, aber auch etwas von Monet, was natürlich völliger Unsinn ist. Es gibt keine Ordnung oder Reihung von Künstlern, sodass man sagen könnte: »Monet ist genau in der Mitte zwischen van Gogh und Cassatt.« Sollten die Klassen nach einer gewissen Ordnung sortierbar sein, dann hätte man nur eine

einzige skalare Ausgabe, zum Beispiel: »Zu welcher Attraktion hat eine Person Zugang?«
Da mag es drei Typen von Fahrattraktionen geben, eine für Kleinkinder, eine für Kinder
und eine für Erwachsene. Drei Klassen, die aber ziemlich exakt zur Körpergröße passen.
So etwas wäre also in Ordnung.

Im Allgemeinen ist es keine gute Idee, einen Skalar zu verwenden und damit mehr als
zwei Klassen zu repräsentieren. Dennoch möchte und muss man Zahlen für die Klassifikation verwenden. Was ist also zu tun? Hier die üblichen Verdächtigen:

Eins-versus-eins

Im Fall von K Klassen A, B, C ... trainieren wir $K(K-1)/2$ binäre Klassifikatoren unter
Verwendung von Untermengen der Trainingsdaten: A versus B, B versus C, C versus A ....
Der neue, noch nicht klassifizierte Datenpunkt wird dann mit jedem dieser Klassifikatoren getestet, und jede Gewinnerklasse erhält eine Stimme (zum Beispiel (A,B,A)). Am
Ende wird die Klasse mit den meisten Stimmen gewählt (A).

Eins-versus-alle

Diese Technik erfordert, dass der Klassifikator eine Art Konfidenzmaß für jede Entscheidung liefert und nicht nur einfach eine Klassenbezeichnung. Das schränkt aber wieder
auch die Nützlichkeit ein. Wir haben wieder K Klassen und trainieren K binäre Klassifikatoren: A versus Nicht-A, B versus Nicht-B, C versus Nicht-C .... Die Gewinnerklasse ist
die mit dem höchsten Konfidenzmaß.

Softmax-Funktion

Ihr Klassifikationsalgorithmus könnte mit einem Merkmalsvektor trainiert werden, wo
ein Eintrag gleich 1 und die restlichen gleich 0 sind, was der bereits bekannten One-Hot-Codierung entspricht. Der Ausgabevektor für einen neuen Datenpunkt wäre dann ein
K-dimensionaler Vektor, die Einträge könnten allerdings beliebige Werte sein.

Mit der Softmax-Funktion kann man diese Werte in so etwas ähnliches wie (Klassenzugehörigkeits)wahrscheinlichkeiten transformieren. Die Softmax-Funktion verwendet
die Einträge des Ergebnisvektors $(z_1, z_2, \ldots, z_K)$, egal, ob positiv oder negativ, und verwandelt ihn in einen neuen Vektor mit Eintragswerten zwischen 0 und 1, aber so, dass
die Summe der Werte gleich 1 ergibt:

$$\frac{e^{z_k}}{\sum_{k=1}^{K} e^{z_k}}$$

Das führt uns zu einer probabilistischen Interpretation der Werte als Klassenzugehörigkeit. Klarerweise werden wir jene Klasse wählen, deren Eintragswert am höchsten ist, wobei der Wert an sich ebenfalls als Konifidenzmaß für das Resultat gesehen werden kann.

2.14 Informationstheorie und Entropie

Der Ursprung der Informationstheorie lag in der Übertragung von Nachrichten. Im Fall einer verrauschten Telefonverbindung können Nachrichten zwischen Sender und Empfänger gestört sein. Ein einfache Nachricht mit Morsezeichen von Punkten und Strichen kann ganz leicht ihren Sinn verlieren, wenn Punkte und Striche vertauscht werden. Die Fragen, mit denen man sich dabei unter anderem beschäftigt, sind: Wenn es eine Störungswahrscheinlichkeit gibt, wie viel Information der Nachricht kommt durch bzw. wie lange muss eine Nachricht sein, damit bis zu einem gewissen Grad eine korrekte Nachricht empfangen wird?

Einige Erkenntnisse der Informationstheorie sind auch für uns wichtig. Darunter fallen die Konzepte *Selbstinformation* und *Überraschungswert* (ja, auch ich habe solche Begriffe nicht erwartet) sowie *Informationsentropie*, oder einfach *Entropie*.

Wenn die Sonne im Osten aufgeht, dann hat das keinen Informationsgehalt, da die Sonne immer im Osten aufgeht. Wenn Sie eine ungezinkte Münze werfen, dann liegt im Ergebnis eine Information, nämlich ob die Münze Kopf oder Zahl zeigt. Ist die Münze so beschaffen, dass sie eher öfter Kopf zeigt, und zeigt dann aber Zahl, dann liegt darin mehr Information als bei einer ungezinkten Münze. Der Überraschungswert (*Surprisal*) eines Ereignisses ist der negative Logarithmus der Wahrscheinlichkeit dieses Ereignisses:

$$-\log_2(p)$$

Es werden hier oft unterschiedliche Logarithmenbasen verwendet, was aber aber keinen großen Unterschied bedeutet, höchstens in der Skalierung. Mit der Basis 2 allerdings können wir uns mit Bits als bekannten Einheiten beschäftigen. Ist ein Ereignis sicher, so dass $p = 1$, dann ist die assoziierte Information gleich null. Je geringer die Ereigniswahrscheinlichkeit, desto höher der Überraschungswert und wird unendlich bei einem unmöglichen Ereignis.

Aber warum eigentlich Logarithmen? In der Informationstheorie ergibt sich die Logarithmusfunktion quasi von selbst. Betrachten wir als Beispiel wieder den Münzwurf und werfen vier Münzen. Das führt uns zu 16 verschiedenen Münzzuständen, KKKK, KKKZ, ... ZZZZ. Die Beschreibung der Zustände erfordert allerdings nur 4 Bits an Information. KZKK könnte mit 0100 repräsentiert werden:

$$4 = \log_2(16) = -\log_2(1/16)$$

Betrachten wir nun einen gezinkten Würfel und nehmen wir an, dass die Wahrscheinlichkeit, Kopf zu werfen, bei 3/4 liegt, und die für Zahl bei 1/4. Werfe ich nun Kopf, was fast zu erwarten ist, dann liefert das nicht viel Information.

Technisch gesehen wären das $-\log_2(0,75) = 0,415$ Bits. Bei Zahl wären das jedoch $-\log_2(0,25) = 2$ Bits.

Das führt uns in natürlicher Weise dazu auf die durchschnittliche Information zu sehen, was wir als Entropie bezeichnen:

$$-\sum p \log_2(p),$$

wo wir die Summe über alle möglichen Ergebnisse nehmen. (Beachten Sie, dass bei zwei möglichen Ergebnissen die Entropieformel zum gleichen Ergebnis führen muss, wenn wir p durch $1 - p$ ersetzen. Und tatsächlich ist das hier der Fall.)

Für eine ungezinkte Münze sehen wir leicht, dass die Entropie gleich 1 sein muß. Für eine Münze mit Ergebniswahrscheinlichkeit 0 für eine der beiden Seiten ist die Entropie gleich 0.

Für unsere 75:25 -Münze liegt sie bei 0,811. Entropie ist ein Maß der Ungewissheit, aber bezogen auf den Informationsgehalt und nicht im Sinne einer Wette auf das Münzwurfergebnis.

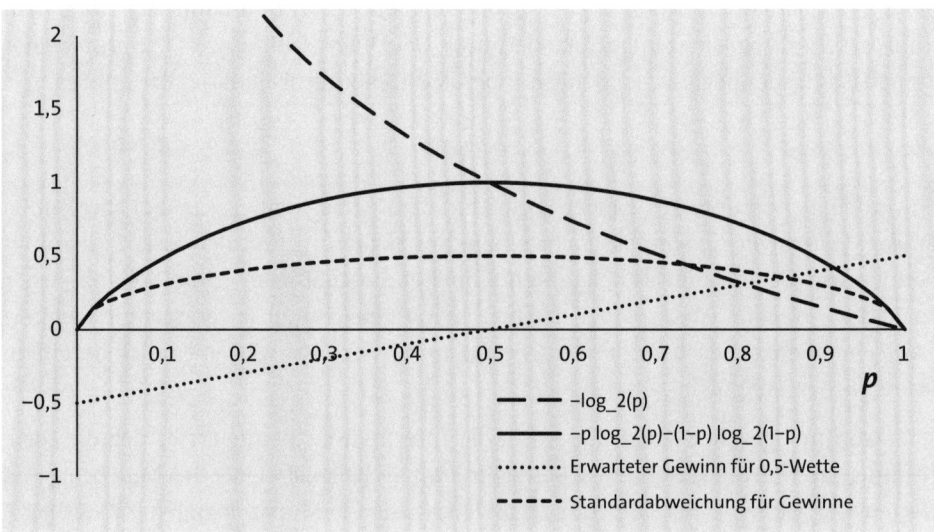

Abbildung 2.21 Die Informationsfunktion, die Entropie, erwartete Gewinne und Standardabweichung (Details im Text)

In Abbildung 2.21 werden vier Maße für den Münzwurf gegen p, die Wahrscheinlichkeit für Kopf, aufgetragen. Da gibt es die Informationsfunktion $-\log_2(p)$, die Entropie $p\log_2(p) - (1-p)\log_2(1-p)$ und zum Vergleich zwei Kurven, die man üblicherweise mit Münzwurf in Verbindung bringt. Eine davon zeigt den erwarteten Gewinn für eine 0,5-US$-Wette auf Kopf, $p - 0,5$, und die Standardabweichung für die Gewinne $\sqrt{p(1-p)^2 + (1-p)p^2}$. Man sieht, dass die Standardabweichung, also das Risiko des Münzwurfs, der Entropie im qualitativen Sinne durchaus ähnlich ist.

Entropie werden wir noch brauchen, wenn wir uns mit Entscheidungsbäumen beschäftigen. Sie wird uns bei der Entscheidung helfen, in welcher Reihenfolge wir Fragen stellen, um die Entropie zu minimieren oder, wie später erklärt, den Informationsgewinn zu maximieren.

Und wieder Kreuzentropie

Gehen wir von einem *Modell* für die Wahrscheinlichkeit diskreter Ereignisse aus und nennen das p_k^M. Der Index k steht für eine von K Möglichkeiten. Die Summe der Wahrscheinlichkeiten muss natürlich 1 ergeben. Nehmen wir an, wir haben einige empirische Daten für die Ereigniswahrscheinlichkeiten p_k^E. Selbstredend ist die Summe wieder 1. Die Kreuzentropie wird dann definiert mit

$$-\sum_k p_k^E \ln\left(p_k^M\right).$$

Sie ist ein Maß für die Distanz zwischen zwei Verteilungen.

Aber sehen wir uns das an einem Beispiel an.

Angenommen, wir wollen mit maschinellem Lernen zwischen drei Früchtearten unterscheiden, Passionsfrucht, Orange oder Guave. Zum Testen geben wir als Eingabe den Merkmalsvektor einer Orange ein. Der Algorithmus wird uns drei Zahlen ausgeben (Ausgabevektor mit drei Einträgen), womit wir noch die Softmax-Funktion füttern, und wir erhalten so Zugehörigkeitswahrscheinlichkeiten zu den Klassen P, O oder G für diese Testorange. Wird sie korrekt als Orange identifiziert?

Der Algorithmus liefert uns beispielhaft die drei Zugehörigkeitswahrscheinlichkeiten

$$p_P^M = 0,13, \quad p_O^M = 0,69 \text{ und } p_G^M = 0,18.$$

Okay, nicht schlecht. Der Algorithmus weist der Testorange mit einer relativ hohen Wahrscheinlichkeit die Klasse Orange zu, aber eben nicht zu 100 % sicher. Empirisch gesehen wissen wir, dass

$$p_P^E = 0, \quad p_O^E = 1 \text{ und } p_E^M = 0,$$

weil es definitiv eine Orange *ist*. Die Kreuzentropie ist daher

$$-(0 \times \ln(0,13) + 1 \times \ln(0,69) + 0 \times \ln(0,18)) = 0,371.$$

Die Kreuzentropie ist minimal, wenn die Modellwahrscheinlichkeit gleich der empirischen Wahrscheinlichkeit ist. Um das zu zeigen, verwenden wir *Lagrange-Multiplikatoren*. Wir schreiben:

$$L = -\sum_k p_k^{\text{E}} \ln\left(p_k^{\text{M}}\right) - \lambda \left(\sum_k p_k^{\text{M}} - 1\right) \tag{10}$$

Der zweite Term rechts dient dazu, die Summe der Modellwahrscheinlichkeiten auf 1 zu setzen. Nun differenzieren wir (10) bezüglich der Modellwahrscheinlichkeiten und setzen das Resultat gleich 0:

$$\frac{\partial L}{\partial p_k^{\text{M}}} = -\frac{p_k^{\text{E}}}{p_k^{\text{M}}} - \lambda = 0$$

Da die Summe sowohl der empirischen als auch der Modellwahrscheinlichkt gleich 1 sein muss, erkennen wir, dass $\lambda = -1$ und

$$p_k^{\text{M}} = p_k^{\text{E}}.$$

Da die Kreuzentropie minimal sein muss, wenn die Modellwahrscheinlichkeit gleich der empirischen Wahrscheinlichkeit ist, kommt es uns als Kandidat für nützliche Kostenfunktion für Klassifikationsaufgaben sehr zu pass.

Wenn Sie sich noch einmal die Abschnitte zu MLS und Kostenfunktionen zu Gemüte führen und mit der Entropie vergleichen, dann entdecken Sie viele mathematische Gemeinsamkeiten. Die gleichen Ideen kommen immer wieder in unterschiedlicher Gestalt daher, jedoch mit unterschiedlichen Begründungen und Verwendungen.

2.15 Verarbeitung natürlicher Sprache (NLP)

Einige der Methoden werden für die Verarbeitung natürlicher Sprache eingesetzt (englisch *Natural Language Processing*, dessen auch im Deutschen gebräuchliche Abkürzung *NLP* wir im Folgenden ebenso verwenden werden). NLP beschäftigt sich mit algorithmischen Verstehen, Interpretieren, Beantworten oder Klassifizieren von Text oder Sprache. NLP verwendet man für:

▶ **Text/Sentiment Klassifikation:** Spam-E-Mails versus Nicht-Spam ist ein oft zitiertes Beispiel. Ist eine Kinofilmkritik positiv oder negativ?

▶ **Beantwortung von Fragen:** den Sinn einer Frage bestimmen und eine Antwort suchen

- **Spracherkennung:** »Erzählen Sie uns in wenigen Worten, warum Sie uns kontaktiert haben.«

Später sehen Sie dazu noch einige Beispiele.

Text unterscheidet sich logischerweise von numerischen Daten, und das erfordert die Lösung einiger spezieller Probleme. Text enthält auch Nuancen, die ein Muttersprachler intuitiv versteht, die aber äußerst schwierig für einen Algorithmus sind. Kein Scherz.

Ich liste hier ein paar Vorverarbeitungstechniken auf, die wir später bei der Verarbeitung von Text brauchen werden:

- **Tokenisierung (Tokenize):** Zerlegen von Texten in Wörter und Satzzeichen (Komma, Rufzeichen, Fragezeichen …).
- **Stoppwörter:** Einige Wörter, wie *ein*, *der*, *die*, *das*, *und* etc. bringen keine zusätzliche Information und können aus dem Rohtext entfernt werden.
- **Stammformreduktion (Stemming):** Manchmal reduziert man Wörter auf ihre Stammform, das heißt, man schneidet die Enden ab. Die Bedeutung verliert man so meist nicht, und die analytische Genauigkeit steigt. Zum Beispiel alle Formen von *lieben*, *liebt*, *liebender*, *liebt*, *Liebhaber* … würden zu *lieb*.
- **Lemmatisierung (Lemmatize):** Lemmatisierung ist eine ausgeklügeltere Version der Stammformreduktion, indem sie Kontext und irreguläre Wortformen berücksichtigt. Somit werden zum Beispiel *essen*, *gegessen*, *aß* … als ein Wort gesehen.
- **Kategorisierung:** Zuordnung der Wortformen, Hauptwort, Verb, Adjektiv etc.
- **'N'-gramm:** Gruppierung mehrerer (N) Wörter zu Phrasen, »rote Flagge«, »Zenit überspringen« etc.
- **Mehrfachbedeutung:** Manchmal braucht es den Kontext bzw. die umgebenden Wörter, um die korrekte Bedeutung zu bestimmen. »Die *Esse* als Schmiedefeuer« oder »Ich *esse* zu Mittag Pizza.« Einige Wörter mögen gleich geschrieben werden, haben die gleiche Wurzel, aber einen feinen Unterschied, zum Beispiel *Flügel* und *Flügel*.

Word2vec

Word2vec ist die Bezeichnung für eine Methode, einem Wort einen numerischen Vektor zuzuordnen. Um ein halbwegs vernünftiges Vokabular an Wörtern abzubilden, braucht es eine ziemlich große Dimensionalität. Wörter, die etwas gemeinsam haben, erhalten nach dem Training einen ähnlichen Vektor. Genialerweise kann man Wortkombinationen als Vektoroperationen, wie Addition oder Subtraktion, nachbilden. Zum Beispiel könnte Fisch + Chips + Bohnen in einem Vektor resultieren, der dem Vektor für Abendessen recht nahe ist.

2.16 Bayes-Theorem

Das *Bayes-Theorem* verknüpft Ereigniswahrscheinlichkeiten unter gegebenen Ereignisinformationen. Symbolhaft ausgedrückt haben wir

$$P(A|B) = \frac{P(B|A)P(A)}{P(B)},$$

wobei $P(A|B)$ die Wahrscheinlichkeit von Ereignis A repräsentiert unter der Voraussetzung, dass B wahr bzw. eingetreten ist. $P(A)$ hingegen ist die Ereigniswahrscheinlichkeit von A, unabhängig von B. $P(A|B)$ ist eine *bedingte* Wahrscheinlichkeit.

Wie das funktioniert, ist in Abbildung 2.22 dargestellt.

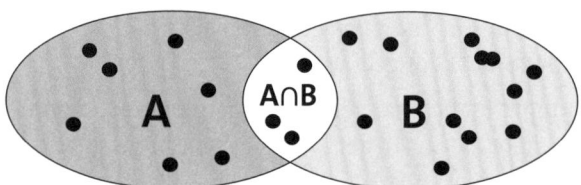

Abbildung 2.22 Demonstration des Bayes-Theorems

Gegeben sind zwei Ellipsen mit einer überlappenden Fläche, gefüllt mit einigen Punkten. Betrachten Sie die linke Ellipse A, die rechte Ellipse B und den überlappenden weißen Bereich. Insgesamt befinden sich 22 Punkte in der Gesamtfläche, zehn in Ellipse A, 15 in Ellipse B und drei in beiden Ellipsen.

Wählen wir zufällig einen Punkt, so ist die Wahrscheinlichkeit, dass er in Ellipse A ist,

$$P(A) = \frac{10}{22}.$$

Die Wahrscheinlichkeit, ihn in Ellipse B zu finden, ist

$$P(B) = \frac{15}{22}.$$

Die Wahrscheinlichkeit dafür, dass er sich sich in *beiden* Ellipsen A und B befindet, auch genannt die *Schnittmenge* von A und B, d. h. in der weißen Region, schreiben wir als

$$P(A \cap B) = \frac{3}{22}.$$

Die bedingte Wahrscheinlichkeit von A gegeben B ist dann

$$P(A|B) = \frac{3}{15}.$$

Von den 15 Punkten in B befinden sich drei also auch in A. Das ist gleich

$$\frac{3/22}{15/22} = \frac{P(A \cap B)}{P(B)}.$$

Das ist ein einfaches Beispiel für

$$P(A|B) = \frac{P(A \cap B)}{P(B)}.$$

Diese Formel gilt natürlich auch symmetrisch:

$$P(B|A) = \frac{P(B \cap A)}{P(A)}$$

Offensichtlich gilt $P(B \cap A) = P(A \cap B)$ und deshalb

$$\frac{P(A|B)}{P(A)} = \frac{P(B|A)}{P(B)}.$$

Auch das ist eine Möglichkeit, das Bayes-Theorem aufzuschreiben.

2.17 Was nun?

Nachdem wir damit den Grundstein gelegt haben, werden wir uns nun durch die wichtigsten Verfahren des maschinellen Lernens durchackern, Methode für Methode, Kapitel für Kapitel. Die Reihenfolge der Algorithmen habe ich nach aufsteigender Schwierigkeit gewählt. Die ersten Methoden können mit einem einfachen Tabellenkalkulationsprogramm wie Excel gelöst werden, so lange die Datenmenge nicht zu groß ist. Mit steigendem Schwierigkeitsgrad der Methoden ist man dann doch gezwungen, in die Programmierhände zu spucken, wenn man nicht bei trivialen Beispielen bleiben will. Obwohl ich in diesem Buch absichtlich die Programmierung außen vor lasse, gibt es doch eine Unmenge an tollen Büchern dazu. Viele der Bücher über maschinelles Lernen verwenden dazu die Programmiersprache Python.

Alle Methoden werden mit illustrativen Beispielen erklärt, mit echten Daten, keinen erfundenen. Gleichwohl, keines der Resultate kommt mit irgendeiner Garantie oder Gewährleistung. Trotz der Verwendung von Echtdaten dienen die Beispiele eben nur der Illustration. Manchmal habe ich gegen Good-Practice-Richtlinien verstoßen, zum Beispiel dem Fluch der Dimensionalität, nur um der guten Story willen. Manchmal scheinen die Resultate ermutigend oder sogar nützlich. Diese sind dennoch mit einer Prise Vorsicht zu genießen. Gleichermaßen kann man unerwartete Resultate sehen, dies als Beispiel dafür, dass maschinelles Lernen auch manchmal überraschende Erkenntnisse liefern kann. Zu prüfen, ob diese unerwarteten Resultate auch Sinn ergeben, würde aber einer weiteren Analyse bedürfen.

Mein Hauptanliegen ist es, Sie so schnell wie möglich auf den Pfad des maschinellen Lernens zu bringen und zu experimentieren.

Oder, wie die Ramones sagen würden: »Mann, packen wir es an!«

2.18 Weiterführende Literatur

Die meisten der hier behandelten Themen werden detaillierter in guten Büchern zu numerischer Analysis oder Statistik behandelt, aber so weit ich weiß, nicht alle in *einem* Buch.

Ich empfehle einen Blick in Claude Shannon's klassischer Arbeit zur Informationstheorie aus dem Jahr 1948 »A Mathematical Theory of Communication«, *The Bell System Technical Journal*, Vol. 27, pp. 379–423, 623–656, *Juli, Oktober*, online verfügbar.

Kapitel 3
K-nächste Nachbarn

K-nächste Nachbarn nennt sich eine Technik des überwachten Lernens. Wir nehmen klassifizierte Daten, die durch einen Vektor von Merkmalen (oder Attributen) repräsentiert werden. Stellen Sie sich farbige Punkte im Raum vor, deren Dimension gleich der Anzahl an Merkmalen ist, wobei die Farben die Kategorie darstellen. Wir möchten einen neuen Punkt klassifizieren, d. h. seine Farbe bestimmen, und haben als Merkmale die Position im Raum gegeben. Wir messen den Abstand des neuen Datenpunktes zu den nächsten K unserer bereits klassifizierten Daten und schließen daraus, zu welcher Klasse unser neuer Punkt gehört, quasi durch Mehrheitsbeschluss. Statt einer Klasse können wir auch eine Zahl mit dem Datenpunkt assoziieren und somit diese Methode zur Regression verwenden.

3.1 Wofür können wir die Methode verwenden?

K-nächste Nachbarn wird verwendet für:

- Klassifizierung von Datenpunkten nach ihren numerischen Merkmalen
- Regression numerischer Werte, basierend auf den Merkmalen von Datenpunkten

Beispiele sind:

- Versuch der Vorhersage, ob ein Ehepartner ein Weihnachtsgeschenk schätzt, basierend auf den Merkmalen Preis, Größe – des Geschenks, nicht des Ehepartners –, Amazon-Bewertung etc.
- Vorhersage des Verkaufs von Mathematikbüchern, basierend auf den Merkmalen Preis, Länge, Anzahl von Kursen in der Umgebung etc.
- Kreditrating, Klassifizierung nach hohem oder niedrigem Risiko oder als kontinuierlicher Wert, basierend auf Merkmalen wie Einkommen, Vermögenswerte etc.
- Bestimmung eines Filmratings (Anzahl Sterne), basierend auf der Anzahl von Action-Sequenzen, dem Romantikanteil (rein quantitativ), dem Budget etc.
- Epilepsierisiko durch Analyse von EEG-Signalen klassifizieren

3.2 Wie die Methode funktioniert

K-nächste Nachbarn (KNN) ist eines der Verfahren, die konzeptuell am leichtesten zu verstehen sind – obwohl hier eigentlich überhaupt kein Lernen passiert.

Dieser Algorithmus kann für Klassifikationsaufgaben angewendet werden, also zur Bestimmung, zu welcher Gruppe ein individueller Datenpunkt gehört. Es kann aber auch für Regressionsaufgaben herangezogen werden durch Vorhersage eines numerischen Wertes, basierend auf ähnlichen Individuen (= Nächste Nachbarn).

Wir beginnen mit N bereits klassifizierten Datenpunkten und machen es somit zu einer Methode des überwachten Lernens. Jeder Datenpunkt hat M Merkmale, somit wird jeder Punkt durch einen Vektor mit M Einträgen repräsentiert – jeder Eintrag ein Merkmal. Der erste Eintrag könnte die Anzahl der Wörter in einer E-Mail sein, der zweite die Anzahl der Rufzeichen, der dritte die Zahl der Rechtschreibfehler usw. Jeder dieser Vektoren wird dann als Spam oder Nicht-Spam klassifiziert, obwohl selbstverständlich auch mehr als zwei Klassen vorkommen können.

Nun wenden wir uns der Klassifikation eines neuen Datenpunktes zu und schauen uns dazu einfach die K nächsten Datenpunkte des ursprünglichen Datensatzes an. Diese nächsten Punkte verwenden wir zur Klassifizierung des neuen Datenpunktes.

In Abbildung 3.1 zeichnen wir $N = 20$ Datenpunkte mit $M = 2$ Merkmalen (die wir schön auf zwei Achsen auftragen können). Die Datenpunkte teilen wir in zwei Klassen ein: Kreise und Dreiecke. Beachten Sie, dass eine beliebige Anzahl an Merkmalen/Attributen/Dimensionen möglich ist. Ich verwende hier (und bin nicht der Einzige) zwei Dimensionen, da die Situation so besser illustriert werden kann (auch dieses Argument werden Sie noch oft lesen). Und natürlich gibt es auch in Bezug auf die Klassen keine Begrenzung.

Wir fügen einen neuen Datenpunkt hinzu, der in der Abbildung als Quadrat dargestellt wird. Soll dieser Punkt nun als Dreieck oder als Kreis klassifiziert werden?

Angenommen, wir entscheiden wir uns für $K = 3$, somit sehen wir uns die drei nächsten Nachbarn an. Aus Abbildung 3.2 folgt, dass zwei der Nachbarn der Gruppe der Kreise angehören und einer der Gruppe der Dreiecke. Wir klassifizieren das Quadrat somit als Kreis durch einfache Mehrheitsentscheidung.

In zwei Dimensionen können wir natürlich schöne Bilder zeichnen. Zwei Dimensionen bedeutet, dass jeder Datenpunkt zwei Merkmale hat. In der Praxis arbeitet man mit viel mehr Merkmalen und hat es zur Bestimmung der nächsten Nachbarn mit Hypersphären (-kugeln) zu tun.

3.2 Wie die Methode funktioniert

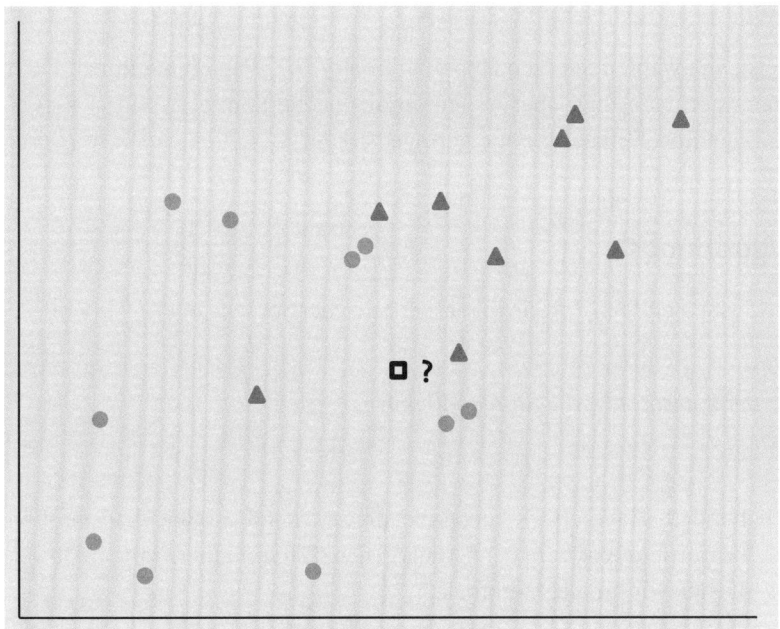

Abbildung 3.1 Gehört das Quadrat zu den Kreisen oder zu den Dreiecken?

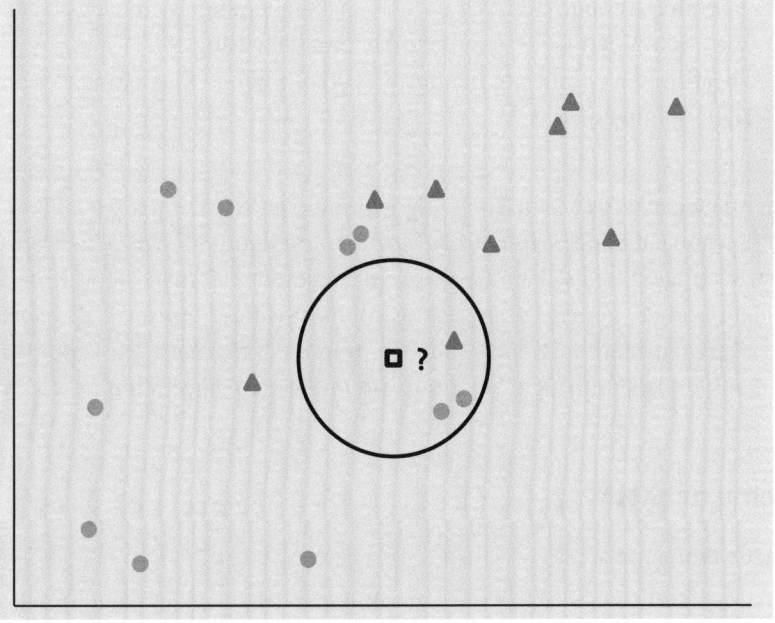

Abbildung 3.2 Finde die K nächsten Nachbarn.

Welches K?

Die große Frage ist, wie wählen Sie (den Hyperparameter) K? Wählen Sie ihn zu klein, führt das zu einem geringen Bias, aber hoher Varianz (siehe Kapitel 2). Ein großes K bringt Ihnen das Gegenteil, hohen Bias und geringe Varianz.

3.3 Der Algorithmus

Die Grundidee ist fast zu einfach, um sie in mathematischer Sprache auszudrücken!

Schritt für Schritt: Der K-nächste-Nachbarn-Algorithmus

0 *Skalierung*

Wie in Kapitel 2 behandelt, skalieren wir zuerst die Merkmale auf vergleichbare Größen. Vielleicht so, dass die mittlere Wortzahl der E-Mails gleich 0 ist mit einer Standardabweichung von 1. Das machen wir für alle Merkmale.

1 *Ein neuer Datenpunkt*

Jetzt nehmen wir einen neuen, noch unklassifizierten Datenpunkt und messen die Distanzen zu allen anderen Datenpunkten. Wir ordnen die berechneten Distanzen absteigend nach der Größe und wählen die K ersten Punkte (mit der geringsten Distanz). Von diesen K Punkten bestimmen wir die am häufigsten vorkommende Klasse und weisen diese dem neuen Datenpunkt zu. ∎

Hier passiert eigentlich gar kein Lernen. Einen Algorithmus wie KNN, wo ein Modell nur dann generalisiert, wenn ein neuer Datenpunkt hinzukommt nennt man *lazy* (im Deutschen etwas holprig »träges Lernen«). Im Gegensatz dazu bezeichnet man Algorithmen, die vor der Prädiktion eines neuen Datenpunktes trainiert werden müssen, als *eager* (oder »eifrig«). Die trägen Methoden sind nützlich, wenn ständig neue Datenpunkte hinzukommen, denn Modelle mit Eager Learning wären sehr schnell veraltet.

3.4 Probleme mit KNN

Computerbezogene Probleme

In diesem Buch spreche ich selten über Computerprobleme wie Speicherplatz und Berechnungsgeschwindigkeit. Aber ich möchte hier doch eine Bemerkung zur K-nächste-

Nachbarn-Methode machen. Obwohl der (nicht existente) Teil des Lernens blitzschnell vonstatten geht, kann der Prädiktionsteil (also die Klassifkation) extrem langsam sein, da der Algorithmus nämlich die Distanzen von *allen* Punkten zum neuen Datenpunkt bestimmen muss.

Verzerrte Daten

Hat eine Klasse (viel) mehr Datenpunkte als die anderen, dann sind die Daten *verzerrt* (oder auch *unbalanciert*). In den vorherigen Abbildungen würde das bedeuten, mehr Kreise als Dreiecke. Die Kreise würden allein aufgrund ihrer Menge dominieren. Aus diesem Grund ist es nicht unüblich, die Anzahl der K nächsten Datenpunkte zu gewichten, und zwar entweder mit der Inversen der Distanz zu unserem unklassifizierten Punkt oder mit einer exponentiellen Verfallsfunktion der Distanz.

3.5 Beispiel: Körpergröße und -gewicht

Daten zu Körpergröße und -gewicht von Frauen und Männern lassen sich online relativ leicht finden. In Abbildung 3.3 sehen Sie typische Beispieldaten, ca. 500 Werte pro Geschlecht. Die Skalierungsaufgabe haben wir schon gelöst, so dass unsere Werte im Mittel bei 0 liegen mit einer Standardabweichung von 1 für beide Merkmale.

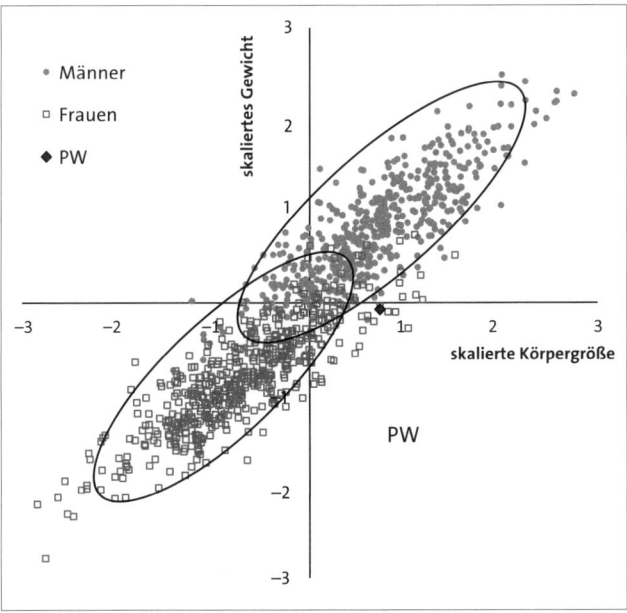

Abbildung 3.3 Körpergröße und -gewicht für je 500 Männer und Frauen, und ein PW, skaliert

Klarerweise dürfen wir diese Transformation auf beide Geschlechtsgruppen gleich anwenden. Da die Merkmale sehr stark korrelieren, habe ich eine einfache Hauptkomponentenanalyse (PCA) angewendet, mit dem Effekt, dass sich die Daten über einen größeren Bereich verteilen.

Diesen Vorgang habe ich aus zwei Gründen gewählt: Erstens möchte ich mich auf die KNN-Methode konzentrieren. Zweitens ist es im Fall von höherdimensionalen Problemen oft nicht so offensichtlich zu sehen, ob es irgendwelche Unterscheidungsmuster gibt. Zur klareren Unterscheidung der Klassen habe ich Ellipsen in die Abbildung eingezeichnet.

Nun können wir mit der KNN-Methode einen neuen Datenpunkt klassifizieren. Dieser neue Punkt ist als Raute eingezeichnet (das bin ich!). Höchstwahrscheinlich bin ich also weiblich, zumindest für einen kleinen K-Wert. Vielleicht der richtige Zeitpunkt, mit meiner Diät aufzuhören?

In Abbildung 3.4 werden die Klassenabgrenzungen für Männer und Frauen dargestellt. Man kann einige Inseln erkennen, Nester von Männern innerhalb der Frauenzone und umgekehrt.

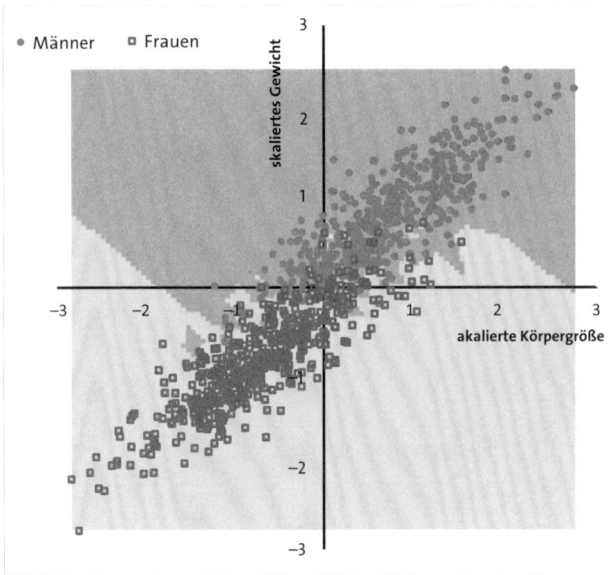

Abbildung 3.4 Klassenabgrenzung bei $K = 1$

Bei $K = 21$ sieht man schön, wie die Grenze geglättet wird und nur eine einzige einsame Insel übrig bleibt (siehe Abbildung 3.5).

3.5 Beispiel: Körpergröße und -gewicht

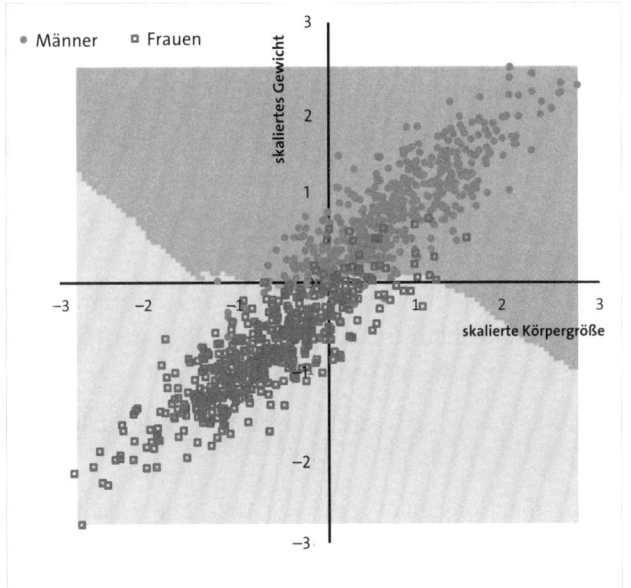

Abbildung 3.5 Klassenabgrenzung bei $K = 21$

Nun nehmen wir noch einen extremen Fall mit $K = 101$ (siehe Abbildung 3.6).

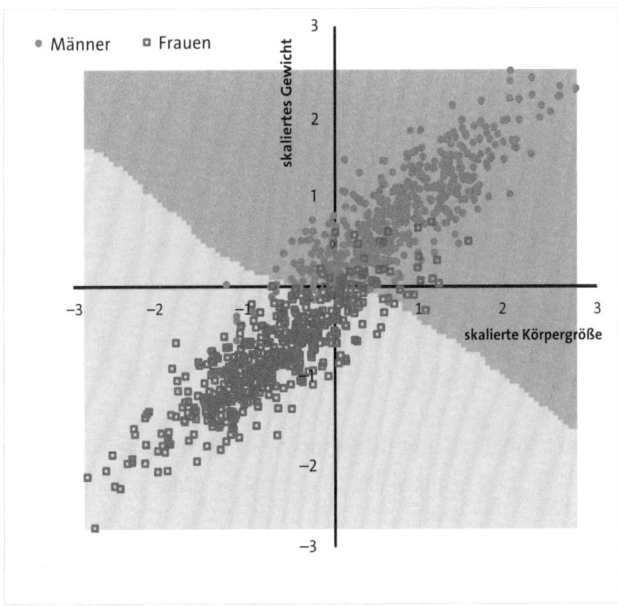

Abbildung 3.6 Klassenabgrenzung bei $K = 101$

Abbildung 3.4 und Abbildung 3.6 zeigen den Unterschied zwischen Bias und Varianz sehr schön. Die erstere Abbildung ist ein Beispiel für hohe Varianz, aber geringen Bias. Mit $K = 1$ gehört es zu den komplexen Modellen, da es nur auf einen nächsten Nachbarn schaut.

Ja, ich weiß, es klingt so, als ob es eigentlich ein einfacheres Modell wäre, aber das ist es nicht. Das Modell ändert sich sehr, da die nächsten Nachbarn bzw. der nächste Nachbar sehr oft wechselt.

Die letzte Abbildung zeigt einen hohen Bias bei gleichzeitiger geringer Varianz. Hier haben wir es mit einem einfacheren Modell zu tun, da sich die Menge der nächsten Nachbarn nicht so stark ändert, wenn wir uns neue Datenpunkte ansehen.

Im Extremfall, wenn die Anzahl der Nachbarn der Gesamtmenge an Trainingsdaten entspricht, wäre die Prädiktion gleich.

In Abbildung 3.7 tragen wir den Klassifikationsfehler gegen die Anzahl der Nachbarn K auf. Dazu verwenden wir Daten außerhalb des Trainingsdatensatzes. In dieser Abbildung schein $K = 5$ die optimale Wahl zu sein.

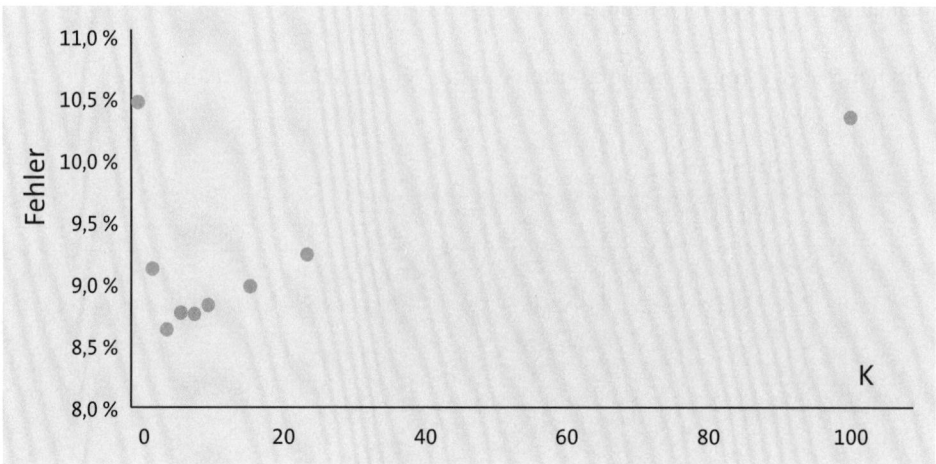

Abbildung 3.7 Fehler versus K

Auch eine probabilistische Interpretation der Klassifikation, wie in Abbildung 3.8 gezeigt, ist möglich. Abbildung 3.8 zeigt die Wahrscheinlichkeit für die Klasse »Mann« mit $K = 5$.

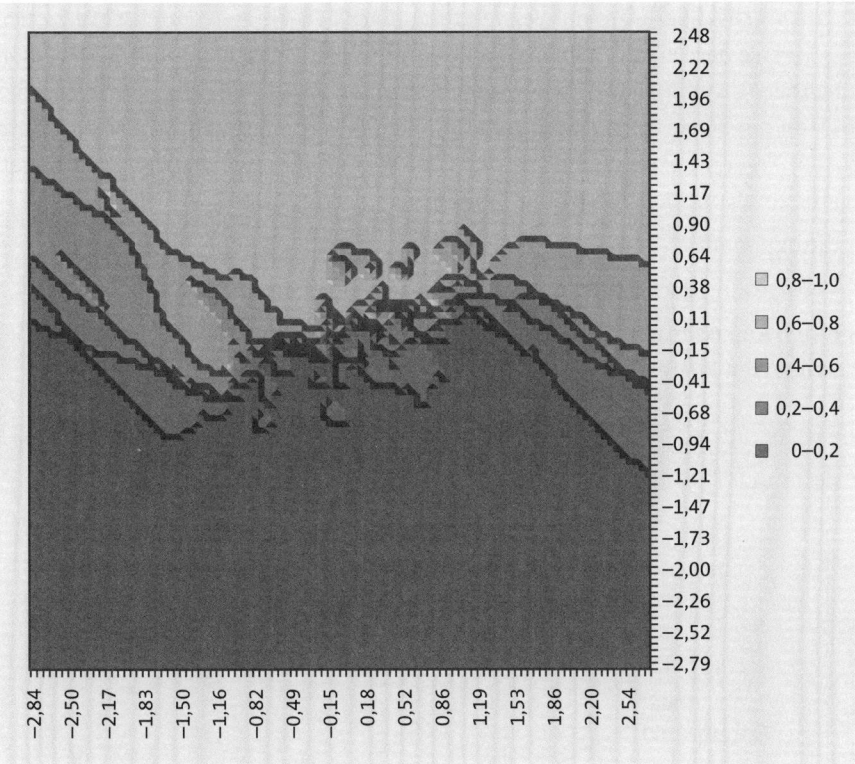

Abbildung 3.8 Wahrscheinlichkeit für Klasse »Mann«

3.6 Regression

Ich habe erklärt, wie KNN für die Klassifikation eingesetzt werden kann. Die Erweiterung für eine Regressionsaufgabe ist nicht viel schwieriger.

Die Idee ist simpel. Statt mit Klassenbezeichnungen, wie Fruchtart oder Geschlecht, assoziieren wir die Datenpunkte mit numerischen Werten. Die Merkmale könnten Alter, IQ und Körpergröße sein, und die Kennzeichnung das Gehalt. Unser Ziel wäre dann, das Gehalt für einen neuen Datenpunkt zu schätzen. Sie sagen mir Ihr Alter, IQ und Körpergröße und ich werde Ihnen erzählen, wie viel Sie verdienen (sollten).

Für die eigentliche Durchführung der Regression gibt es unterschiedliche Wege.

▸ Die einfachste Methode ist, den Durchschnitt der Werte (Gehälter) der nächsten K Nachbarn zu nehmen.

- Etwas anspruchsvoller wäre die Verwendung eines gewichteten Durchschnitts, wobei das Inverse der Distanz zum neuen Datenpunkt als Gewicht genommen werden könnte. Diese inverse Gewichtung mag ein bisschen zu extrem sein, denn wenn der neue Datenpunkt *exakt* auf einem Datenpunkt des Trainingsdatensatzes liegt, dann würde das Ergebnis *exakt* dem Wert des Trainingspunktes entsprechen, was keinen Raum für eine Konfidenzinterpretation zulässt.
- Oder die exponentiell gewichtete Distanz
- Oder Verwendung der Gaußfunktion der Distanz, eines Gauß'schen Kerns
- Oder durch Anpassen einer Hyperebene an die K Datenpunkte. Das entspräche einer lokalen linearen Regression.

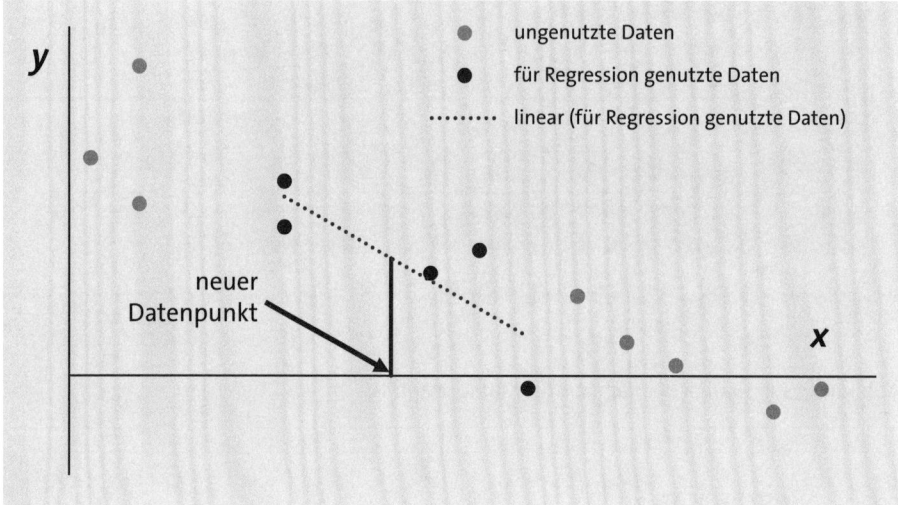

Abbildung 3.9 Lineare Regression zu KNN mit $K = 5$

Abbildung 3.9 zeigt hierzu ein Beispiel mit einer unabhängigen Variable zwecks einfacherer Darstellung. Wir haben $K = 5$ gewählt. Die fettgedruckten Punkte entsprechen den nächsten 5 Punkten zu unserem neuen Datenpunkt. Die helleren Punkte ignorieren wir für die lineare Regression.

Die Gewichtung kann zusätzlich zum K eines weiteren Parameters bedürfen, wie die Zerfallsrate in den exponentiellen Beispielen.

Diese Methoden firmieren im allgemeinen unter dem Namen *Kernglättung* oder *Kernregression*.

Oh, und nicht vergessen, die Summe der Gewichte muss gleich 1 sein!

3.7 Weiterführende Literatur

Es gibt nicht viele Bücher zum Thema KNN, vielleicht liegt das an der Schlichtheit der Methode. Dennoch ein paar Referenzen dazu.

Algorithms for Data Science Hardcover von Brian Steele, John Chandler und Swarna Reddy, veröffentlicht von Springer in 2017, deckt die Methode, Algorithmen ab und enthält einige Übungen (und Lösungen).

Für etwas schwerere Lektüre bietet sich *Lectures on the Nearest Neighbor Method* (Springer *Series in the Data Sciences*) von Gérard Biau und Luc Devroye, veröffentlicht in 2015, an. Dieses Buch zeigt auf Basis einer strengen mathematischen Grundlage die Methoden sehr detailliert auf.

Es gibt auch noch viele Bücher und wissenschaftliche Abhandlungen für sehr *spezifische* KNN-Probleme.

Kapitel 4
K-Means Clustering

Die Methode *K-Means Clustering* ist ein Beispiel für unüberwachtes Lernen. Wir haben eine Menge an Datenpunkten, die durch Vektoren repräsentiert werden. Jeder Eintrag im Vektor entspricht einem Merkmal. Aber diesen Datenpunkten ist keine Markierung, Bezeichnung oder Klasse *a priori* zugeordnet. Unser Ziel ist es, diese Datenpunkte auf eine vernünftige Art und Weise zu gruppieren. Jede Gruppe wird dabei mit einem Massenschwerpunkt assoziiert. Aber wie viele Gruppen gibt es, und wie finden wir deren Massenschwerpunkte?

4.1 Wofür können wir die Methode verwenden?

K-Means Clustering wird eingesetzt, um unmarkierte Datenpunkte anhand von Merkmalsähnlichkeiten zu gruppieren. Beispiele sind:

- Klassifizierung von Kunden nach ihrer Einkaufshistorie. Jedes Merkmal kann dabei unterschiedliche Warentypen repräsentieren.
- optimale Platzierung von Parkplätzen bzw. Parkhäusern in Städten
- Optimierung der Kragenweite und Armlänge von Hemden
- Gruppierung ähnlicher Bilder, ohne sie vorher klassifiziert zu haben

K-Means Clustering (KMC) ist eine ziemlich einfache Methode, um individuelle Datenpunkte zu einer Sammlung von Gruppen oder Clustern zuzuordnen. Welchem Cluster ein Datenpunkt zugeordnet wird, entscheidet im Wesentlichen die Distanz zum Massenschwerpunkt. Da aber die Maschine entscheidet, zu welcher Gruppe ein Datenpunkt gehört, ist das ein Beispiel für unüberwachtes Lernen. KMC ist eine sehr bekannte und populäre Clustering-Methode. Sie ist höchst intuitiv und schön zu visualisieren, außerdem ist sie sehr leicht zu programmieren. Diese Technik kann in verschiedenen Situationen eingesetzt werden:

- **Suche nach Strukturen in einem Datensatz.**
  Sie haben unklassifizierte Daten, aber Sie vermuten, dass die Daten auf natürliche Art und Weise in verschiedene Kategorien fallen.

Möglicherweise haben Sie Daten zu Automodellen, wie Preis, Treibstoffeffizienz, Radgröße, Lautsprecherleistung etc. Sie meinen, dass es da zwei natürliche Cluster geben müsste: Autos, die geschmacklosen Menschen gefallen, und Autos, die jedem anderen gefallen. Die Daten könnten so aussehen wie in Abbildung 4.1 dargestellt. Dort sehen Sie zwei offensichtliche Gruppen.

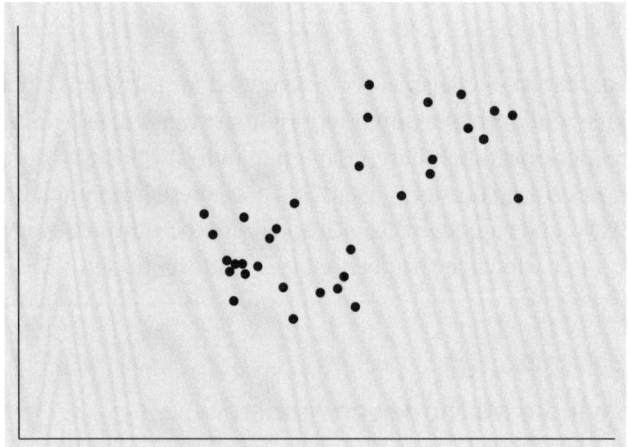

Abbildung 4.1 Zwei offensichtliche Gruppen

▶ **Unterteilung von Daten mit nicht offensichtlicher Gruppierung.**
Die Daten in Abbildung 4.2 mögen auf der horizontalen Achse Familieneinkommen darstellen, während die vertikale Achse die Anzahl der Personen im Haushalt zeigt.

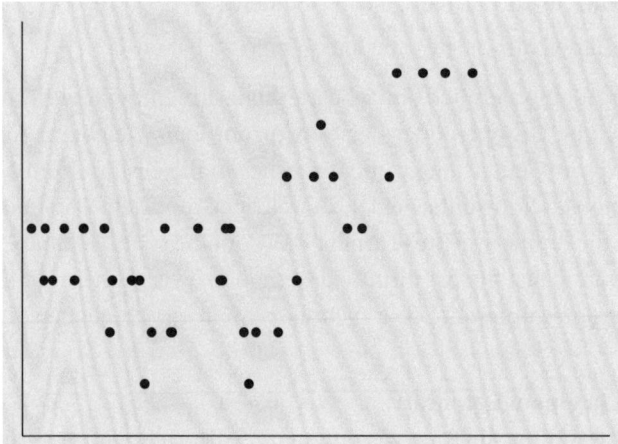

Abbildung 4.2 Wie würde man diese Daten gruppieren?

Ein Hersteller von Besteck möchte gerne wissen, wie viele Messer und Gabeln er in die Auslage geben soll und wie nobel sie aussehen dürfen/sollen. Es mag sein, dass es keine offensichtliche Gruppierung gibt, aber das ist nicht unbedingt sehr wichtig.

4.2 Was macht K-Means Clustering?

Gegeben sei ein Datensatz mit N Datenpunkten, wobei jeder mit einem M-dimensionalen Vektor mit M Merkmalen assoziiert ist, also $\mathbf{x}^{(n)}$ für $n = 1$ bis N. Jeder Eintrag im Vektor steht für eine andere numerische Größe. Jeder Vektor könnte zum Beispiel einen individuellen Haushalt repräsentieren, mit dem Einkommen als erstem Eintrag, der Anzahl der Autos als zweitem, ..., der Anzahl der Waffen als M-tem. Wir werden diese Datenpunkte in K Cluster gruppieren. Wir wählen eine Zahl für K, sagen wir 3. Also werden wir drei Cluster generieren. Jeder dieser drei Cluster wird einen Massenschwerpunkt haben, also einen Punkt im M-dimensionalen Merkmalsraum. Und jeder dieser N Datenpunkte wird dem nächsten Massenschwerpunkt zugeordnet. (Wie Häuser und Postkästen. Der Postkasten ist eine Art Massenschwerpunkt für das Cluster. Und jedes Haus wird mit einem Postkasten assoziiert.) Das Ziel dieser Methode ist es, die besten Positionen für die Massenschwerpunkte der Cluster zu finden. (Und daher könnte man KMC auch nutzen, um die besten Postkastenpositionen zu eruieren.)

In Abbildung 4.1 gibt es ganz klar zwei unterscheidbare Gruppen. Würde ich Sie bitten, jene Punkte einzuzeichnen, die die Massenschwerpunkte bilden, wo würden Sie diese Punkte hinzeichnen? In diesem Beispiel ist das relativ einfach und könnte manuell ausgeführt werden. Wie ist das aber in zwei, drei oder mehr Dimensionen? Nicht so einfach. Da kommt dann die Maschine ins Spiel.

Mathematisch gesehen wollen wir die *Intra-Cluster-* (oder *In-Cluster-*)Varianz minimieren. Diese Intra-Cluster-Varianz ist nur ein Maß dafür, wie weit jeder Datenpunkt vom nächsten Schwerpunkt entfernt ist. (Wie weit ist das Haus vom nächsten Postkasten entfernt?) Typischerweise variiert man K und sieht, welchen Effekt das auf die Distanzen hat. Der Algorithmus selbst ist wirklich einfach. Zuerst müssen wir zufällig Schwerpunkte wählen, und dann nähern wir uns schrittweise einer Konvergenz.

Schritt für Schritt: Der K-Means-Algorithmus

0 *Skalierung*
Wie bereits in Kapitel 2 erklärt, skalieren wir zuerst unsere Daten, da wir Distanzen messen müssen. Jetzt starten wir mit dem iterativen Teil unseres Algorithmus.

1 Wähle Massenschwerpunkt

Wir müssen den Algorithmus mit Massenschwerpunkten für die K Cluster versehen. Entweder startet man mit beliebigen K der N Vektoren, oder man erzeugt K zufällige Vektoren.

Im letzteren Fall sollten diese zufälligen Vektoren die gleichen Größeneigenschaften haben wie die skalierten Datenpunkte, entweder in Form von Mittelwert und Standardabweichung oder von Minimum und Maximum der Merkmale. Wir nennen diese Schwerpunkte oder Centroide $\mathbf{c}^{(k)}$ für $k = 1$ bis K. In Abbildung 4.3 werden sie als Rauten dargestellt.

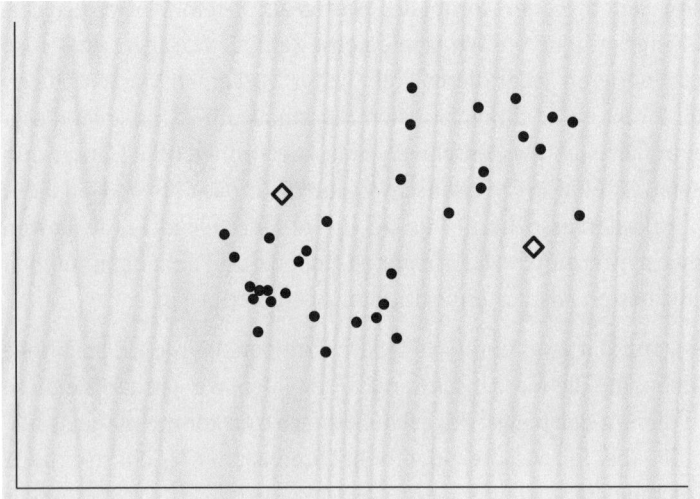

Abbildung 4.3 Initiale Schwerpunktwahl

2 Berechne die Distanzen von jedem Datenpunkt zu den Schwerpunkten

Für jeden Datenpunkt (Vektor $\mathbf{x}^{(n)}$) miss die Distanz von den Schwerpunkten der K Cluster. In Kapitel 2 haben wir das bereits ausführlich diskutiert. Das verwendete Distanzmaß ist natürlich problemabhängig.

Für unser Haus-/Postkastenproblem würde sich die Manhatten-Distanz anbieten (außer Sie erwarten, dass Sie des Nachbarn Hintergärten schamlos durchkreuzen). Meist wird aber die natürlichere euklidische Distanz verwendet:

$$\text{Distanz}^{(n,k)} = \sqrt{\sum_{m=1}^{M} \left(x_m^{(n)} - c_m^{(k)}\right)^2} \quad \text{für } k = 1 \text{ bis } K$$

Jeder Datenpunkt, also jedes n, wird dann dem nächsten Cluster/Schwerpunkt/Centroid zugeordnet:

$$\underset{k}{\mathrm{argmin}}\,\mathrm{Distanz}^{(n,k)}$$

Das kann ganz leicht folgendermaßen illustriert werden. Angenommen, K ist gleich 2, es gibt also zwei Cluster und zwei dazugehörige Schwerpunkte. Nennen wir sie das rote und das blaue Cluster. Wir nehmen den ersten Datenpunkt und messen zu beiden Schwerpunkten die Distanz, erhalten also zwei Distanzen. Die geringere der beiden ist in diesem Fall die Distanz zum blauen Schwerpunkt.

Also färben wir unseren Datenpunkt blau. Wir wiederholen diesen Vorgang für jeden Datenpunkt, sodass jeder Datenpunkt eingefärbt wird. In Abbildung 4.4 habe ich eine Linie eingezeichnet, die zwei Punktgruppen trennt.

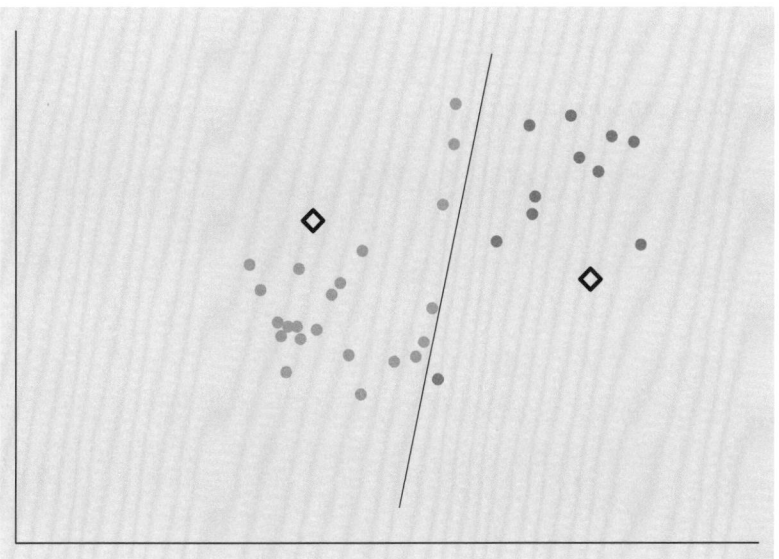

Abbildung 4.4 Zuweisung jedes Punktes zum nächsten Schwerpunkt

3 Finde die K Schwerpunkte/Centroide

Nun nehmen wir alle gleich markierten Datenpunkte und berechnen einen neuen Centroid, einen neuen Massenschwerpunkt. In der Farbversion berechnet man den Schwerpunkt aller roten Datenpunkte. Und das Gleiche passiert mit den blauen Punkten. Somit bestimmt man K Schwerpunkte, die zugleich die Clusterschwerpunkte für die nächste Iteration darstellen.

4 K-Means Clustering

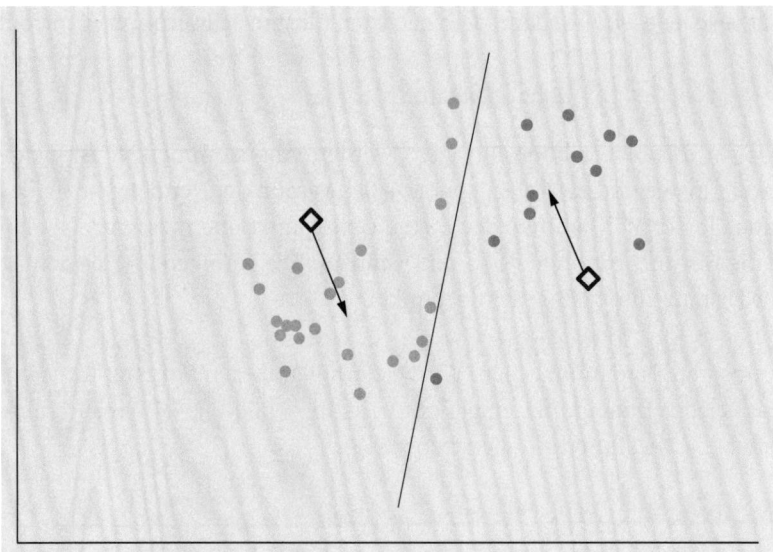

Abbildung 4.5 Aktualisiere den Schwerpunkt.

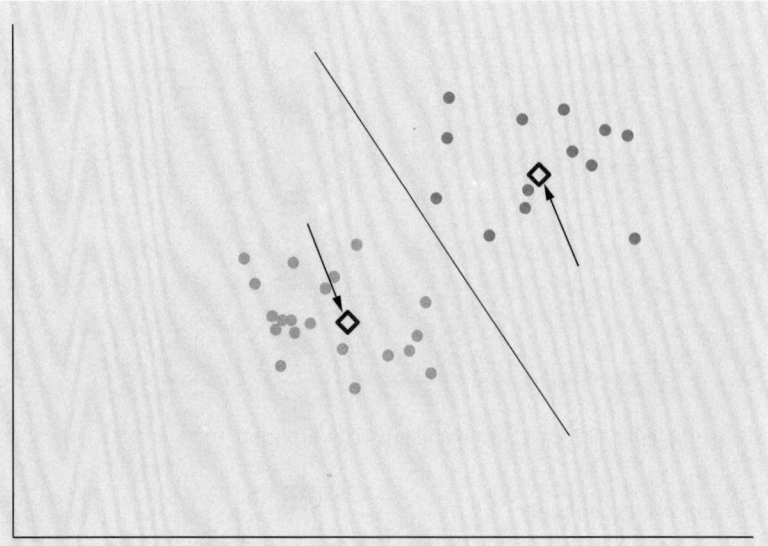

Abbildung 4.6 Wiederhole bis Konvergenz.

Zurück zu Schritt 2 und wiederhole, bis die Konvergenz erreicht ist (siehe Abbildung 4.5 und Abbildung 4.6). ∎

4.3 Scree-Plots

Summiert man nun alle quadrierten Distanzen zum nächsten Cluster, dann erhalten wir ein Fehlermaß. Dieser Fehler ist eine abnehmende Funktion der Anzahl der Cluster, K. Im Extremfall mit $K = N$ erhalten wir ein Cluster pro Datenpunkt, und der Fehler ist klarerweise null.

Wenn man den Fehler gegen K aufzeichnet, dann erhält man den sogenannten *Scree-Plot*. Er wird das Aussehen von einem von zwei Typen dieses Plots annehmen, wie in Abbildung 4.7 gezeigt. Erhalten Sie die Zeichnung mit Krümmung, wo der Fehler zuerst dramatisch abfällt und plötzlich abflacht, dann lassen sich die Daten höchstwahrscheinlich schön gruppieren (siehe Dreiecke in Abbildung 4.7). In diesem Beispiel gibt es einen starken Fehlerabfall von $K = 2$ bis $K = 3$, der Abfall von $K = 3$ bis $K = 4$ ist weit weniger stark. Die passende Anzahl an Clustern ist offensichtlich; laut dieser Zeichnung ist $K = 3$.

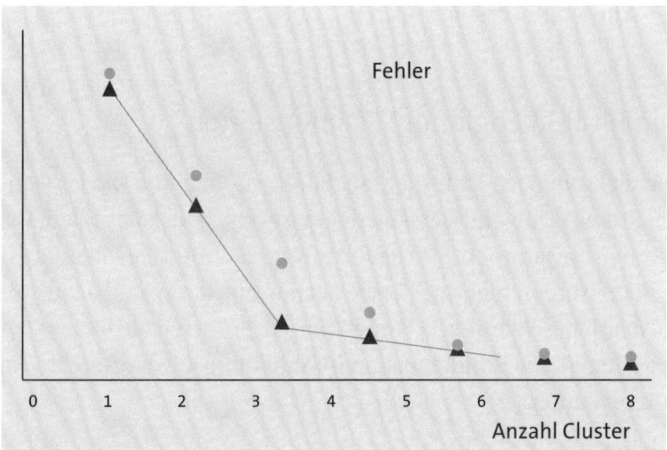

Abbildung 4.7 Zwei Wege für den Fehlerabfall. Die Dreiecke zeigen das Beispiel mit Krümmung.

Wenn der Fehler nur allmählich abnimmt (dargestellt mit Kreisen in Abbildung 4.7), dann gibt es kein offensichtliches bestes K. Hier sehen wir keinen starken Fehlerabfall mit anschließender Abflachung. Das bedeutet natürlich nicht, dass es keine natürliche Gruppierung gibt (wie zum Beispiel Daten wie in Abbildung 4.8), aber es gestaltet sich wesentlich schwieriger, die beste Gruppierung zu finden.

Konvergenz wird üblicherweise recht schnell erreicht, aber es kann natürlich passieren, dass der Algorithmus in einem lokalen Minimum landet. Um das zu verhindern, wiederholt man den Algorithmus mit verschiedenen Initialschwerpunkten.

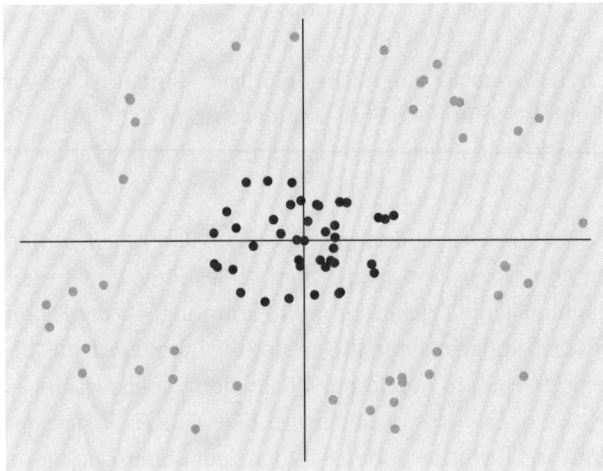

Abbildung 4.8 Es gibt ein offensichtliches Muster, aber – zum Beispiel mit einer Transformation des Koordinatensystems – schwierig zu bestimmen.

4.4 Beispiel: Kriminalität in England, 13 Dimensionen

Für unser erstes echtes Beispiel wähle ich Kriminalitätsdaten aus England. Die verwendeten Daten beziehen sich auf ein Dutzend verschiedener Verbrechenskategorien aus jeder der 342 lokalen Behörden, zusammen mit Bevölkerungszahl und Bevölkerungsdichte. Die Bevölkerungszahlen werden hier nur für die Skalierung der Anzahl an kriminellen Taten verwenden, also arbeiten wir mit 13 Dimensionen. Erwarten Sie nicht allzu viele 13-dimensionale Abbildungen. Die Rohdaten sind in Abbildung 4.9 dargestellt. Die vollständige Liste der Straftaten lautet:

- Einbruch in Betriebsgebäude
- Einbruch in Wohnobjekt
- Sachbeschädigung
- Drogenvergehen
- Betrugs- und Fälschungsdelikte
- Vergehen gegen Fahrzeuge
- andere Vergehen
- andere Diebstahlsdelikte
- Raub
- Sexualdelikt

- Gewalt gegen Person – mit Verletzung
- Gewalt gegen Person – ohne Verletzung

Distrikt	Einbruch in Betriebsgebäude	Einbruch in Wohnobjekt	Sachbeschädigung	Drogenvergehen	Betrugs- und Fälschungsdelikte	Vergehen gegen Fahrzeuge	...	Bevölkerungsanzahl	Bevölkerung pro Quadratmeile
Adur	280	120	708	158	68	382	...	58.500	3.610
Allerdale	323	126	1.356	392	79	394	...	96.100	198
Alnwick	94	33	215	25	11	71	...	31.400	75
Amber Valley	498	367	1.296	241	195	716	...	116.600	1.140
Arun	590	299	1.806	471	194	819	...	140.800	1.651
Ashfield	784	504	1.977	352	157	823	...	107.900	2.543
Ashford	414	226	1.144	196	162	608	...	99.900	446
Aylesbury Vale	696	377	1.490	502	315	833	...	157.900	453
Babergh	398	179	991	137	152	448	...	79.500	346
Barking & Dagenham	639	1.622	2.353	1.071	1.194	3.038	...	155.600	11.862
Barnet	1.342	3.550	2.665	1.198	1.504	4.104	...	331.500	9.654
Barnsley	1.332	860	3.450	1.220	322	1.661	...	228.100	1.803
Barrow-in-Furness	190	134	1.158	179	59	227	...	70.400	2.339
Basildon	756	1.028	1.906	680	281	1.615	...	164.400	3.874
Basingstoke & Deane	1.728	598	426	930	182	1.159	...	147.900	605

Abbildung 4.9 Ein Ausschnitt der Kriminalitätsdaten

Mit einer ersten, schnellen Anwendung des KCM erhalten wir folgenden Scree-Plot (siehe Abbildung 4.10).

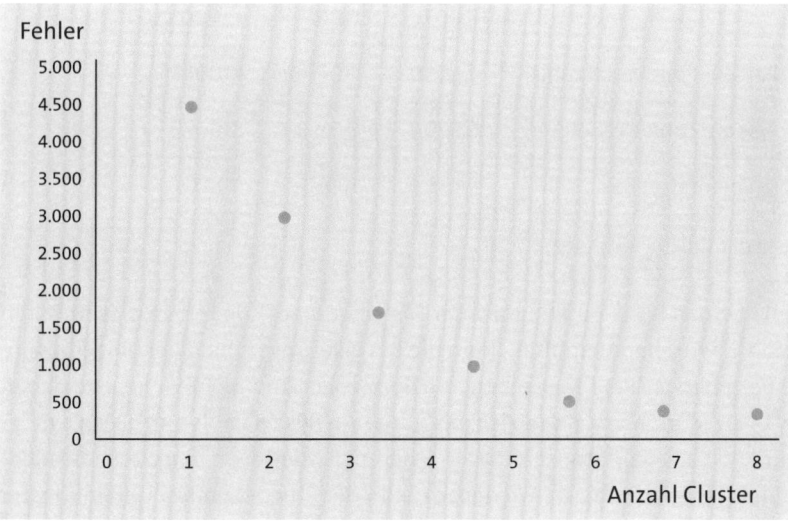

Abbildung 4.10 Scree-Plot für Kriminalität in England

Man findet eine halbwegs überzeugende Krümmung um die drei Cluster. Diese drei Cluster sind hochinteressant. Das Resultat ist in Tabelle 4.1 mit den originalen Variablen dargestellt, die Anzahl der Straftaten wurde jedoch pro Kopf der Bevölkerung skaliert.

	Cluster 1	Cluster 2	Cluster 3
Anzahl in Cluster	1	68	273
Einbruch in Betriebsgebäude	0,0433	0,0059	0,0046
Einbruch in Wohnobjekte	0,0077	0,0079	0,0030
Sachbeschädigung	0,0398	0,0156	0,0114
Drogenvergehen	0,1446	0,0070	0,0029
Betrugs- und Fälschungsdelikte	0,1037	0,0042	0,0020
Vergehen gegen Fahrzeuge	0,0552	0,0125	0,0060
andere Vergehen	0,0198	0,0018	0,0009
andere Diebstahlsdelikte	0,6962	0,0313	0,0154
Raub	0,0094	0,0033	0,0004
Sexualdelikt	0,0071	0,0015	0,0008
Gewalt gegen Person – mit Verletzung	0,0560	0,0098	0,0053
Gewalt gegen Person – ohne Verletzung	0,0796	0,0128	0,0063
Bevölkerung pro Quadratmeile	4493	10952	1907

Tabelle 4.1 Tabelle der Clusterresultate

Cluster 1 hat genau einen Punkt, und das ist der Distrikt City of London. In diesen Daten wirkt das wie ein statistischer Ausreißer, denn die Bevölkerungszahlen der einzelnen lokalen Distrikte beziehen sich auf Menschen, die dort *leben*. Und nicht viele Leute leben im Distrikt City of London. Wir können also aus dieser Analyse nicht herauslesen, wie sicher dieser Distrikt ist, da viele Straftaten wahrscheinlich Menschen betreffen, die nicht dort leben. Einbruch in Wohnobjekte wiederum ist in der City of London und in Cluster 2 recht ähnlich.

Die anderen beiden Cluster repräsentieren gefährlichere (Cluster 2) und sichere (Cluster 3) Distrikte. Und was mir besonders auffällt, als jemand, der meist im ländlichen Gebiet wohnt, ist, dass die sichersten Plätze jene mit geringer Bevölkerungsdichte sind. Puh, Glück gehabt!

Dieses Beispiel betont einen wichtigen Punkt, nämlich den Effekt der Skalierung. Obwohl grundsätzlich nichts falsch daran ist, Cluster mit geringer Anzahl an dazugehörigen Datenpunkten zu haben, könnte das hier möglicherweise problematisch sein.

Ausreißer können sich fatal auf die Skalierung auswirken. Ein großer Merkmalswert in einer kleinen Anzahl an Datenpunkten führt üblicherweise dazu, dass die Merkmale der übrigen Datenpunkte verschwindend klein werden. Das hängt natürlich auch von der Art der Skalierung ab. Wenn wir dann Distanzen messen, verliert dieses Merkmal seinen Einfluss. Für eine wissenschaftliche Arbeit würde ich in diesem Fall den Ausreißer eleminieren und die Berechnungen erneut durchführen.

Obiges Beispiel können wir durchaus als hochdimensionales Problem betrachten: 13 Merkmale heißt 13 Dimensionen im Vergleich zu relativ wenigen Trainingsdaten, nämlich 342. Man könnte also erwarten, dass wir dem Fluch der Dimensionalität, wie in Kapitel 2 erwähnt, erliegen. Die Resultate zeigen aber, dass dem glücklicherweise nicht so ist. Der Grund mag darin liegen, dass die Merkmale nicht so unabhängig voneinander sind. Diebstahl, Raub, Einbruch sind gewissermaßen recht ähnlich, während sich Betrug- und Fälschungsdelikte sehr von Sexualdelikten unterscheiden.

Wollten wir nun eine Dimensionsreduktion erreichen, bevor wir den K-Means-Algorithmus anwerfen, könnten wir die Hauptkomponentenanalyse verwenden. Oder hier auch einfach jene Merkmale weglassen, die uns nach Hausverstand recht ähnlich erscheinen.

Wechseln wir nun zu Finanz- und Wirtschaftsbeispielen. Es gibt eine Fülle solcher Daten, für die unterschiedlichsten finanziellen und wirtschaftlichen Größen und in riesigen Mengen. Für manche muss man zahlen, wie die sogenannten Tick-Daten, die für Hochfrequenz-Handeln verwendet werden, aber meine Beispieldaten sind alle gratis zu haben.

Warnung

Ich werde jetzt Zeitreihendaten verwenden, für die der K-Means-Algorithmus nicht unbedingt die erste Wahl ist, denn die Zeitkomponente wird nicht verwendet. Trotzdem werden wir in den nun folgenden Beispielen zu einigen interessanten Ergebnissen kommen.

4.5 Beispiel: Volatiliät

Natürlich können wir uns Problemen beliebiger Dimensionalität widmen. Also beginnen wir mit einem eindimensionalen Beispiel aus dem Finanzwesen.

Dieses Problem verwendet Finanzdaten, wie viele Beispiele in diesem Buch. Finanzdaten sind besonders leicht zu beschaffen. Sie finden beispielsweise viele Aktien- und Indexkurse unter *finance.yahoo.com*. Zunächst verwenden wir den Index S&P 500 (Standard & Poor's 500). Ich lade ihn zunächst herunter, und zwar bis ins Jahr 1950 zurückreichend. Daraus berechnen wir eine 30-Tages-Volatilität mittels Excel. Wenn Sie aus dem Finanzbereich kommen, dann wissen sie genau, wovon ich spreche. Wenn nicht, dann ist das hier nicht der richtige Ort, um zu sehr ins Detail zu gehen. (Ich könnte Ihnen natürlich die Titel einiger exzellenter Bücher zu diesem Thema nennen.) Hier reicht es, dass man aus der Spalte der täglichen Schlusskurse des S&P 500 eine Spalte mit den täglichen Erträgen berechnet und dann die Standardabweichung aller Tageserträge über ein gewisses Zeitfenster. Volatilität ist dann nur eine skalierte Version dieser Zahl. In Abbildung 4.11 sehen Sie eine bildhafte Darstellung der Volatilität.

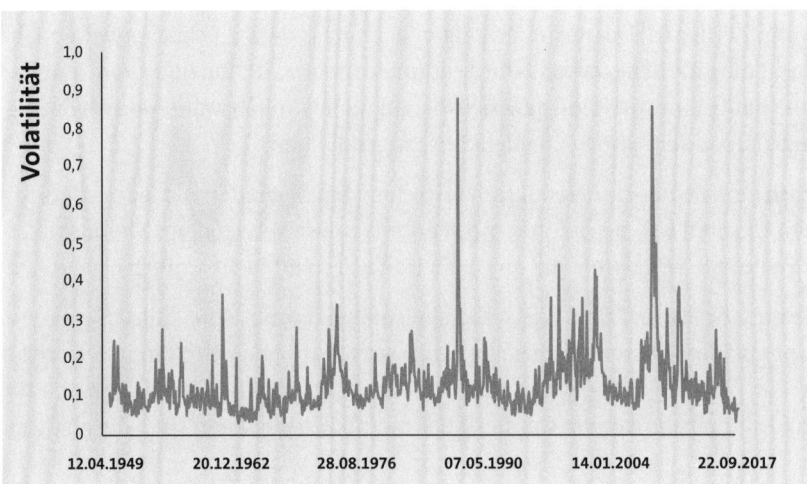

Abbildung 4.11 30-Tage SPX Volatilität

Sie erinnern sich, dass die KMC-Analyse die Zeitabhängigkeit des Volatilitätsverhaltens ignoriert. Und doch gibt es durchaus eine Motivation, K-Means-Clustering auf diese Daten anzuwenden. Und zwar gibt es in der Finanzwelt ein Modell, nach dem die Volatilität von einer Ebene zur anderen springt, von Regime zu Regime. Die Volatilität in unserer Abbildung scheint so ein Verhalten zu zeigen. Sie sehen, dass die Volatilität sehr oft niedrig, manchmal im mittleren Bereich und vereinzelt ziemlich hoch ist.

In unserem Plot ist das nicht ganz der Fall. Hier haben wir es mit einer kontinuierlichen Veränderung der Volatilitäts-Ebenen zu tun. Aber darum kümmern wir uns mal nicht. Wir starten mit drei Clustern, $K = 3$.

An dieser Stelle folgt wieder der Hinweis, dass das nur ein illustratives Beispiel ist. Lassen Sie uns loslegen. Wir werden diese drei Cluster finden und dann das Modell etwas weiter entwickeln. Der Algorithmus findet sehr schnell die Cluster aus Tabelle 4.2. Wie sich die Volatilität von Cluster zu Cluster bewegt, sieht man in Abbildung 4.12.

	Cluster 1	Cluster 2	Cluster 3
Anzahl in Cluster	586	246	24
SPX-Volatilität	9,5 %	18,8 %	44,3 %

Tabelle 4.2 Volatilitäts-Cluster im Index S&P 500

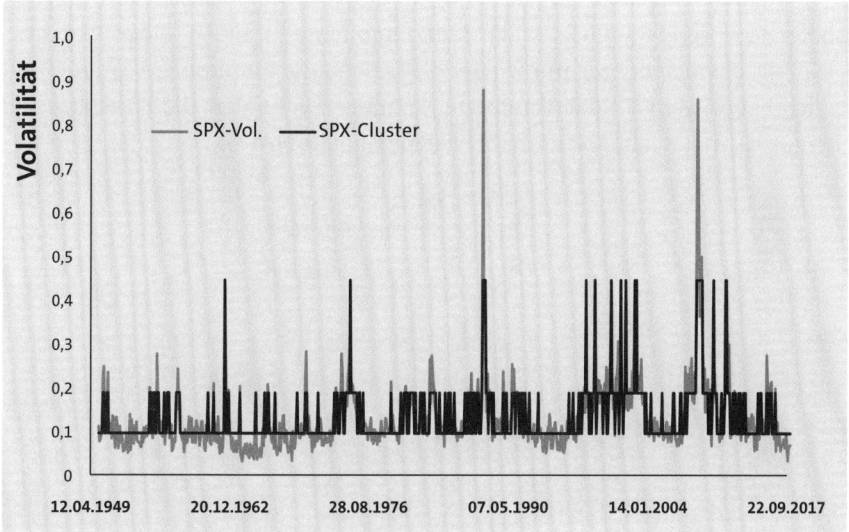

Abbildung 4.12 Die originale Volatilität und ihre Cluster

Wir können noch einen Schritt weitergehen, indem wir eine Vorstellung von der Wahrscheinlichkeit dafür entwickeln, von einem Volatilitätsregime zum nächsten zu springen. Und hier kommt auf raffinierte Weise eine einfache, wenn auch schwache Zeitabhängigkeit wieder mit ins Spiel. Die Wahrscheinlichkeitsmatrix aus Tabelle 4.3 lässt sich sehr leicht bestimmen. Wir interpretieren das so, dass die Sprungwahrscheinlichkeit von Cluster 1 zu Cluster 2 bei 16 % alle 30 Tage liegt.

von/zu	Cluster 1	Cluster 2	Cluster 3
Cluster 1	84%	16%	0%
Cluster 2	38%	57%	5%
Cluster 3	0%	54%	46%

Tabelle 4.3 Übergangswahrscheinlichkeit für ein Sprungvolatiliätsmodell

4.6 Beispiel: Zinssatz und Inflation

Um bei einem finanziellen oder eher wirtschaftlichen Thema zu bleiben, sehen wir uns mal Zinssätze und Inflationsdaten an. Die Motivation dahinter ist, dass Zentralbanken angeblich die Zinssätze benutzen, um die Inflation zu kontrollieren. Aber auch dieses Beispiel dient nur der Illustration. (Irgendwann werde ich aufhören, mich diesbezüglich zu wiederholen.) Selbstverständlich ist die Zeitkomponente für diese beiden Variablen durchaus wichtig, aber ich nehme mir wieder die Freiheit, sie für diese KMC-Analyse zu ignorieren. Ich habe Daten für das Vereinigte Königreich gefunden, die Zinssätze und Inflation bis zurück in das Jahr 1751 enthalten (siehe Abbildung 4.13).

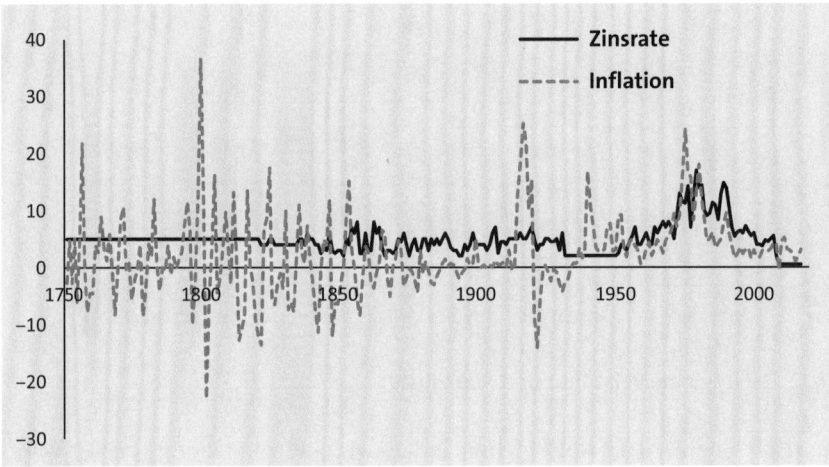

Abbildung 4.13 Inflation und Zinssätze seit dem Jahr 1751

Es ist unwahrscheinlich, dass etwas so Einfaches wie K-Means Clustering recht gut mit all diesen Daten umgeht, deshalb habe ich mich auf die Daten ab 1945 beschränkt. In Abbildung 4.14 habe ich die Inflation gegen die Zinssätze aufgetragen. Die Punkte habe ich verbunden, um die Entwicklung der Daten hervorzuheben, aber klarerweise wird das beim einfachen K-Means-Algorithmus ignoriert.

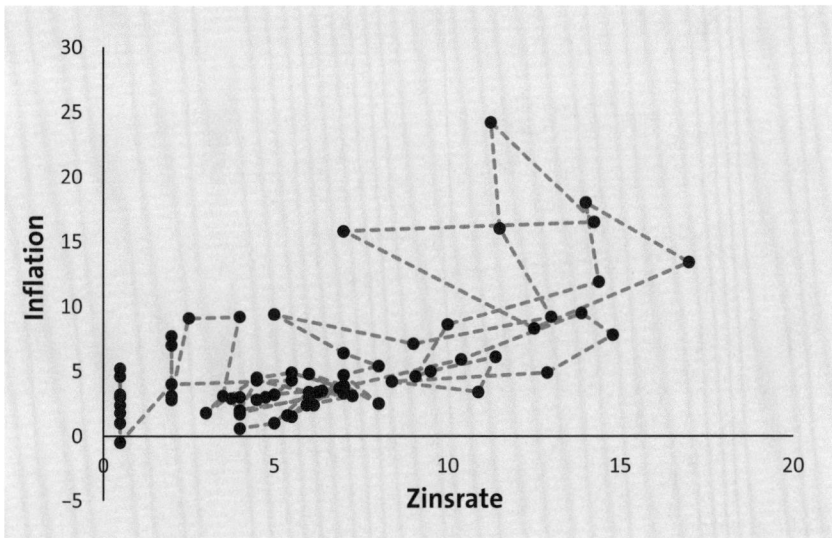

Abbildung 4.14 Inflation versus Zinssatz, zeitlich verbunden

Auch wenn Zins- und Inflationswerte in etwa in der gleichen Größenordnung liegen, habe ich sie dennoch zuerst translatiert und dann skaliert. Mit vier Clustern kommen wir zum Ergebnis, das Tabelle 4.4 zeigt.

	Cluster 1	Cluster 2	Cluster 3	Cluster 4
Anz. im Cluster	25	30	11	7
Beschreibung	sehr niedriger Leitzins, normale Inflation	»Normal-Wirtschaft«	hoher Leitzins, mittlere Inflation	hoher Leitzins, hohe Inflation
Zinssatz	2,05 %	6,15 %	11,65 %	12,77 %
Inflation	3,21 %	3,94 %	6,89 %	16,54 %

Tabelle 4.4 Cluster in Zinssätzen und Inflation (in originaler Skalierung)

Die Clusterschwerpunkte und die Originaldaten sind in Abbildung 4.15 dargestellt. Ich habe die skalierten Größen mit gleich großer Achsenlänge gezeichnet, damit die Cluster-Trennlinien leichter zu sehen (und zu zeichnen) sind.

4 K-Means Clustering

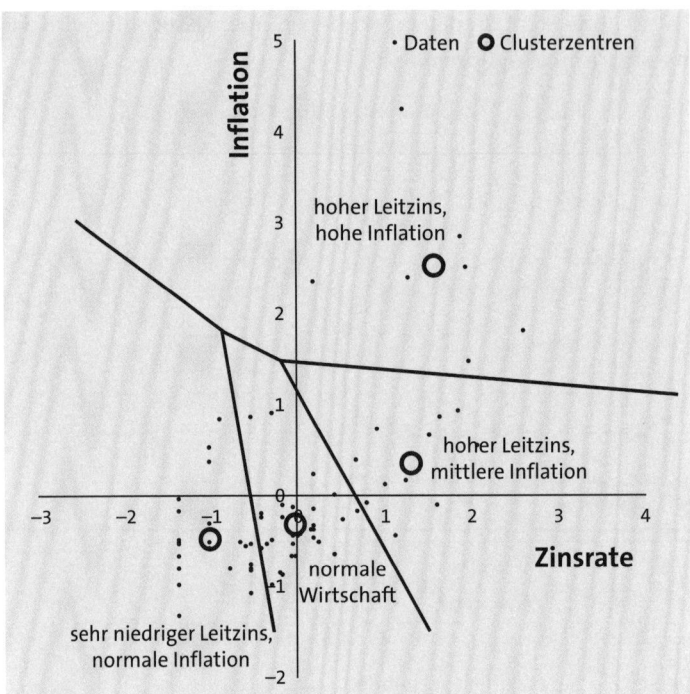

Abbildung 4.15 Inflation versus Zinssatz mit den gefundenen vier Clustern (skalierte Größen). Das ist ein Voronoi-Diagramm (siehe Abschnitt 4.8).

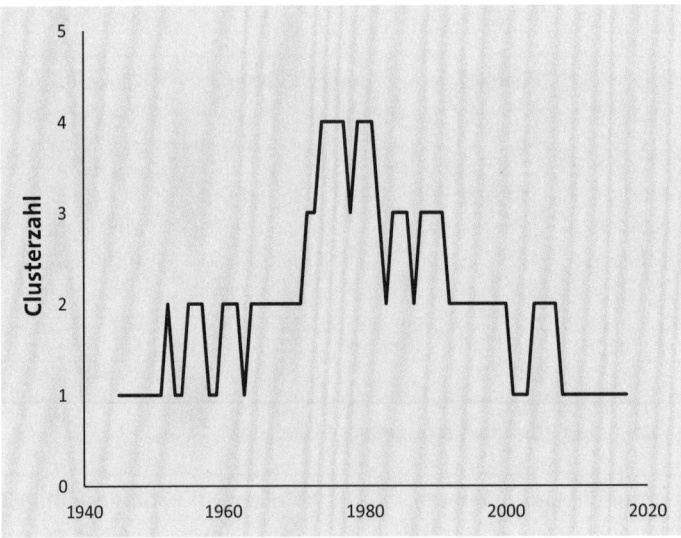

Abbildung 4.16 Evolution der Cluster

Wieder können wir die Sprungwahrscheinlichkeiten zwischen den Clustern berechnen. Die Ergebnisse stehen in Tabelle 4.5.

von/zu	Cluster 1	Cluster 2	Cluster 3	Cluster 4
Cluster 1	88,9 %	11,1 %	0,0 %	0,0 %
Cluster 2	5,6 %	86,1 %	8,3 %	0,0 %
Cluster 3	0,0 %	25,0 %	58,3 %	16,7 %
Cluster 4	0,0 %	0,0 %	33,3 %	66,7 %

Tabelle 4.5 Clustersprung-Wahrscheinlichkeiten

Interessant wäre folgendes Experiment, in dem man die Daten zufällig mischt, wobei die Zinssätze gleich bleiben, während die Inflationsdaten zufällig neu sortiert werden. Gäbe es zu Beginn irgendeine Struktur in den Daten, dann wäre sie durch das Mischen definitiv verloren.

4.7 Beispiel: Zinssätze, Inflation und BIP-Wachstum

Nehmen wir die Daten des vorherigen Beispiels und erweitern sie um das BIP-Wachstum (BIP = Bruttoinlandsprodukt). Dann haben wir ein dreidimensionales Problem. (Und ich verwende dafür vierteljährliche Daten.)

Mit sechs Clustern kam ich zu dem Schluss, dass drei der vorherigen Cluster nicht viel Änderung erfahren haben, nur die normale Wirtschaft unterteilte sich weiter in drei zusätzliche Cluster. Sehen Sie sich dazu Abbildung 4.17 an, die das Resultat in zwei Dimensionen darstellt. Die Cluster sind in Tabelle 4.6 zu sehen.

	Cluster 1	Cluster 2	Cluster 3	Cluster 4	Cluster 5	Cluster 6
Anzahl im Cluster	31	107	23	31	17	38
Zinssatz	0,50 %	5,77 %	5,89 %	7,44 %	12,11 %	12,56 %
Inflation	2,24 %	2,37 %	5,59 %	5,17 %	18,89 %	6,18 %
BIP Wachstum	0,48 %	0,71 %	−0,63 %	2,25 %	−0,51 %	0,33 %

Tabelle 4.6 Cluster für Zinssatz, Inflation und BIP-Wachstum

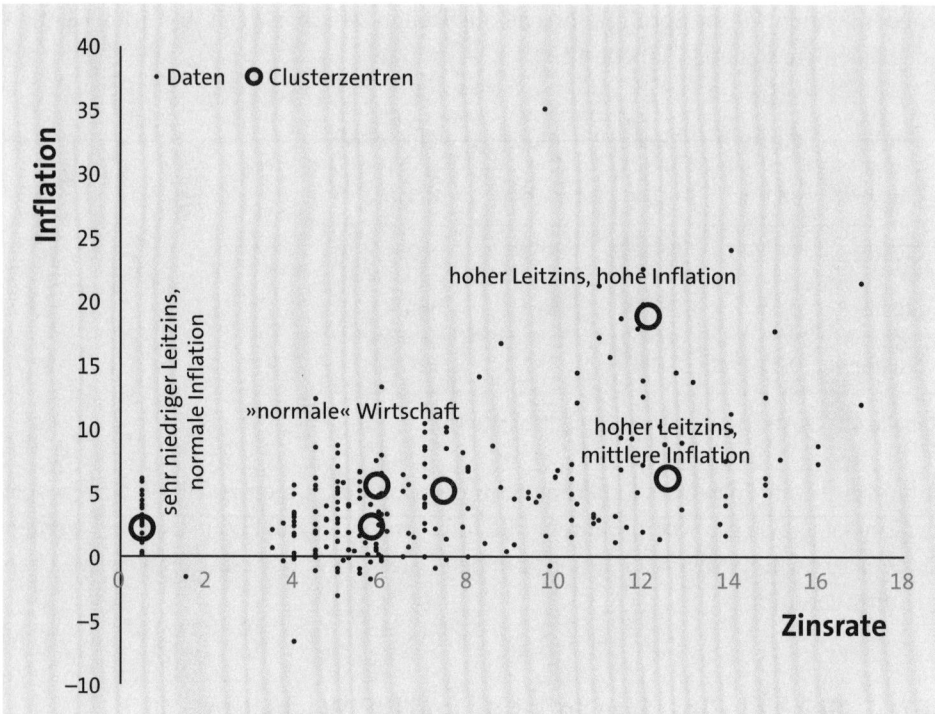

Abbildung 4.17 Inflation versus Zinssatz (die Achse für das BIP-Wachstum würde aus dem Buch heraus zum Leser zeigen; originale Skalierung).

4.8 Ein paar Kommentare

- **Voronoi-Diagramme:** Abbildung 4.15 ist ein Voronoi-Diagramm. Das ist die Aufteilung eines Raumes in Regionen, abhängig von einer Distanz (meist der euklidischen Distanz, aber nicht unbedingt), basierend auf einer gegebenen Punktemenge. Die Verwendung von Voronoi-Diagrammen geht auf Descartes im 17. Jahrhundert zurück. Ein hochinteressanter Anwendungsfall ist von John Snow (nein, nicht der aus »Game of Thrones«) aus dem Jahre 1854 zu berichten. Er konnte damit zeigen, dass die meisten Menschen, die während eines Choleraausbruchs gestorben sind, in der Nähe einer bestimmten Wasserpumpe lebten.
- **Wahl von K:** Mit etwas Glück hilft Ihnen der Scree-Plot bei der Bestimmung der optimalen Zahl an Clustern. Möglicherweise ist die Zahl naheliegend und ergibt sich aus der Natur des Problems. Nicht ganz so überzeugend, aber es nützt der Glaubwürdigkeit, wenn die Cluster einen Namen bekommen, wie im ersten Zinssatzbeispiel.

▸ Für eines der Beispiele am Beginn des Kapitels müssen Sie eine kleine Änderung vornehmen, speziell in Bezug auf die Kragenweite von Hemden. Erraten Sie, was zu tun ist? (Hinweis: Mit einer Kragenweite von 43 cm tun Sie sich schwer, ein 38-cm-Hemd zu tragen.)

4.9 Weiterführende Literatur

Für eine Implementierung des KMC mit der Programmiersprache R siehe »*Applied Unsupervised Learning with R: Uncover previously unknown patterns and hidden relationships with k-means clustering, heirarchical clustering and PCA*« von Bradford Tuckfield, veröffentlicht durch Packt in 2019.

Es gibt viele Bücher aus der »Für Dummies«-Reihe, die verschiedene Aspekte des maschinellen Lernens abdecken. KMC findet sich in *Predictive Analytics For Dummies, 2nd Edition* von Anasse Bari, veröffentlicht im John Wiley & Sons Verlag in 2016.

Möchten Sie mehr über das Modellieren der Volatilität als Sprungprozess erfahren, dann gehen Sie zu *Ito33.fr* und laden deren technische Publikationen herunter.

Wie versprochen kann ich ein paar exzellente Bücher zur quantitativen Finanzmathematik empfehlen, von ganzem Herzen zum Beispiel *Paul Wilmott Introduces Quantitative Finance*, *Paul Wilmott On Quantitative Finance* (in drei unglaublichen Bänden!) und *Frequently Asked Questions in Quantitative Finance*. Alle von mir, versteht sich, und veröffentlicht durch John Wiley & Sons.

Kapitel 5
Naiver Bayes-Klassifikator

Der *naive Bayes-Klassifikator* ist ein Vertreter der überwachten Lernmethoden. Wir haben Datenpunkte, die verschiedenen Klassen zugeordnet sind. Mit dem Bayes-Theorem berechnen wir die Wahrscheinlichkeiten für neue Daten, den jeweiligen Klassen anzugehören.

5.1 Wofür können wir ihn verwenden?

Den naiven Bayes-Klassifikator können Sie zur Klassifikation von Daten verwenden. Typisch sind Textdaten und Sentiment-Analysen. Beispiele:

- Verarbeitung natürlicher Sprache (englisch *Natural Language Processing*, daher die gebräuchliche Abkürzung *NLP*); den Computer dazu bringen, den Menschen zu verstehen
- Erkennen von Spam-E-Mails
- Bestimmen, ob Nachrichten gute oder schlechte Inhalte enthalten
- Vorhersage, in welche Richtung Tweets auf Twitter Wahlen oder Volksbefragungen beeinflussen
- Feststellung, ob Tweets von einem russischen Bot stammen oder nicht

Der naive Bayes-Klassifikator (*NBK*) wird oft anhand von Buchrezensionen erklärt. Durch Analyse der statistischen Kennzahlen einer Rezension und dem Vergleich mit einem Katalog anderer Rezensionen lernt der Algorithmus, was als gute und was als schleche Rezension bezeichnet werden soll. Damit ist er ist ein weiteres Beispiel für überwachtes Lernen, da die Trainingsdaten bereits klassifiziert sind.

Zuerst brauchen wir also eine große Sammlung an guten und schlechten Rezensionen. Wir zählen dann die Häufigkeit bestimmter Wörter, die in jeder Kategorie vorkommen, und erhalten so für jedes Wort eine Wahrscheinlichkeit für sein Vorkommen in jeder Klasse. Mit dieser Vorbereitung und der Verwendung des Bayes-Theorems erhalten wir die Zugehörigkeitswahrscheinlichkeit (zur Klasse gut oder schlecht) einer neuen Rezension.

Natürlich ist das Verfahren nicht auf nur zwei Klassen wie gut oder schlecht beschränkt, und die Daten müssen selbstverständlich nicht unbedingt Buchrezensionen sein, wie Sie gleich an meinem Beispiel sehen werden.

Warum wird die Methode als naiv bezeichnet? Der Grund liegt darin, dass üblicherweise relativ unrealistische Grundannahmen getroffen werden.

Die Hauptannahme ist die, dass die Wörter unabhängig voneinander sind, was ganz klar nicht der Fall ist. Dennoch liest man immer wieder, dass das in der Praxis kaum einen Einfluss hat.

5.2 Verwendung des Bayes-Theorems

In unserem NBK-Beispiel wenden wir das Bayes-Theorem auf politische Reden an. Ein Beispiel für das Bayes-Theorem wäre:

$$P(\text{Politiker ist links}|\text{verwendet das Wort »Genosse«}) =$$

$$\frac{P(\text{verwendet das Wort »Genosse«}|\text{Politiker ist links})P(\text{Politiker ist links})}{P(\text{verwendet das Wort »Genosse«})}$$

Hören wir also bei einem Politiker das Wort »Genosse«, dann könnten wir die Wahrscheinlichkeit der Linkslastigkeit des Politikers errechnen, indem wir die Reden linker Politiker studieren, wobei wir wissen, wie häufig ein Politiker generell dieses Wort verwendet und die Wahrscheinlichkeit kennen, dass ein beliebiger Politiker dem linken Zweig zuzuordnen ist.

5.3 Anwendung des NBK

Wir wenden den NBK allerdings nicht nur auf ein Wort an, sondern auf ganze Phrasen und letztendlich auf ganze Reden. Und genau genommen berechnen wir auch nicht die Wahrscheinlichkeit, ob ein Politiker links oder rechts ist, sondern wir *vergleichen* wir die Wahrscheinlichkeiten für links und rechts. Aber Sie werden es gleich sehen, wenn wir uns die Aufgabe im Detail ansehen.

Angenommen, wir hören einen Politiker »Eigentum ist Diebstahl, Genosse« sagen und möchten wissen, ob dieser links oder rechts ist. Dann möchten wir gerne Folgendes wissen:

$$P(\text{Links}|\text{sagt »Eigentum ist Diebstahl, Genosse«}) \tag{11}$$

Gleiches gilt für Vertreter des rechten Flügels. Wir verwenden dann das Bayes-Theorem wie folgt. Zuerst schreiben wir (11) als

$$P(\text{Links}|\text{sagt »Eigentum ist Diebstahl, Genosse«}) =$$

$$\frac{P(\text{sagt »Eigentum ist Diebstahl, Genosse«}|\text{Links})P(\text{Links})}{P(\text{Eigentum ist Diebstahl, Genosse«})}.$$

Ähnliches schreiben wir für die Wahrscheinlichkeit, rechter Politiker zu sein. Dann vergleichen wir diese Werte, und der größere Wert entscheidet über die eher linke oder rechte Ausrichtung des Politikers.

Wir brauchen den Nenner nicht zu berechnen. Der Nenner hängt nicht von der Klasse ab, egal, ob links oder rechts. Somit müssen wir also nur den Zähler berechnen und sehen am größeren Wert die politische Ausrichtung.

Wir müssen nur folgende Wahrscheinlichkeiten schätzen:

$$P(\text{»Eigentum ist Diebstahl, Genosse«}|\text{Links})P(\text{Links})$$

und

$$P(\text{»Eigentum ist Diebstahl, Genosse«}|\text{Rechts})P(\text{Rechts}).$$

Jetzt kommen wir zum naiven Teil. Wir nehmen an, dass

$$P(\text{sagt »Eigentum ist Diebstahl, Genosse«}|\text{Links}) =$$

$$P(\text{sagt »Eigentum«}|\text{Links}) \times P(\text{sagt »ist«}|\text{Links}) \times$$

$$P(\text{sagt »Diebstahl«}|\text{Links}) \times P(\text{sagt »Genosse«}|\text{Links}).$$

Das bedeutet, alle Wörter sind voneinander unabhängig. (Was für die meisten Sätze schlicht und einfach nicht richtig ist.) Von den Traingsdaten wissen wir, wie oft Politiker verschiedener Richtungen die Wörter »Eigentum«, »Diebstahl« etc. verwenden. (Das gilt nicht so sehr für »ist«. Das ist ein sogenanntes Stoppwort, das wir ignorieren würden.)

Somit können wir die Wahrscheinlichkeiten für beide politische Klassen ganz leicht aufgrund einer Menge an Reden vieler Politiker finden.

Lassen Sie uns das nun in die Sprache der Mathematik übertragen.

5.4 In Symbolen

Den Text oder was auch immer wir klassifizieren wollen bezeichnen wir mit **x**, einem Vektor mit den Einträgen x_m für $1 \leq m \leq M$, somit gibt es M Wörter im Text. Wir sind auf der Suche nach

$$P(C_k|\mathbf{x}) \tag{12}$$

für jede der K Klassen (politische Ausrichtung) C_k. Die höhere Wahrscheinlichkeit entscheidet über die Klasse (das ist eigentlich wie bei der Maximum-Likelihood-Methode in Kapitel 2).

Unter Verwendung des Bayes-Theorems (12) kann man schreiben:

$$\frac{P(C_k)\, P(\mathbf{x}|C_k)}{P(\mathbf{x})}$$

Den Nenner können wir ignorieren, da er für alle Klassen gleich ist (wir *vergleichen* also nur die Zahlen für jede Klasse, die genaue *Zahl* macht nicht so viel aus).

Sind die Merkmale alle voneinander unabhängig dann vereinfacht sich das Problem, wenn nicht, dann wird's sehr viel schwieriger, und der Zähler wird zu

$$P(C_k) \prod_{m=1}^{M} P(x_m|C_k).$$

Diese Ergebnisse müssen wir dann für die endgültige Klassifizierung vergleichen. Den Term $P(x_m|C_k)$ erhalten wir aus den Daten, indem wir einfach die Reden anderer Politiker analysieren und die Wahrscheinlichkeiten x_m des Vorkommens jedes Wortes berechnen. Die politische Ausrichtung der Wörter müssen wir dafür natürlich auch kennen.

Da wir potenziell viele kleine Zahlen multiplizieren, verwendet man typischerweise den Logarithmus für diesen Ausdruck. Das ändert nichts am Klassifikationsergebnis, aber die Zahlen sind besser handhabbar:

$$\ln(P(C_k)) + \sum_{m=1}^{M} \ln(P(x_m|C_k))$$

Nach der Bayes'schen Terminologie bezeichnet man den führenden Term, $\ln(P(C_k))$, als A-priori-Wahrscheinlichkeit. Das ist die geschätzte Wahrscheinlichkeit, ohne irgendeine zusätzliche Information zu berücksichtigen. Diesen Wert erhalten wir aus unserem Wissen über die gesamte Population – das ist in unserem Fall die Wahrscheinlichkeit, dass ein Politiker einer bestimmten Ausrichtung angehört – oder eben aus einem Trainingsdatensatz.

5.5 Beispiel: Politische Reden

Ich arbeite hier mit (englischsprachigen) Reden und geschriebenen Werken einiger berühmter Politiker und Personen mit starker Verbindung zur Politik. Diese verwende ich als Trainingsdatensatz zur Klassifizierung weiterer Reden.

Es gelten die üblichen Vorbehalte. Es handelt sich nicht um Material auf Forschungsniveau, d. h., ich habe mich nicht so sehr bemüht wie für eine Arbeit in einem Wissenschaftsjournal.

Andererseits ist es aber auch kein extra für dieses Buch künstlich erzeugtes Material, um schöne Ergebnissen zu erhalten. Es sind also originale, ungeschönte Daten.

Ich habe acht Reden bzw. Texte (auf Englisch) verwendet. Zum Beispiel diese:

> *A spectre is haunting Europe — the spectre of Communism. All the Powers of old Europe have entered into a holy alliance to exorcise this spectre: Pope and Czar, Metternich and Guizot, French Radicals and German police-spies ...*

> *Ein Gespenst geht um in Europa – das Gespenst des Kommunismus. Alle Mächte des alten Europa haben sich zu einer heiligen Hetzjagd gegen dies Gespenst verbündet, der Papst und der Zar, Metternich und Guizot, französische Radikale und deutsche Polizisten ...*

Das ist für den wissenden Leser unmittelbar erkennbar als der Beginn des *Kommunistischen Manifests* von Marx und Engels.

Zudem habe ich auch die ersten tausend Wörter (in etwa) folgender Reden verwendet:

- Winston Churchill: »Beaches«-Rede
- John F. Kennedy: Antrittsrede
- Hilary Benn: Jungfernrede als Parlamentsmitglied
- Margaret Thatcher: »The Lady's not for turning«-Rede
- Theresa May: Rede zum Militärschlag gegen Syrien
- Jeremy Corbyn: Rede zum Post-Brexit-Referendum
- Donald Trump: Rede zur Lage der Nation

Ich habe die Politiker nach rechter oder linker politischer Ausrichtung klassifiziert.

Hier eine Auswahl an Wörter, die linke Politiker verwenden, und ihrer Vorkommenswahrscheinlichkeiten (der eigentliche Wert P und sein Logarithmus $ln(P)$):

Wörter	P	ln(P)
...		
ablaze	0,013%	−8,983
able	0,050%	−7,597
abolish	0,025%	−8,290
abolished	0,013%	−8,983
abolishing	0,019%	−8,578
abolition	0,088%	−7,037
about	0,094%	−6,968
above	0,019%	−8,578
abroad	0,019%	−8,578
absence	0,013%	−8,983
absolute	0,031%	−8,067
absolutely	0,013%	−8,983
...		

Tabelle 5.1 Wörter aus linken Reden

Und von rechten Politikern:

Wörter	P	ln(P)
add	0,029%	−8,130
addiction	0,015%	−8,824
additional	0,015%	−8,824
address	0,015%	−8,824
administration	0,081%	−7,119

Tabelle 5.2 Wörter aus rechten Reden

Wörter	P	ln(P)
admits	0,015 %	−8,824
adopt	0,015 %	−8,824
advance	0,015 %	−8,824
advantage	0,022 %	−8,418
advantages	0,015 %	−8,824
adverse	0,015 %	−8,824
advert	0,015 %	−8,824
...		

Tabelle 5.2 Wörter aus rechten Reden (Forts.)

Bevor wir eine neue Rede klassifizieren, müssen wir noch ein paar kleinere Vorbereitungsarbeiten durchführen:

1. Entferne alle Stoppwörter aus dem Text. Stoppwörter sind, wie bereits in Kapitel 2 erwähnt, Wörter wie *der, die, das, ein, von* etc., also Wörter, die uns nur die Statistik vermasseln, aber keine zusätzliche Information liefern.
2. Es gibt Wörter in unserer zu klassifizierenden Rede, die nicht in unserem Trainingsdatensatz vorkommen. Um zu verhindern, dass diesen Wörtern per Default eine Wahrscheinlichkeit von minus Unendlich zugewiesen wird, belegen wir sie mit einem Standardwert von 0 – obwohl sich in Reden mit unheilvoller Rhetorik zweifelsohne reichhaltige Informationen befinden können.

Nun klassifzieren wir folgende Rede:

happy join today down history greatest demonstration freedom history nation years great American symbolic shadow stand today signed ...

glücklich dabeisein heute hinunter Geschichte größtes Zeugnis Freiheit Geschichte Nation Jahre großartig amerikanisch symbolisch Schatten stehen heute unterschreiben ...

Sie haben es schon entdeckt, ich habe eine Menge von Stoppwörtern entfernt. Deshalb ist die Herkunft nicht sofort erkennbar!

Spaßeshalber habe ich für die Rede eine Art Echtzeitanalyse eingebaut, so ähnlich, wie wenn man aufmerksam einer Präsentation eines CEO folgt und versucht zu eruieren, ob es sich um gute oder schlechte Nachrichten handelt, um sofort Kauf- oder Verkaufsaufträge für Aktien auszugeben. Das Resultat sehen Sie in Abbildung 5.1. Nach 15 wichtigen Wörtern zeigt die Rede bereits einen Trend (bei 40 Wörtern in der gesamten Rede).

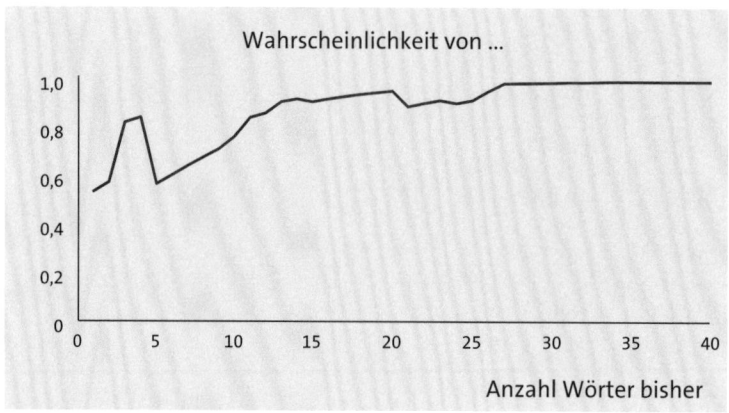

Abbildung 5.1 Verändernde Wahrscheinlichkeit

Diese Kurve zeigt die Wahrscheinlichkeit dafür, dass der Redner dem rechten Lager zuzuordnen ist. Erraten Sie, wer es ist? Nun gut, die gesuchte Person ist nicht gerade für ihre rechte Gesinnung berühmt. Genau genommen war er nicht mal Politiker, aber dennoch bekannt für seine hervorragenden Reden. Es ist die »I Have A Dream«-Rede von Martin Luther King Jr. Was lernen wir daraus? Vielleicht war MLK ein Rechter. Vielleicht ist die Analyse Unfug, zu wenig Daten, zu wenig Nachbereitung. Oder der Klassifikator hat etwas gefunden, das mir entgangen ist, etwas, das MLK eher mit Churchill und Thatcher verbindet, aber nicht mit Jeremy Corbyn, wegen seiner rhetorischen Superkraft.

Man kann diese Ergebnisse auf vielfältige Art interpretieren, aber viele Ergebnisse in ML (für maschinelles Lernen, nicht für Martin Luther) müssen mit Sorgfalt behandelt werden. Wäre das nicht nur ein Illustrationsbeispiel, hätte ich viel mehr Daten, mehr Politiker, mehr Reden verwendet und eine vollständige Prüfung und Validierung durchgeführt. Ich belasse es hier allerdings dabei, da das Beispiel rein zur Demonstration einer Methode gedacht war.

5.6 Weiterführende Literatur

Für einen kurzen und günstigen Überblick in das Thema NLP lesen Sie *Introduction to Natural Language Processing: Concepts and Fundamentals for Beginners* von Michael Walker, veröffentlicht 2017.

Kapitel 6
Regressionsmethoden

Regressionsmethoden sind Methoden des überwachten Lernens. Sie versuchen, abhängige Variablen mittels unabhängiger Variablen zu beschreiben. Die unabhängigen Variablen sind numerisch, und wir passen Geraden, Polynome oder andere Funktionen an, um die abhängige(n) Variable(n) zu bestimmen. Natürlich kann man diese Methode auch für die Klassifikation einsetzen, wobei die abhängigen Variablen dann üblicherweise die Werte 0 oder 1 annehmen.

6.1 Wofür können wir sie verwenden?

Regressionsmethoden werden verwendet für:

- Finden numerischer Beziehungen zwischen abhängigen und unabhängigen Variablen, basierend auf Trainingsdaten
- Klassifizieren von Daten basierend auf einer Menge numerischer Merkmale.

Beispiele:

- Finde den mathematischen Zusammenhang zwischen der Anzahl an Tomaten auf einer Pflanze, der Umgebungstemperatur und der Bewässerungsmenge
- Bestimme die Wahrscheinlichkeit, an Krebs zu erkranken, basierend auf dem gewählten Lebensstil (Alkoholkonsum, Anzahl gerauchter Zigaretten, Anzahl der Amsterdambesuche, etc.).

Sicher kennen Sie die Regression vom Beispiel einer Geraden, die durch eine Punktwolke gelegt wird. Sie haben beispielsweise Werte und Flächen von Häusern, gibt es da einen linearen Zusammenhang zwischen den beiden Größen? Kaum ein Zusammenhang entspricht einer perfekten Linie, was ist also die *beste* Gerade, die durch die Punkte gelegt werden kann? Man kann sich auch in höhere Dimensionen wagen. Gibt es einen linearen Zusammenhang zwischen Wert, Fläche und der Anzahl der Garagenplätze?

Zur Einführung in diese Methode des überwachten Lernens starten wir mit der Suche nach linearen Zusammenhängen in mehreren Dimensionen und gehen dann weiter zur logistischen Regression, die sich sehr gut für Klassifikationsaufgaben eignet.

6.2 Mehrdimensionale lineare Regression

Sie haben bereits in Kapitel 2 eine kurze Zusammenfassung der eindimensionalen Regression gesehen. Der Übergang zu mehreren Dimensionen ist aus mathematischer Sicht recht einfach. Wir haben nun M unabhängige (oft auch *erklärend* genannte) Variablen, die für die Merkmale stehen, und so schreiben wir alle x zusammen als Vektor. Für jeden der N Datenpunkte gibt es eine unabhängige Variable $\mathbf{x}^{(n)}$ (Hausfläche, Anzahl Garagenplätze etc.) und die abhängige Variable $y^{(n)}$ (Immobilienwert). Wir legen nun eine lineare Funktion $h_\theta(\mathbf{x}) = \theta^\mathsf{T}\mathbf{x}$ durch die Punkte y, wobei θ der Vektor des noch unbekannten Parameters ist und $^\mathsf{T}$ für die Transponierte steht.

Noch eine kleine Verfeinerung: Da wir üblicherweise verhindern wollen, dass der Parameter θ_0 mit einer der unabhängigen Variablen multipliziert wird, schreiben wir $\mathbf{x}$ als $(1, x_1, \ldots, x_M)^\mathsf{T}$, und der Vektor hat somit die Dimension $M + 1$. Die Kostenfunktion bleibt die gleiche wie in Kapitel 2, d. h. die quadratische Funktion:

$$J(\theta) = \frac{1}{2N} \sum_{n=1}^{N} \left(h_\theta(\mathbf{x}^{(n)}) - y^{(n)} \right)^2$$

Wie in Kapitel 2 leiten wir die Kostenfunktion ab nach den einzelnen θs, setzen das Resultat gleich 0 und lösen die Gleichung für die θs. Kinderleicht. Obwohl wir rein mathematisch einen analytisch lösbaren Ausdruck für den Vektor θ erhalten, erfordert dies eine Matrixinversion. Sie können daher in der Praxis genauso gut ein Gradientenabstiegsverfahren zur Lösung verwenden.

Numerische Bestimmung der Parameter mittels Gradientenabstieg

Obwohl grundsätzlich keine numerischen Methoden für eindimensionale lineare Regressionsaufgaben notwendig sind, ist es das Werkzeug der Wahl, sobald es komplizierter wird. Batch-Gradientenabstieg und stochastischen Gradientenabstieg haben wir bereits in Kapitel 2 besprochen. Um diese Methoden zu nutzen, brauchen wir:

$$\frac{\partial J}{\partial \theta} = \frac{1}{N} \sum_{n=1}^{N} \mathbf{x}^{(n)} \left(h_\theta(\mathbf{x}^{(n)}) - y^{(n)} \right)$$

Schritt für Schritt: Der Batch-Gradientenabstiegsalgorithmus

1 *Wiederhole*
Neu θ = Alt $\theta - \beta\, \partial J/\partial \theta$
D. h. Neu θ = Alt $\theta - \beta/N \sum_{n=1}^{N} \mathbf{x}^{(n)} \left(h_\theta(\mathbf{x}^{(n)}) - y^{(n)} \right)$

2   *Aktualisiere*

Aktualisiere alle θ_k simultan. Wiederhole bis Konvergenz. ∎

Lineare Regression ist so bekannt und weit verbreitet, dass ich die Beispiele hier auslasse und wir uns direkt zu etwas anderem bewegen, nämlich zur Regression für Klassifikationsaufgaben.

6.3   Logistische Regression

Nehmen wir an, Sie wollten E-Mails in Spam und Nicht-Spam einteilen. Die unabhängigen Variablen, jeweils x genannt, könnten Merkmale wie die Anzahl an Ausrufzeichen ! oder die Anzahl an Rechtschreibfehlern pro E-Mail, sein. Unsere y-Variablen nehmen dann entweder den Wert 0 für kein Spam oder den Wert 1 für Spam an. Lineare Regression wird in diesem Fall keine gute Wahl sein.

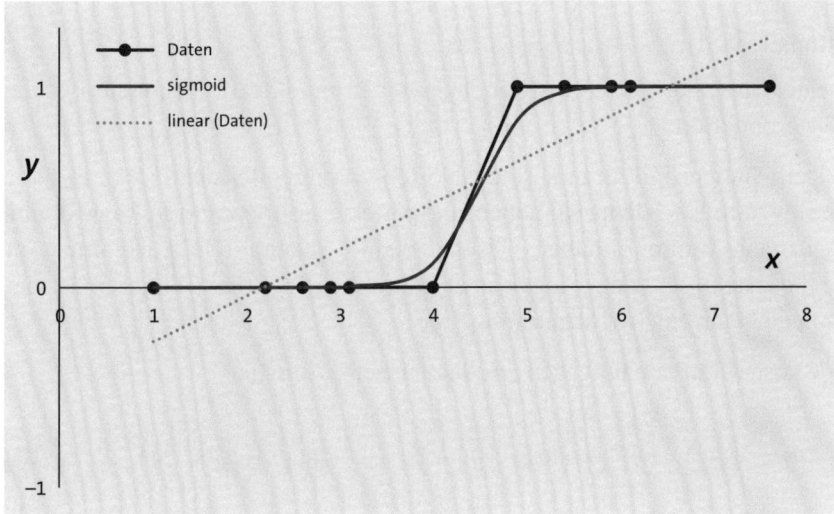

Abbildung 6.1 Regression für ein Klassifikationsproblem

Sehen Sie sich Abbildung 6.1 an: Würden Sie da versuchen wollen, eine Gerade durch diese Punkte zu legen? Das wäre purer Unsinn.

Manchmal repräsentiert die vertikale Achse eine Wahrscheinlichkeit, die Klassenzugehörigkeitswahrscheinlichkeit. In diesem Fall wären Zahlen unter 0 oder über 1 ebenfalls unerwünscht, was wir aber bei einer linearen Einpassung erhalten würden.

Langer Rede, kurzer Sinn – für Klassifikationsprobleme brauchen wir etwas Besseres als eine lineare Funktion. Wir tendieren da zu einer sigmoiden Funktion wie der logistischen Funktion

$$h_\theta(x) = \frac{1}{1+e^{-\theta_0 - \theta_1 x}}$$

oder, da wir sofort zur multiplen Regression übergehen,

$$h_\theta(\mathbf{x}) = \frac{1}{1+e^{-\theta^\mathsf{T} \mathbf{x}}}.$$

Diese Funktion wird in der Abbildung 6.1 gezeigt. Wir passen also diese Funktion den gegebenen Daten an und könnten dann für einen neuen Datenpunkt (eine eingehende E-Mail) bestimmen, ob es sich um Spam handelt oder eben nicht, abhängig von einem Schwellenwert für h_θ. Bei einem Schwellenwert von 0,5 würde alles über diesem Wert in den Spamordner wandern. Wir könnten auch einen anderen Schwellenwert wählen.

Wenn wir Bedenken haben, dass echte E-Mails in den Spamordner wandern (und wir haben Freunde, die der Rächtschreibung nicht so mechtig sind und ständig Ausrufzeichen verwenden!!), dann können wir den Schwellenwert auf, sagen wir, 0,8 legen.

Die Kostenfunktion

Ein entscheidender Unterschied zwischen logistischer und linearer Regression ist die Wahl der Kostenfunktion.

Folgende Eigenschaften sind für eine solche Kostenfunktion offensichtlich zu fordern: Sie sollte positiv sein, es sei denn, wir haben eine perfekte Lösung, dann sollte sie 0 sein; sie sollte genau ein Minimum haben. Unsere bekannte quadratische Kostenfunktion erfüllt zwar die erste unser Bedingungen, aber wenn h_θ die logistische Funktion ist, hat sie nicht unbedingt ein einziges Minimum.

Die folgende Kostenfunktion hingegen erfüllt all unsere Wünsche:

$$J(\theta) = -\frac{1}{N} \sum_{n=1}^{N} \left(y^{(n)} \ln \left(h_\theta(\mathbf{x}^{(n)}) \right) + (1 - y^{(n)}) \ln \left(1 - h_\theta(\mathbf{x}^{(n)}) \right) \right) \qquad (13)$$

Warum also funktioniert es mit dieser Kostenfunktion? Wir wissen: y darf nur die Werte 0 oder 1 annehmen. Ist $y = 1$, dann nimmt die Funktion $J(\theta)$ kontinuierlich und monoton ab bis zum Wert 0 bei $h_\theta = 1$. Ist $y = 0$, dann liefert die Kostenfunktion ebenso 0, wenn $h_\theta = 0$.

Aber das Wichtigste ist, dass diese Kostenfunktion eine wunderbare Interpretation im Sinne der Maximum-Likelihood-Schätzung liefert, wie in Kapitel 2 diskutiert.

Hier haben wir keine analytische Lösung für das Minimum der Kostenfunktion, also müssen wir uns mit den Waffen der numerischen Mathematik rüsten. Eleganterweise ergibt sich für die neue Definition für h_θ und die neue Kostenfunktion dennoch folgende Gleichung:

$$\frac{\partial J}{\partial \theta} = \frac{1}{N} \sum_{n=1}^{N} \mathbf{x}^{(n)} \left(h_\theta(\mathbf{x}^{(n)}) - y^{(n)} \right)$$

Daraus folgt, dass unser Gradientenabstiegsverfahren überraschenderweise unverändert bleibt.

6.4 Beispiel: Noch einmal politische Reden

Im vorherigen Kapitel bediente ich mich einiger Reden und Texte von Politikern, um das Wesen einer noch nicht gesehenen Rede zu bestimmen. Die Operation ist zwar missglückt, aber der Patient lebt, und es war dennoch eine faszinierende Übung, denke ich. Jetzt werde ich die gleichen Daten, die gleichen acht Reden und Texte, auf etwas andere Weise verwenden und wende dafür unsere Regressionsmethoden an.

Wieder nehme ich die Reden/Texte von $N = 8$ Politikern. Jeder Politiker wird mit einer 0 (linkes Lager) oder einer 1 (rechtes Lager) gekennzeichnet. Das sind die $y^{(n)}$ für $n = 1, \ldots, N$.

Anstatt aber auf die Häufigkeit der individuellen Wörter zu sehen, betrachten wir nun die *Worttypen*. Haben wir positive Wörter, negative Wörter, unregelmäßige Verben etc.? Insgesamt bezeichnet M wieder die Anzahl an Merkmalen. Der n^{te} Politiker wird repräsentiert durch $\mathbf{x}^{(n)}$, einem Vektor der Länge $M + 1$. Der erste Eintrag ist wieder 1. Der zweite Eintrag wäre dann der Anteil an positiven Wörtern, die der n^{te} Politiker verwendet, der dritte Eintrag der Anteil an negativen Wörtern usw.

Ja, aber wie weiß ich, ob ein Wort positiv, negativ etc. ist? Dafür verwende ich ein spezielles Wörterbuch, das für diese Art von Textanalysen gebräuchlich ist.

So ein Wörterbuch lässt sich online leicht finden, etwa das Loughran-McDonald-Wörterbuch. Es enthält eine Liste von Wörtern, klassifiziert nach verschiedenen Kategorien.

Diese Kategorien sind: negativ, positiv, Unsicherheit, streitbar, beschränkend, überflüssig, interessant, modal, unregelmäßiges Verb, Harvard IV, Silben. Diese Liste wird oft in Finanzberichten verwendet (daher die Kategorie streitbar). Die Bedeutung der meisten Kategorien ist klar. Modal beschreibt eine Graduierung von Wörtern, wie »immer« (stark modal, 1), »kann« (moderat, 2) bis »könnte« (weak, 3). Harvard IV ist ein psychosoziales Wörterbuch.

Das Resultat der Analyse der Reden finden Sie in Abbildung 6.2. Die Anteile an positiven, negativen etc. Wörtern ist ziemlich klein, da der größte Teil der Wörter im Wörterbuch eben nicht positiv, negativ, etc. ist.

	Benn	Churchill	Corbyn	JFK	M&E	May	Thatcher	Trump
negativ	0,501 %	1,048 %	1,216 %	0,562 %	2,067 %	0,395 %	1,626 %	1,261 %
positiv	0,213 %	0,380 %	0,517 %	0,243 %	0,760 %	0,137 %	1,018 %	1,048 %
Unsicherheit	0,395 %	0,441 %	0,274 %	0,137 %	0,289 %	0,091 %	0,425 %	0,289 %
streitbar	0,152 %	0,061 %	0,274 %	0,213 %	0,441 %	0,091 %	0,304 %	0,228 %
beschränkend	0,000 %	0,030 %	0,137 %	0,122 %	0,304 %	0,122 %	0,046 %	0,122 %
überflüssig	0,000 %	0,000 %	0,000 %	0,000 %	0,030 %	0,000 %	0,000 %	0,000 %
interessant	0,030 %	0,061 %	0,000 %	0,000 %	0,152 %	0,030 %	0,106 %	0,061 %
modal	1,307 %	1,975 %	1,945 %	0,881 %	1,276 %	0,380 %	2,097 %	2,112 %
unregelmäßig	0,228 %	0,745 %	0,608 %	0,334 %	0,988 %	0,289 %	0,942 %	0,699 %
Harvard IV	1,352 %	3,206 %	4,513 %	1,869 %	7,765 %	1,596 %	4,270 %	4,255 %
Silben	1,52	1,44	1,57	1,41	1,68	1,68	1,50	1,49

Abbildung 6.2 Die Analyseergebnisse: Häufigkeiten nach Kategorien

Da ich nur Reden von acht Politikern für das Training verwendete, habe ich auch nur einen Teil der elf Kategorien für die Regression eingesetzt. Hätte ich alle verwendet, wäre eine nicht sehr brauchbare Lösung dabei herausgekommen (zwölf Unbekannte und acht Gleichungen). Daher habe ich die Merkmale auf positiv, negativ, unregelmäßige Verben und Silben eingeschränkt.

Ich habe bemerkt, dass die θ-Werte für positive Wörter, unregelmäßige Verben und Anzahl Silben alle positiv, die θ-Werte für negative Wörter aber negativ waren. Die offensichtliche Interpretation überlasse ich Ihnen. Allerdings sollten Sie meine Vorbehalte bereits kennen!

Interessehalber wollte ich einmal einen meiner eigenen Texte klassifizieren. Also habe ich einen Ausschnitt dieses überaus bekannten politischen Textes verwendet: *Paul Wilmott On Quantitative Finance, Zweite Ausgabe*. Ergebnis: Ich bin, wie Margaret Thatcher, ein Rechter. Was immer man auch daraus lernen mag.

Aber nun ernsthaft, für eine realitätsnahe Analyse gäbe es einige offensichtliche Verbesserungen:

- mehr Trainingsdaten, d. h. viel, viel mehr Reden und Texte von einer viel größeren Menge an Politikern
- ein besseres Wörterbuch – eines, das besser für die Klassifikation von Politikerreden geeignet ist als für Reden über den Umsatzzuwachs von irgendwelchen Dingen

6.5 Weitere Regressionsmethoden

Zu Regressionsmethoden gibt es natürlich noch viel, viel mehr zu sagen. Nur kurz:

▸ **Die üblichen Verdächtigen**
Es gibt eine Menge bekannter Basisfunktionen, die für Anpassung bzw. Approximation von Funktionen eingesetzt werden. Zweifellos haben Sie selber auch schon welche verwendet. Beispiele wären: Fourierreihen, Legendre-Polynome, Hermite-Polynome, radiale Basisfunktionen, Wavelets etc. Alle mögen ihre Verwendung für Regressionsaufgaben haben. Manche sind sehr angenehm und benutzerfreundlich, weil sie orthogonal sind (d.h., das Integral ihres Produkts über einer Domäne, eventuell auch mit Gewichtsfunktion, ist gleich null).

▸ **Polynomregression**
Polynome sind eine offensichtliche Wahl. Allerdings gilt, je höher der Polynomgrad, desto größer die Gefahr der Überanpassung.

Sie können die Methode der kleinsten Quadrate (KQM) verwenden, um die Parameter zu finden, dabei behandeln sie jeden nicht linearen Term so, als ob es eine weitere unabhängige Variable wäre. Eine eindimensionale Polynomapproximation wird so zu einer linearen Regression in mehreren Dimensionen. Das bedeutet, statt

$$\theta_0 + \theta_1 x + \theta_2 x^2$$

denken wir uns

$$\theta_0 + \theta_1 x_1 + \theta_2 x_2.$$

Durch die offensichtliche Korrelation von x und x^2 ist es nicht so einfach, die Bedeutung der Polynomkoeffizienten zu interpretieren.

▸ **Ridge-Regression**
Ich habe in Kapitel 2 erwähnt, dass man manchmal einen Regularisierungsterm zur KQM hinzufügt:

$$J(\theta) = \frac{1}{2N} \left(\sum_{n=1}^{N} \left(h_\theta(x^{(n)}) - y^{(n)} \right)^2 + \lambda |\bar{\theta}|^2 \right)$$

In ähnlicher Form macht man das auch zu anderen Kostenfunktionen. Mit $\bar{\theta}$ bezeichne ich den Vektor, dessen erster Eintrag 0 ist (d.h., es gibt kein θ_0). Und zum Vergleich mit unten, hier haben wir es mit der L^2 oder euklidischen Norm zu tun. Dieser zusätzliche Strafterm hat den Zweck der Reduktion der Anzahl der Koeffizienten.

Warum in aller Welt sollten wir das tun? Im Allgemeinen verwendet man das im Fall von stark zusammenhängenden Merkmalen. Eine Regression mit Körpergröße und Alter kann problematisch werden, da diese Parameter sehr stark korrelieren. Eine

Optimierung ohne Strafterm wäre schwierig, da es im Fall einer perfekten Korrelation keine eindeutige Lösung gäbe. Regularisierungsmethoden vermeiden das und finden eine Balance zwischen den Koeffizienten korrelierter Merkmale.

▶ **LASSO-Regression**
LASSO steht für Least Absolute Shrinkage and Selection Operator. Diese Methode ist der Regularisierung sehr ähnlich, allerdings ist der Strafterm hier die L^1-Norm, d.h. die Summe der Absolutwerte, statt der Summe der Quadrate.

Die LASSO-Regression verkleinert nicht nur die Koeffizienten, sondern tendiert auch dazu, einige Koeffizienten ganz auf null zu setzen und so das Modell zu vereinfachen. Um letzteren Punkt zu überprüfen, zeichnen Sie $|\bar{\theta}|$ = konstant im θ-Raum (wir bleiben bei zwei Dimensionen!) und stellen Sie Vergleiche zwischen der Minimierung der Verlustfunktion mit Strafterm und der Minimierung der Verlustfunktion mit einer Bedingung an (siehe Abschnitt 2.12, »Lagrange-Multiplikatoren«).

6.6 Weiterführende Literatur

Applied Regression Analysis, dritte Ausgabe von Norman Draper und Harry Smith, veröffentlicht im Wiley Verlag, deckt alles zu linearer Regression ab. Es ist aber nicht billig!

Haben Sie die lineare Regression gemeistert, dann fahren Sie mit einem weiteren Wiley-Buch fort: *Nonlinear Regression Analysis and Its Applications* von Douglas Bates und Donald Watts.

Kapitel 7
Support-Vektor-Maschinen

Support-Vektor-Maschinen sind eine Klassifikationstechnik des überwachten Lernens. Die klassifizierten Daten werden durch Merkmalsvektoren repräsentiert. Diese Methode unterteilt Daten je nach dem, auf welcher Seite einer Hyperebene ein Datenpunkt im Merkmalsraum liegt.

7.1 Wofür können wir sie verwenden?

Support-Vektor-Maschinen werden verwendet, um Daten anhand numerischer Merkmale zu klassifizieren. Beispiele sind:

- Pflanzentypen aufgrund von Merkmalen ihrer Blütenblätter identifizieren
- Prostatakrebsrisiko anhand von MRT-Bildern einschätzen
- Potenzielle Kunden anhand ihrer Twittereinträge aufspüren

Die Support-Vektor-Maschine (SVM) ist eine weitere Technik der überwachten Klassifikation. Wir brauchen dazu ein bisschen mehr Mathematik im Vergleich zu den bisherigen Methoden, deshalb habe ich sie mir bis hierhin aufgespart.

Man kann sie immer noch mit Excel umsetzen, zumindest, was das Lernen betrifft – unter der Voraussetzung, dass man nicht zu viele Daten hat. Für alle hier diskutierten Methoden gilt: Für den professionellen Einsatz müssen sie richtig und ordentlich programmiert werden.

7.2 Harte Ränder

In Abbildung 7.1 zeige ich einige Vektoren, die in zwei Klassen eingeteilt sind: Kreise und Rauten. Es gibt ganz klar zwei Gruppen. Diese beiden Klassen können durch eine Gerade getrennt werden, sie sind also linear separierbar.

Diese Trenngerade hilft uns zu bestimmen, in welche Klasse ein neuer Datenpunkt gehört, abhängig davon, auf welcher Seite der Geraden sich der Punkt befindet. Mit so einer klaren Abgrenzung der Gruppen sollte es ein Leichtes sein, eine solche Gerade zu finden. Es ist allerdings sogar so einfach, dass es viele mögliche Trenngeraden gibt, wie in der Abbildung zu sehen ist. Welche ist nun die beste?

Eine mögliche Definition einer besten Geraden ist jene, die zur breitesten Trennfläche (bzw. zu Rändern mit größtem Abstand) zwischen den Datenpunkten führt. Diese Gerade wäre die fett gedruckte Linie in Abbildung 7.1.

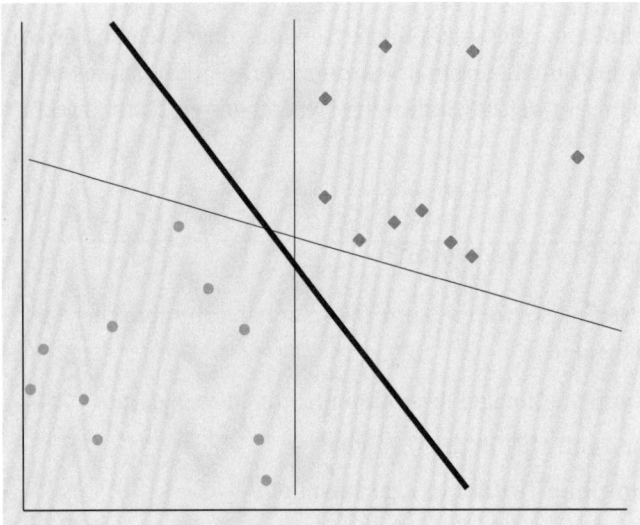

Abbildung 7.1 Zwei Klassen und mögliche Trennlinien

Die Ränder sind in Abbildung 7.2 zu sehen, wo ich auch einen Vektor eingezeichnet habe, der orthogonal zur klassentrennenden Hyperebene liegt. Ich sage absichtlich Hyperebene, da SVM üblicherweise für mehrdimensionale Aufgaben eingesetzt wird, hier ist die Hyperebene aber bloß eine Gerade.

Unser Ziel ist es, die Hyperebene zu finden, die zu Rändern mit größtmöglichem Abstand führt. Die Ränder liegen auf sogenannten Support-Vektoren (manchmal auch als Stützvektoren bezeichnet).

Dieser Abschnitt heißt »Harte Ränder«. Das soll darauf hinweisen, dass es eine klare Abgrenzung zwischen den beiden Klassen gibt. Wenn auch nur ein Datenpunkt auf der falschen Seite liegt, zum Beispiel eine Raute auf der Kreisseite, dann müssen wir uns dazu etwas anderes überlegen. Das werden wir uns in Abschnitt 7.5, »Weiche Ränder«, und Abschnitt 7.6, »Kernel-Trick«, genauer ansehen.

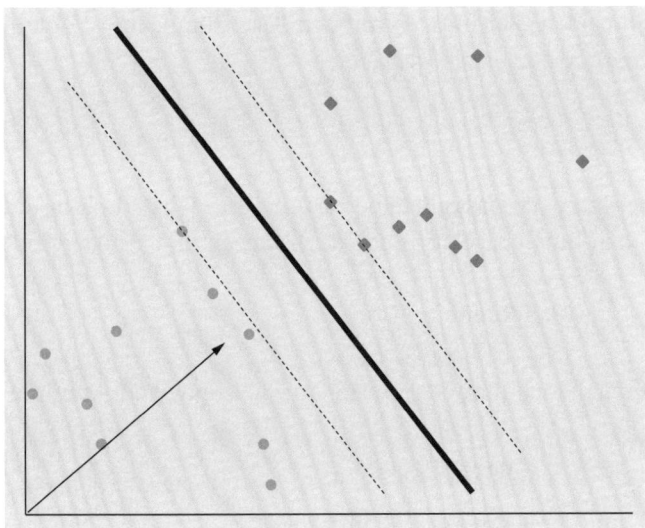

Abbildung 7.2 Ränder der trennenden Hyperebene und dazu orthogonaler Vektor

Die trennende Hyperebene enthält alle Punkte, für die gilt:

$$\theta^\mathsf{T}\mathbf{x} + \theta_0 = 0.$$

Dazu müssen wir den Vektor θ und den Skalar θ_0 finden.

Sie werden sich im Geiste fragen: »Warum nicht $\theta_0 = 1$, Paul?« Wir könnten die obige Gleichung doch einfach neu skalieren. Dann würde ich antworten: »Weil ich möchte, dass die Ränder durch $\mathbf{x}^\pm$ repräsentiert werden, wobei

$$\theta^\mathsf{T}\mathbf{x}^\pm + \theta_0 = \pm 1.\text{«} \tag{14}$$

Und genau hier passiert die Skalierung. Das $+$ bezieht sich auf den Rand nahe bei den Rauten und das $-$ auf den Rand bei den Kreisen.

Aus (14) haben wir

$$\theta^\mathsf{T}(\mathbf{x}^+ - \mathbf{x}^-) = 2. \tag{15}$$

Ebenso gilt für die Rauten (mit $y^{(n)} = +1$) Folgendes

$$\theta^\mathsf{T}\mathbf{x}^{(n)} + \theta_0 \geq 1 \tag{16}$$

und für die Kreise (mit $y^{(n)} = -1$)

$$\theta^\mathsf{T}\mathbf{x}^{(n)} + \theta_0 \leq -1. \tag{17}$$

Multiplizieren wir die letzten beiden Gleichungen mit den Bezeichnungen $y^{(n)}$, dann können beide auf einfache Weise so dargestellt werden:

$$y^{(n)} \left(\theta^\mathsf{T} \mathbf{x}^{(n)} + \theta_0 \right) - 1 \geq 0 \tag{18}$$

Außerdem wissen wir aus Gleichung (15), dass gilt (eine kurze geistige Wiederholung des Zusammenhangs zwischen dem inneren Vektorprodukt, Distanzen und Winkeln hilft immens):

$$\text{Randbreite} = \frac{2}{|\theta|} \tag{19}$$

Also entspricht das Maximieren der Randbreite dem Finden von θ und θ_0 zur Minimierung von $|\theta|$ oder auch

$$\min_{\theta, \theta_0} \frac{1}{2} |\theta|^2.$$

Natürlich unter Berücksichtigung der Bedingung (18) für alle n.

Haben wir θ und θ_0 gefunden und wollen einen neuen Datenpunkt $\mathbf{u}$ klassifizieren, dann füllen wir alles in

$$\theta^\mathsf{T} \mathbf{u} + \theta_0. \tag{20}$$

Abhängig davon, ob das Resultat positiv oder negativ ist, erhalten wir eine Raute oder einen Kreis. Das bezeichnet man auch als primäres (Optimierungs-)Problem dieses Klassifikators.

Wir machen nun eine kleine Pause von der Mathematik und implementieren ein einfaches Beispiel in Excel.

7.3   Beispiel: Iris (Schwertlilie)

Wir haben es in diesem Beispiel mit einem sehr populären Datensatz zu tun, der in der Welt des maschinellen Lernens häufig zur Illustration eingesetzt wird. Es handelt sich um einen Datensatz mit Maßen zu unterschiedlichen Schwertlilienarten.

Der Datensatz ist hier zu finden: *https://www.kaggle.com/uciml/iris*. Ich verwende normalerweise nicht gern Daten, die alle anderen auch verwenden. Wenn jeder seinen Algorithmus daran perfektionieren will, birgt das gewisse offensichtlichen Gefahren.

Der Datensatz enthält drei Schwertlilienarten: Iris Setosa, Iris Versicolor und Iris Virginica. Und es gibt pro Art 50 Datenpunkte, mit Merkmalen für Kelchblattlänge und -breite (sepal length/width) sowie Blütenblattlänge und -breite (petal length/width). (Meine Tochter half meiner Erinnerung auf die Sprünge, was ein Kelchblatt ist.) Wir bleiben bei den englischen Bezeichnungen der Merkmale, da auch die CSV-Datei mit diesen versehen ist. Die ersten Zeilen der CSV-Datei sehen demnach so aus:

```
SepalLength,SepalWidth,PetalLength,PetalWidth,Name
5.1,3.5,1.4,0.2,Iris-setosa
4.9,3,1.4,0.2,Iris-setosa
4.7,3.2,1.3,0.2,Iris-setosa
4.6,3.1,1.5,0.2,Iris-setosa
5,3.6,1.4,0.2,Iris-setosa
```

In Abbildung 7.3 sehen Sie die jeweils 50 Datenpunkte der Irisarten, allerdings nur die Kelchblattbreite (*sepal width*) gegenüber der Blütenblattlänge (*petal length*). (In vier Dimensionen zu zeichnen ist nämlich unheimlich schwer!)

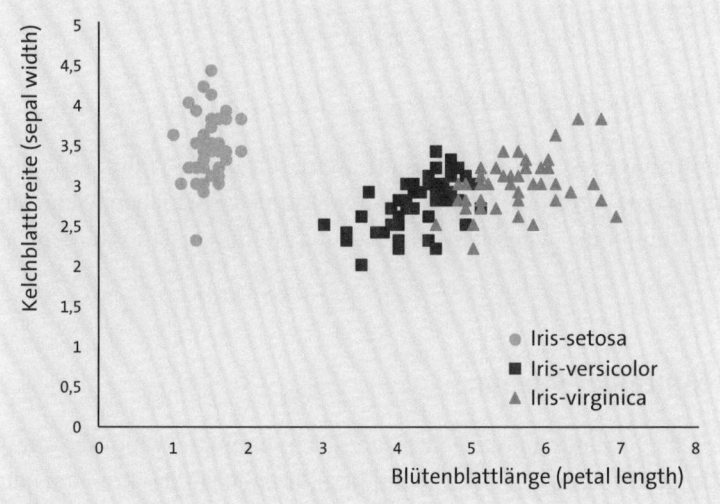

Abbildung 7.3 Kelchblattbreite (sepal width) versus Blütenblattlänge (petal length)

Die Resultate sind in Abbildung 7.4 dargestellt. Zugegeben, nicht gerade die größte Herausforderung.

Die Hyperebene, die ich für dieses zweidimensionale Zweiklassenproblem gefunden habe, ist

$$0{,}686 \times \text{sepal width} - 1{,}257 \times \text{petal length} + 1{,}057 = 0.$$

Die beiden Ränder finden Sie mit der gleichen Gleichung durch Einsetzen von –1 oder +1 auf der rechten Seite.

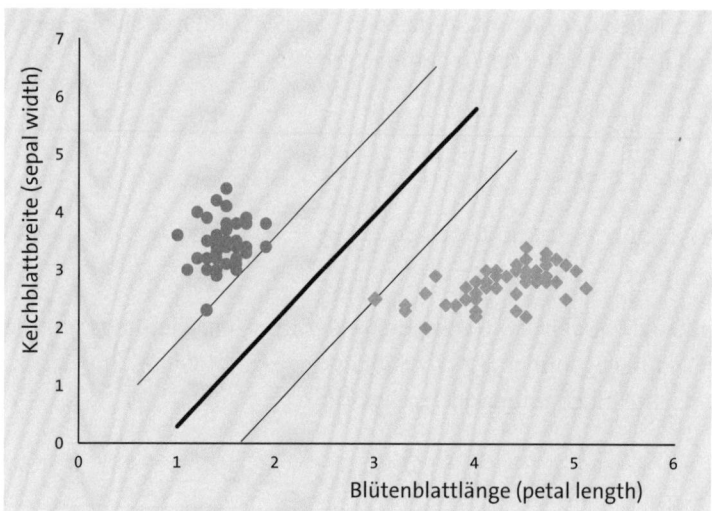

Abbildung 7.4 Datenpunkte, Hyperebene und Ränder

Als kleines Experiment sehen wir mal, was passiert, wenn wir einen Trainingsdatenpunkt, eine Iris Setosa, in den Bereich der Iris-Versicolor-Gruppe verschieben. Wenn Sie nun versuchen, für die trennende Hyperebene eine Lösung zu finden, dann werden Sie kein Glück haben.

7.4 Lagrange-Multiplier-Version

Von Excel wieder zurück zur Mathematik. Da wir hier ja ein bedingtes Optimierungsproblem haben (mit Ungleichungen als Nebenbedingung), können wir das Problem neu mit Lagrange-Multiplikatoren (die αs ≥ 0 unten) mit der Aufgabe, die kritischen Punkte zu finden, definieren:

$$L = \frac{1}{2}|\theta|^2 - \sum_{n=1}^{N} \alpha_n \left(y^{(n)} \left(\theta^\mathsf{T} \mathbf{x}^{(n)} + \theta_0 \right) - 1 \right) \tag{21}$$

Wir differenzieren nach dem Skalar θ_0 und dem Vektor θ, um die kritischen Punkte zu finden. Einen Vektor zu differenzieren, bedeutet einfach nur, jeden einzelnen Eintrag zu differenzieren, und das Resultat entspricht durchaus der allgemeinen Erwartung. Setzen Sie diese Ableitungen gleich null, erhalten Sie am Ende

$$\sum_{n=1}^{N} \alpha_n y^{(n)} = 0 \tag{22}$$

und
$$\theta - \sum_{n=1}^{N} \alpha_n y^{(n)} \mathbf{x}^{(n)} = 0.$$

Die zweite Gleichung gibt uns θ (wenn auch in Bezug auf die αs)

$$\theta = \sum_{n=1}^{N} \alpha_n y^{(n)} \mathbf{x}^{(n)}, \qquad (23)$$

was bedeutet, dass unser zur Hyperebene orthogonaler Vektor eine Linearkombination einiger unserer Datenpunkte ist.

Substituieren wir in der Gleichung (21) die Gleichung (23) und verwenden die Ergebnisse von (22), dann erhalten wir die Gleichung

$$L = \sum_{n=1}^{N} \alpha_n - \frac{1}{2} \sum_{i=1}^{N} \sum_{j=1}^{N} \alpha_i \alpha_j y^{(i)} y^{(j)} \mathbf{x}^{(i)^T} \mathbf{x}^{(j)}. \qquad (24)$$

Wir möchten L über die αs maximieren, die alle größer oder gleich 0 sein sollen, gemäß (22). Das bezeichnet man auch als das *duale Problem*.

Haben wir mal die αs gefunden, dann ist die duale Version des Klassifikators für einen neuen Datenpunkt $\mathbf{u}$ ganz einfach

$$\sum_{n=1}^{N} \alpha_n y^{(n)} \mathbf{x}^{(n)^\top} \mathbf{u} + \theta_0,$$

egal, ob größer oder kleiner null.

Die Maximierung von L führt dazu, dass fast alle α_n gleich null sind. Diejenigen α_n, die ungleich null sind, gehören zu den Support-Vektoren, also zu den Datenpunkten, die die Ränder bestimmen.

Ist das Problem nicht linear separierbar, dann werden wir mit der Lagrange-Formulierung Schiffbruch erleiden. Ist das der Fall, dann liefert das duale Problem zwar die α_n, aber eine Überprüfung der Trainingsdaten würde zeigen, dass nicht alle richtig klassifiziert werden.

Anders ausgedrückt: Das duale Problem liefert eine Lösung zu einem Problem, das keine Lösung hat.

Das Endergebnis besteht ganz simpel aus einer kleinen Menge an Datenpunkten, die die Trenngerade definieren. Die Klassifikation neuer Daten geht daher schnell und einfach vonstatten.

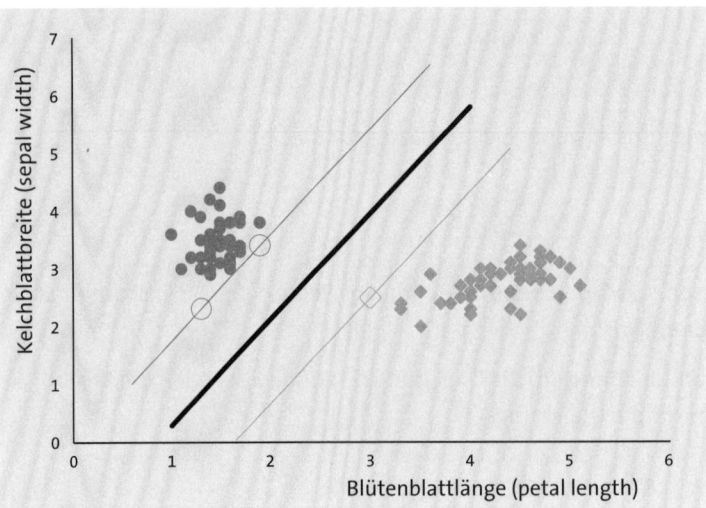

Abbildung 7.5 Support-Vektoren und Ränder.

7.5 Weiche Ränder

Kann man die Datengruppen klar trennen, dann arbeitet SVM hervorragend.

Was aber tun, wenn unsere Daten nicht linear separierbar sind? Ich werde nun zwei mögliche Auswege aus diesem Dilemma beschreiben. (In der Praxis werden beide Methoden simultan angewandt.)

Eine Möglichkeit ist, die beste Trennlinie zu finden und zu akzeptieren, dass manche Punkte am falschen Platz zu finden sind. Es dreht sich aber immer noch alles um die Minimierung einer Verlustfunktion.

Die zweite Möglichkeit besteht in der Transformation des Ursprungsproblems in eine höhere Dimension, in der Hoffnung, dass unsere Daten sodann linear separierbar werden. Aber nun zum ersten Ausweg.

Führen wir zunächst folgende Funktion ein:

$$J = \frac{1}{N} \sum_{n=1}^{N} \max\left(1 - y^{(n)} \left(\theta^\mathsf{T} \mathbf{x}^{(n)} + \theta_0\right), 0\right) + \lambda |\theta|^2 \qquad (25)$$

Diese wollen wir durch die richtige Wahl von θ und θ_0 minimieren. Kommentare:

- Das sieht Gleichung (21) ziemlich ähnlich, allerdings ohne unterschiedliche αs, mit einer Maximumfunktion und einem Vorzeichenwechsel.

- Der Parameter λ entspricht einer Gewichtung zwischen der Randgröße und der Feststellung, ob die Daten auf der richtigen Seite liegen oder nicht, und wird auch als *Schlupfvariable* bezeichnet.
- In der Sprache der Optimierung entspricht der erste Term der Verlustfunktion, und der zweite ist der *Regularisierungsterm*.
- Die Maximumfunktion im ersten Term dient dazu, die Distanz eines Punktes vom Rand zu bewerten. Liegt der Punkt im richtigen Bereich, wird dieser Term ignoriert, wenn nicht, wird das in Relation zur Distanz zum richtigen Rand entsprechend bestraft.

Zeichnet man diese Maximumfunktion in ein Diagramm, dann soll das wie ein Scharnier in der Seitenansicht aussehen, deshalb bezeichnet man diese im englischen Sprachraum oft als *Hinge Loss* (Scharnierfunktion).

Gradientenabstieg

Da diese Funktion in Bezug auf die θs konvex ist, können wir die Gradientenabstiegsmethode zum Finden des Minimums anwenden.

Mit dem stochastischen Gradientenabstieg können wir ein beliebiges n wählen und nach folgender Regel aktualisieren:

$$\text{Neu } \theta_0 = \text{Alt } \theta_0 - \beta \begin{cases} -y^{(n)} & \text{wenn } 1 - y^{(n)}\left(\theta^\mathsf{T}\mathbf{x}^{(n)} + \theta_0\right) > 0 \\ 0 & \text{sonst} \end{cases}$$

und

$$\text{New } \theta = \text{Alt } \theta - \beta \begin{cases} 2\lambda\theta - \frac{1}{N}y^{(n)}\mathbf{x}^{(n)} & \text{wenn } 1 - y^{(n)}\left(\theta^\mathsf{T}\mathbf{x}^{(n)} + \theta_0\right) > 0 \\ 2\lambda\theta & \text{sonst} \end{cases}$$

Technisch gesehen ist das kein ganz richtiger Gradientenabstieg, da die Ableitungen in der Verlustfunktion nicht definiert sind.

In Abbildung 7.6 komme ich noch mal auf die Irisdaten zurück und habe einen der Iris-Setosa-Datenpunkte als Iris Versicolor gekennzeichnet. Die resultierenden Ränder sind weiter voneinander entfernt und weicher, da manche Daten innerhalb der Trennfläche liegen.

Man kann die Methode mit den weichen Rändern auch für linear separierbare Daten einsetzen, wobei die Trennfläche breiter wird und einige Punkte innerhalb der Ränder liegen.

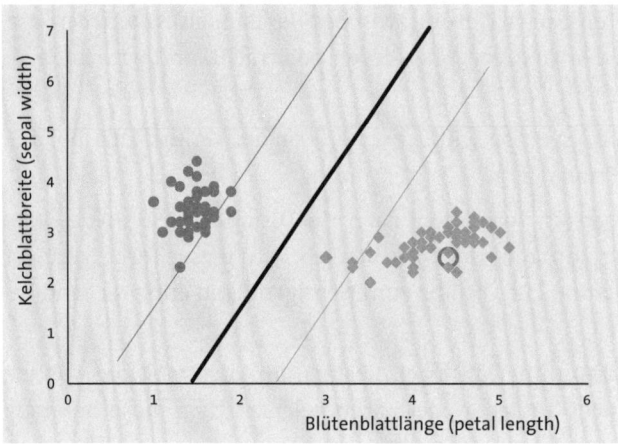

Abbildung 7.6 Weiche Ränder

7.6 Kernel-Trick

Dann gibt es noch den Fall, dass wir Daten haben, die zwar nicht linear separierbar sind, aber doch schön getrennt werden können – nur eben nicht durch eine Hyperebene. Ein einfaches Beispiel dafür finden Sie in Abbildung 7.7.

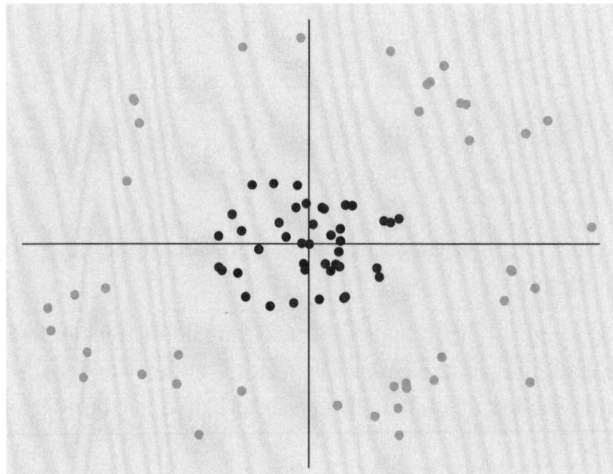

Abbildung 7.7 Zwei klar trennbare Gruppen, und doch nicht linear separierbar

Aber es gibt noch eine andere Möglichkeit, nämlich die Transformation in höhere Dimensionen.

Für die Daten in Abbildung 7.7 könnten wir mit folgender Transformation

$$(x_1, x_2) \rightarrow (x_1, x_2, x_1^2 + x_2^2)$$

in drei Dimensionen wechseln. Der Effekt wäre, dass die äußere Gruppe höher läge als die Daten der inneren Gruppe in dieser neu eingeführten dritten Dimension. Dadurch könnte man die Daten wieder schön linear trennen.

Allerdings wächst mit den höheren Dimensionen auch der zeitliche Trainingsaufwand. Gibt es eine Möglichkeit, den Vorteil der höheren Dimensionen zu nutzen, ohne den zeitlichen Trainingsaufwand zu stark wachsen zu lassen? Jawohl, das geht. Das ergibt sich aus den zwei folgenden Beobachtungen.

Erste Beobachtung: Dank der dualen Formulierung des Problems in (24) sehen wir, dass das Finden der α-Werte nur vom Produkt $\mathbf{x}^{(i)^T} \mathbf{x}^{(j)}$ abhängt.

Zweite Beobachtung: Wenn wir (23) in (20) einsetzen, erkennen wir, dass die Klassifikation neuer Daten allein vom Produkt $\mathbf{x}^{(i)^T} \mathbf{u}$ abhängig ist.

An diesem Produkt muss etwas Besonderes dran sein.

Wenn wir $\phi(\mathbf{x})$ verwenden, um die Transformation (in höhere Dimensionen) zu bezeichnen, dann zeigen uns die zwei Beobachtungen alles, was wir fürs Training und Klassifizieren im höher dimensionalen Raum zu wissen brauchen, nämlich

$$\phi(\mathbf{x}^{(i)})^T \phi(\mathbf{x}^{(j)})$$

und

$$\phi(\mathbf{x}^{(i)})^T \phi(\mathbf{u})$$

für unsere transformierten Daten.

Wir müssen also nicht die exakten transformierten Datenpunkte kennen, sondern viel weniger: das Vektorprodukt. Das führt uns zu einer Idee, die unsere Beobachtungen für nicht unmittelbar linear separierbare Aufgaben ideal ausnutzt. Diese Idee ist deshalb so elegant und mächtig, weil wir in sehr hohe, wenn nicht sogar in unendlich dimensionale Räume vordringen können, ohne die numerische Komplexität oder den zeitlichen Berechnungsaufwand sehr zu erhöhen.

Die Funktion $\phi(\mathbf{x})$ wird als Kernelfunktion bezeichnet. Das Clevere daran ist, dass man gar nicht so genau wissen muss, was diese Kernelfunktion ist, um sie vorteilhaft einzusetzen!

Der Trick im Kernel-Trick besteht darin, die Daten im M-dimensionalen Raum in einen höher dimensionalen Raum zu transformieren, wo sie wieder linear separierbar werden.

Aber sehen wir uns das am besten an einem Beispiel an. Nehmen wir ein Beispiel für $\phi(\mathbf{x})$, das einen zweidimensionalen Vektor $(x_1, x_2)^\mathsf{T}$ in einen sechsdimensionalen Vektor transformiert,

$$(b, \sqrt{2ab}\ x_1, \sqrt{2ab}\ x_2, ax_1^2, ax_2^2, \sqrt{2}\ ax_1x_2)^\mathsf{T},$$

wobei a und b konstante Parameter sind. (Diese Transformation ist natürlich keine zufällig gewählte, wie Sie gleich sehen werden.)

Also

$$\phi(\mathbf{x})^\mathsf{T}\phi(\mathbf{x}') =$$
$$b^2 + 2ab\ x_1 x_1' + 2ab\ x_2 x_2' + a^2\ x_1^2 x_1'^2 + a^2\ x_2^2 x_2'^2 + 2a^2 x_1 x_2 x_1' x_2'.$$

Das können wir umformen zu

$$\left(ax_1 x_1' + ax_2 x_2' + b\right)^2 = \left(a\mathbf{x}^\mathsf{T}\mathbf{x}' + b\right)^2. \tag{26}$$

Nicht beeindruckt? Dann habe ich bei der Erklärung versagt! Der springende Punkt ist, dass wir von zwei auf fünf Dimensionen gewechselt haben – die Konstante an der ersten Position zählt nicht wirklich als eine Dimension –, wodurch wir uns alle Optionen eröffnet haben, linear separierbare Regionen zu finden. Aber wir *müssen nichts über die Details der Transformation* $\phi(\mathbf{x})$ *wissen*. Das Produkt der neuen Variablen muss eine Funktion des Produkts der originalen Variablen sein, das ist alles. Diese Funktion ist (26).

Alles, was jetzt noch für SVM im höher dimensionalen Raum bleibt, ist der Ersatz aller Instanzen von

$$\mathbf{x}^\mathsf{T}\mathbf{x}'$$

mit der Kernelfunktion

$$K(\mathbf{x}, \mathbf{x}') = \left(a\mathbf{x}^\mathsf{T}\mathbf{x}' + b\right)^2.$$

Rechnerisch gibt es einen kleinen Zusatzaufwand von einer Addition und einer Potenz.

Selbstverständlich ist das nicht der einzige Kernel, mit dem dieser Trick funktioniert. Hier noch ein paar weitere:

$$K(\mathbf{x}, \mathbf{x}') = \left(a\mathbf{x}^\mathsf{T}\mathbf{x}' + b\right)^p, \text{ polynomialer Kernel,}$$

$$K(\mathbf{x}, \mathbf{x}') = \exp\left(-\frac{|\mathbf{x}-\mathbf{x}'|^2}{2\sigma^2}\right), \text{ Gauß'scher oder radialer Basiskernel,}$$

$$K(\mathbf{x}, \mathbf{x}') = \exp\left(-\frac{|\mathbf{x}-\mathbf{x}'|}{2\sigma}\right), \text{ exponentieller Kernel}$$

usw. Eine Nachfrage bei Dr. Google mit dem Suchterm »SVM + kernel + polynomial + gaussian + ›Inverse Multiquadric Kernel‹« ergibt eine ziemlich lange Liste.

Nach dem Einfügen der Kernelfunktion in (24) wird die zu maximierende Größe zu

$$L = \sum_{n=1}^{N} \alpha_n - \frac{1}{2} \sum_{i=1}^{N} \sum_{j=1}^{N} \alpha_i \alpha_j y^{(i)} y^{(j)} K\left(\mathbf{x}^{(i)}, \mathbf{x}^{(j)}\right). \tag{27}$$

Als aufmerksamer Leser betrachten Sie die oben erwähnten Kernelfunktionen und stellen vielleicht fest: »Ich sehe das Produkt beim polynomialen Kernel, sehe es aber nicht beim Gauß'schen Kernel.« Nun ja, es ist schon drin, aber es bedarf etwas mathematischer Arbeit, um es zu sehen.

Zunächst einmal, was meinen wir hier genau mit dem Produkt zweier Vektoren? Schreiben wir $\phi(\mathbf{x})$ detaillierter auf:

$$\phi(\mathbf{x}) = (\phi_1(x_1, \ldots, x_n), \phi_2(x_1, \ldots, x_n), \ldots, \phi_m(x_1, \ldots, x_n)).$$

Wir sind damit von n auf $m > n$ Dimensionen übergegangen. Das Produkt, das uns interessiert, ist

$$\sum_{i=1}^{m} \phi_i(x_1, \ldots, x_n) \phi_i(x'_1, \ldots, x'_n).$$

Der Schlüssel ist hierbei, dass die Summe aus Produkten der *gleichen* Funktion der initialen Koordinaten $(x_1, \ldots, x_n)$ und $(x'_1, \ldots, x'_n)$ besteht. Wir möchten den Gauß'schen Kernel in dieser Form anschreiben. Also

$$\exp\left(-\frac{|\mathbf{x} - \mathbf{x}'|^2}{2\sigma^2}\right) = \exp\left(-\frac{\mathbf{x}^\mathsf{T}\mathbf{x} - 2\mathbf{x}^\mathsf{T}\mathbf{x}' + \mathbf{x}'^\mathsf{T}\mathbf{x}'}{2\sigma^2}\right)$$

$$= \exp\left(-\frac{\mathbf{x}^\mathsf{T}\mathbf{x}}{2\sigma^2}\right) \exp\left(\frac{\mathbf{x}^\mathsf{T}\mathbf{x}'}{\sigma^2}\right) \exp\left(-\frac{\mathbf{x}'^\mathsf{T}\mathbf{x}'}{2\sigma^2}\right).$$

Der erste und der letzte Term entsprechen bereits der erwarteten Form, der Mittelteil allerdings noch nicht. Das bekommen wir durch eine Erweiterung als Taylor-Reihe leicht in den Griff. Der mittlere Term wird dann zu

$$\sum_{i=0}^{\infty} \frac{1}{i!} \left(\frac{\mathbf{x}^\mathsf{T}\mathbf{x}'}{\sigma^2}\right)^i.$$

Und fertig, da jeder der Terme nun ein polynomialer Kernel ist. Der Gauß'sche Kernel hat also in der Tat die erforderliche Produktform, wenn auch als unendliche Summe und daher in unendlicher Dimension.

Beachten Sie, dass manche Kernel von einem endlich dimensionalen Raum in einen anderen höher, aber endlich dimensionalen Raum überführt werden. Das gilt für den polynomialen Kernel, andere führen in einen unendlich dimensionalen Raum.

Zurück zum Irisproblem, bei dem wir einen Iris-Setosa-Datenpunkt zu illustrativen Zwecken in einen Iris-Versicolor-Datenpunkt umgekennzeichnet haben. Die Verwendung eines Kernels kann daraus wieder ein separierbares Problem machen. Allerdings wird die Regionsabgrenzung unweigerlich sehr komplex. Das würde dazu führen, dass die Klassifikation neuer Datenpunkte nicht sehr robust ist. In diesem Fall ist es sicherlich besser, diesen Datenpunkt als Ausreißer zu betrachten und ihn aus dem Datensatz zu löschen. Haben Sie also Daten, die nur aufgrund von ein paar wenigen Daten nicht linear separierbar sind, dann verwenden Sie weiche Ränder. Ist das Ursprungsproblem überhaupt nicht liniear separierbar, dann verwenden Sie den Kernel-Trick.

7.7 Weiterführende Literatur

Man findet häufig sehr günstige, oft im Eigenverlag erschienene Monografien zu maschinellem Lernen, manchmal auch in Form einer studentischen Abschlussarbeit. Traurigerweise gehört SVM nicht unbedingt dazu, und gute Lektüre ist teuer. Sollten Sie aus einer Menge von Büchern wählen müssen, dann empfehle ich *Learning with Kernels: Support Vector Machines, Regularization, Optimization, and Beyond* von Bernhard Schölkopf und Francis Bach, veröffentlicht von MIT Press. Es gehört allerdings zu den fortgeschrittenen Büchern.

Und, natürlich, ein Standardwerk: *The Nature of Statistical Learning Theory* von einem der Begründer der SVM-Methode, Vladimir Vapnik.

Kapitel 8
Selbstorganisierende Karten

Selbstorganisierende Karten gehören zu den Methoden des unüberwachten Lernens. Wir starten mit Merkmalsvektoren all unserer Datenpunkte. Diese werden dann nach Ähnlichkeit gruppiert. Danach werden die Datenpunkte auf ein zweidimensionales Raster bzw. Gitter abgebildet, wodurch wir Daten mit ähnlicher Charakteristik schön visualisieren können.

8.1 Wofür können wir sie verwenden?

Selbstorganisierende Karten werden verwendet, um ähnliche Datenpunkte basierend auf deren numerischen Merkmalen zu gruppieren, sowie zur Visualisierung des Resultats. Beispiele:

▶ Personen anhand des Inhalts ihrer Einkaufskörbe gruppieren

▶ Länder anhand ihrer demografischen und ökonomischen Statistik gruppieren

Eine *selbstorganisierende Karte* (die naheliegende Abkürzung wäre SOK, das klingt allerdings nicht so gut wie die in der Literatur übliche Abkürzung SOM für *self-organizing map*) ist eine einfache unüberwachte Methode, die zum einen Beziehungen zwischen individuellen Datenpunkten, zum anderen eine schöne Visualisierung als Resultat liefert. Manche Leute zählen Sie zur Klasse der neuronalen Netzwerke.

Abbildung 8.1 Anordnung von Zellen

Das Endresultat liegt typischerweise in Form eines zweidimensionalen Bildes vor, bestehend aus einer quadratischen Anordnung von Zellen wie in Abbildung 8.1.

Jede Zelle steht für einen Vektor, und die individuellen Datenpunkte werden in eine der Zellen platziert. Die Zellen entsprechen einer Gruppe, und je näher sich zwei oder mehr Zellen sind, desto mehr stehen sie in Beziehung zueinander.

8.2 Die Methode

Die Daten

Jedes zu analysierende und zu gruppierende Element wird durch einen Vektor numerischer Daten, $\mathbf{x}^{(n)}$, mit Dimension M repräsentiert. Wie üblich haben wir N dieser Elemente, also $n = 1$ bis N. Wie so oft messen und vergleichen wir Distanzen. Also müssen wir darauf achten, dass sich die Merkmale aller Elemente in ähnlicher Größenordnung bewegen. Wie bisher braucht es eine Translation und Skalierung, basierend auf Mittelwert und Standardabweichung oder Minimum und Maximum aller Merkmale.

Jede Gruppe bzw. jede Zelle bzw. jeder Knoten wird durch einen Vektor $\mathbf{v}^{(k)}$ repräsentiert mit Dimension M. Wir haben K solcher Gruppen. Für Visualisierungszwecke bietet es sich an, dass K eine Quadratzahl ist, wie 25, 64 oder 100. Die $\mathbf{v}$ werden oft als *Gewichte* bezeichnet. Aber wir wagen uns bereits zu weit vor. Bevor wir über zweidimensionale Raster und Visualisierung sprechen, sollten wir uns zunächst darum kümmern, wie wir diese Gruppen bestimmen, in die wir unseren Datenpunkt n geben. Wir haben unseren Vektor $\mathbf{x}^{(n)}$, und wir müssen entscheiden, ob er in Gruppe A, B, C, D, ... gehört, wie in Abbildung 8.2 zu sehen.

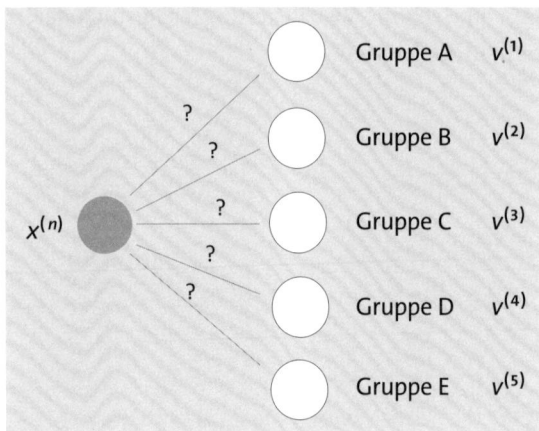

Abbildung 8.2 In welche Gruppe gehört Datenpunkt n?

8.2 Die Methode

Wir wissen, dass alle $\mathbf{x}^{(n)}$ und $\mathbf{v}$ Vektoren mit M Einträgen sind. Wir messen also alle Distanzen zwischen Element n und jedem der K Zellvektoren $\mathbf{v}$:

$$|\mathbf{x}^{(n)} - \mathbf{v}^{(k)}| = \sqrt{\sum_{m=1}^{M} \left(x_m^{(n)} - v_m^{(k)}\right)^2}$$

Jenes k mit kürzester Distanz

$$\underset{k}{\operatorname{argmin}} |\mathbf{x}^{(n)} - \mathbf{v}^{(k)}|$$

nennen wir *beste passende Zelle (BPZ)* für den Datenpunkt n.

Aber wie kommen wir zu den v?

Die BPZ zu finden ist einfach. Aber nur, wenn wir davon ausgehen, die $\mathbf{v}$ bereits zu kennen.

Wir könnten sie natürlich in mühevoller Handarbeit spezifizieren: Klassifiziere zum Beispiel Hunde anhand verschiedener Merkmale. Aber besser lassen wir das System sie selbst finden.

Wir starten, indem wir unsere Vektoren $\mathbf{v}$ in einem quadratischen Raster verteilen, siehe Abbildung 8.3. Wenn es jedoch keine Beziehung zwischen den Zellen gibt, dann hat diese Verteilung keine Bedeutung. Dazu gleich mehr.

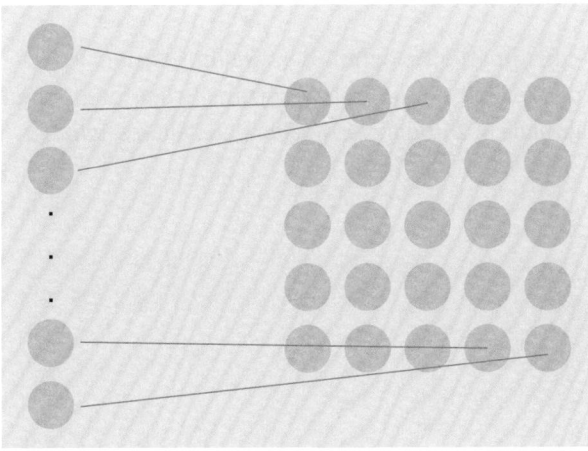

Abbildung 8.3 Verteilung der Vektoren in einem Raster

Jetzt fügen wir alles zusammen – via Lernen.

8.3 Der Lernalgorithmus

Schritt für Schritt: Der Algorithmus zu selbstorganisierenden Karten

0 *Wähle die initialen Gewichte*

Wir müssen mit irgendwelchen initialen **v** starten, die sich im Lernprozess laufend ändern. Wie immer gibt es mehrere Wege, diese auszuwählen. Wähle zufällige K der N Elemente, oder wähle beliebige Vektoren, jedoch in der passenden Größenordnung.

1 *Wähle zufällig einen der N Datenpunkte* **x**

Wählen wir $n = n_t$ und finden das passende BPZ.

Wir wählen zufällig Elemente aus den **x**-Vektoren, während wir durch den Lernprozess schreiten. Mit dem Index t kontrollieren wir die Anzahl der Iterationen. Index t startet bei 1, beim nächsten Mal wird er auf 2 erhöht usw.

2 *Stelle die Gewichte ein*

Modifiziere alle Gewichte $\mathbf{v}^{(k)}$ für $k = 1$ bis K, um uns in die Richtung von $\mathbf{x}^{(n_t)}$ zu bewegen. Je näher die Zelle der gerade gefundenen BPZ liegt, desto stärker wird das Gewicht verändert. Da wird es dann interessant. Aber sehen wir uns die mathematischen Details an.

Was meinen wir mit »näher«? Hier kommt die Topografie des zwei-dimensionalen Rasters ins Spiel, und die Verteilung der Zellen bekommt plötzlich eine Bedeutung. Sehen Sie sich Abbildung 8.4 an, die die aktuelle BPZ und ihre umgebenden Zellen zeigt.

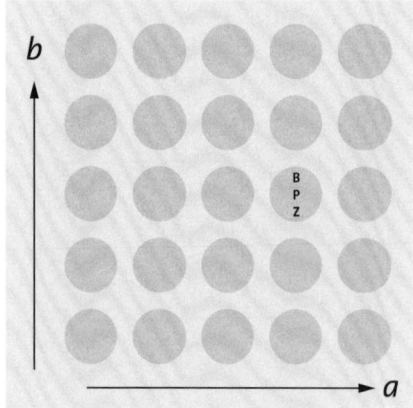

Abbildung 8.4 Die BPZ und ihre Nachbarzellen

Wir messen nun die Distanz zwischen den BPZ und den anderen Knoten entsprechend der Distanz

$$D = \sqrt{(a - a_{\text{BPZ}})^2 - (b - b_{\text{BPZ}})^2}. \tag{28}$$

Diese Distanz ist ausschlaggebend dafür, wie weit wir jedes $\mathbf{v}^{(k)}$ in Richtung des zufällig gewählten Elements $\mathbf{x}^{(n_t)}$ bewegen. Die as und bs sind ganze Zahlen, die die Position jedes Knotens im Raster repräsentieren. Beachten Sie, dass das nicht der gemessenen Distanz entspricht, die wir für den Vergleich von Vektoren verwendet hatten. Das ist die Distanz zwischen den Zellen, die wir auf eine Seite zeichnen, und hat nichts mit den Zellvektoren zu tun. Hier nun die Aktualisierungsregel:

$$\mathbf{v}^{(k)} \leftarrow \mathbf{v}^{(k)} + \beta \left(\mathbf{x}^{(n_t)} - \mathbf{v}^{(k)} \right) \quad \text{für alle} \quad 1 \leq k \leq K.$$

Hier ist β die Lernrate. Die Lernrate ist eine Funktion der Distanz D in (28) und der Anzahl der bisherigen Iterationen t. Ich muss an dieser Stelle zugeben, dass mich der nächste Teil etwas enttäuscht. Der Grund ist, dass man hier etwas willkürlich handelt, wie so oft in der numerischen Analysis. So können wir für die Funktion $\beta(D, t)$ folgendes Aussehen bestimmen:

$$\beta(D, t) = \eta(t) \exp\left(-\frac{D^2}{2\sigma(t)^2} \right),$$

wobei

$$\eta(t) = \eta_0 \exp\left(-\frac{t}{\tau_\eta} \right)$$

und

$$\sigma(t) = \sigma_0 \exp\left(-\frac{t}{\tau_\sigma} \right).$$

Das kann man folgendermaßen interpretieren:

- Die Gewichtsanpassung sinkt mit der Zeit (bzw. mit den Iterationen).
- Die Gewichtsanpassung sinkt mit der Distanz von der BPZ in dieser Iteration.
- Der effektive Bereich, in dem sich ein Gewicht bewegen kann, sinkt mit den Iterationen.

Sehen Sie, was ich mit »etwas willkürlich« meine? Wenn die Gewichte einen Mittelwert von 0 haben bei einem Bereich von 1, dann könnte ein passendes η_0 bei ca. 0,2 liegen und σ_0 etwa bei $\frac{1}{2}\sqrt{K}$. Es gibt typischerweise zwei Phasen im Lernprozess: Die erste ist ein topologischer Ordnungsprozess, in dem sich benachbarte Zellen ändern, um ähnliche Gewichte zu erreichen, in der zweiten wird eine Konvergenz erreicht.

3 *Wiederhole*

Zurück zu Schritt 1 und wiederhole, bis eine Konvergenz erreicht ist. ∎

8.4 Beispiel: Gruppierung von Aktien

Angenommen, wir möchten Aktien aus dem Index S&P 500 gruppieren. Sie könnten Folgendes versuchen:

1. Gruppierung nach Sektor, Marktkapitalisierung, Gewinn, Geschlecht des CEO, ...
2. Messung der erwarteten Erträge, Volatilitäten und Korrelationen
3. Hauptkomponentenanalyse des Gewinns

Aber das macht ja jeder. Das Zweite ist die (zumindest in den Lehrbüchern) sehr populäre *moderne Portfoliotheorie* (*MPT*).

MPT ist eine clevere Methode, um über den Kauf oder Verkauf von Aktien zu entscheiden, für die es einen Nobelpreis gegeben hat. Er basiert auf drei Arten statistischer Information: erwartete Aktienrendite, Aktienvolatilität und die Korrelationen aller Aktienrenditen. Die Methode zielt darauf ab, unter möglichst konstanter Volatilität bzw. möglichst konstantem Risiko den erwarteten Portfoliogewinn zu maximieren.

Um das zu erreichen, werden die Korrelationen zwischen Aktien hinzugezogen. Haben zwei Aktien eine positive erwartete Wachstumsrate, aber ihre Gewinne korrelieren nicht, dann ist es besser, Geld in ein Portfolio mit beiden Aktien zu stecken statt nur in eine der beiden Aktien. Das gilt für beliebig große Portfolios. Das Problem dieser durchaus eleganten Theorie liegt darin, dass sich die Parameter in der Praxis als sehr instabil erweisen, besonders die Korrelationen.

Ist SOM nun vielleicht eine stabilere Methode? Als im Allgemeinen nicht lineare Methode könnte sie ja Dinge/Muster erfassen, die MPT nicht erkennt.

Ich habe die Frage zwar aufgeworfen, werde sie aber nicht vollständig beantworten. Ich verwende SOM für Aktiengewinndaten, halte mich zur Portfolioauswahl aber eher kurz angebunden. Das gehört eher in eine finanzwissenschaftliche Arbeit als zu einem Beispiel für maschinelles Lernen. Was ich nun vorhabe, ist ein recht unübliches Beispiel für selbstorganisierende Karten. Normalerweise nutzt man sehr unterschiedliche Merkmale für Aktien (wie bei den unterschiedlichen Straftaten der Distrikte bei K-Means).

Das könnten zum Beispiel Daten zu Sektor, Marktkapitalisierung, Gewinne, Geschlecht des CEO etc. sein. Aber ich möchte die Sache näher an der MPT der klassischen quantitativen Finanzwissenschaften halten. Aus diesem Grund habe ich entschieden, jährliche Aktienkursrenditen als Merkmal zu verwenden. Für jede Aktie habe ich sodann fünf Merkmale, nämlich die letzten fünf jährlichen Aktienkursrenditen. Jährliche Daten habe ich gewählt, da sie zum Zeithorizont von Portfolioselektionen passen. Portfolios werden meist nicht auf Tagesbasis verändert.

Ich verwende die jährlichen Gewinne für alle 476 Werte des S&P-Index. (»Warum nicht 500?« fragen Sie? Weil manche Aktien den Index verlassen haben und andere in dieser Periode dazugekommen sind. Da einige Aktien den Index verlassen haben, findet sich in meinen Resultaten sicherlich eine Art Überlebens-Bias. Wenn Sie sich an statistischen Verzerrungen stören, dann wird der Wähle-spannende-Beispiele-Bias eine wesentlich größere Rolle spielen, und zwar im ganzen Buch.)

Die Gewinne sind die $\mathbf{x}^{(n)}$s. Die Merkmale der Aktien sind die Gewinne, und somit ist der m^{te} Eintrag in jedem $\mathbf{x}^{(n)}$ der Gewinn über das m^{te} Jahr. Für K wähle ich eine Quadratzahl, 25.

Anmerkung zur Skalierung

Da die gewählten Merkmale alle sehr ähnlich sind, einfach jährliche Aktiengewinne, ergibt eine Skalierung nicht allzuviel Sinn. Ich belasse daher die Daten in ihrer Originalform.

Sehen wir uns an, was uns unser Algorithmus liefert. In Abbildung 8.5 sehen Sie, wie viele der 476 Aktien in jedem Knoten erscheinen, mit dem entsprechenden Konturplot in Abbildung 8.6. Manche der Knoten sind »begehrter« als andere.

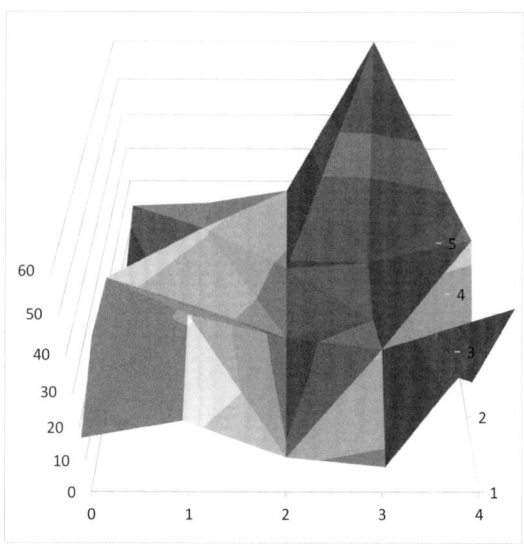

Abbildung 8.5 Anzahl Aktien pro Knoten

In diesen Knoten befinden sich größere Mengen an Aktien, die sich über die Jahre sehr synchron verhalten.

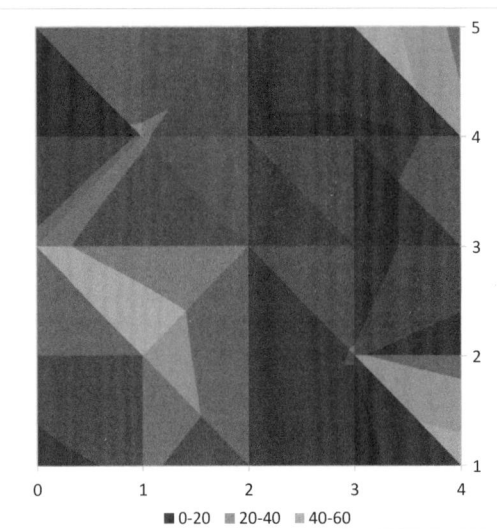

Abbildung 8.6 Anzahl Aktien pro Knoten, Konturplot

Knoten Nummer 20 ist offenbar der begehrteste Knoten, er enthält die meisten Aktien, wie in Tabelle 8.1 aufgelistet.

ADM	AXP	COP	FLS	HP	LUK	NRG	PXD	WDC
ADS	BAX	DISH	FMC	HST	MOS	NSC	QCOM	WMB
AKAM	BEN	DVN	FTI	IP	MRO	NTAP	RRC	WYNN
AMG	BWA	EBAY	GRMN	KMI	MU	OKE	STX	XEC
APA	CF	EOG	HAL	KMX	NBL	PKG	UAL	
APC	CHK	ETN	HES	KSU	NI	PNR	UNP	
ARNC	CMI	FCX	HOG	LNC	NOV	PWR	URI	

Tabelle 8.1 Elemente von Knoten Nummer 20

Inspiriert von der MP-Theorie könnte man Wachstum und Volatilität jeder Aktie gemeinsam mit der Rasterstruktur verwenden, um das Portfolio zu optimieren, und zwar anders als die klassischen Methoden. Diversifikation könnte dadurch erreicht werden, dass man Aktien kauft, die in entfernteren Knoten liegen. In Abbildung 8.7 sehen Sie das durchschnittliche Verhältnis von Aktienwachstum zu Volatilität.

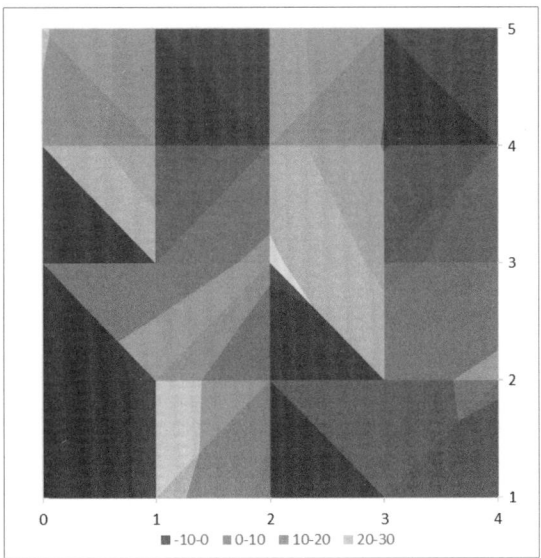

Abbildung 8.7 Durchschnittliches Wachstum/Volatilitätsverhältnis für jeden Knoten

Diese Werte sind vielleicht nützlich, aber diese Möglichkeiten der Analyse überlasse ich dem Leser als Übung. (Aber bitte investieren Sie nicht Ihr hart verdientes Geld auf Basis meiner Analysen.)

Ich möchte dieses Beispiel mit ein paar Bemerkungen zu dieser Lösung und dem Finanzsektor diskutieren. In Abbildung 8.8 zeige ich die Anzahl an Aktien von jedem Sektor in jedem Knoten.

Knoten	1	2	3	4	5	6	7	8	9	10	11	12	13	14	15	16	17	18	19	20	21	22	23	24	25
Nicht-Basiskonsumgüter	1	4	2	0	4	3	3	2	4	3	3	0	0	1	5	0	2	1	7	6	2	1	14	3	3
Basiskonsumgüter	0	2	7	1	0	1	2	0	1	1	0	2	1	1	2	0	0	0	0	1	0	1	4	4	1
Energie	1	0	0	0	0	0	0	0	3	3	0	0	0	0	2	0	0	0	0	18	1	0	0	1	1
Finanzen	0	1	0	0	0	0	1	4	4	1	1	0	1	0	2	1	0	7	2	0	5	25	3	1	1
Gesundheit	0	0	1	0	4	8	4	0	2	0	2	0	0	1	3	4	1	3	1	1	1	0	8	11	3
Industrie	0	2	0	1	0	3	6	4	6	2	1	0	0	0	1	1	6	2	0	11	10	2	4	1	1
Informationstechnologie	3	0	0	0	3	6	11	2	2	1	1	1	0	0	3	2	5	0	1	8	9	3	0	1	1
Werkstoffe	1	0	0	1	1	0	1	1	0	2	0	1	0	0	0	0	0	2	1	6	3	1	1	1	0
Immobilien	6	8	6	1	0	0	0	0	0	0	4	0	0	1	0	1	0	0	0	0	1	0	0	1	2
Telekommunikation	2	0	0	0	0	0	0	0	0	0	0	0	0	0	0	0	0	0	0	0	0	0	0	1	0
Versorgung	2	6	7	1	0	0	0	0	1	0	0	2	3	2	0	0	0	0	0	2	1	0	0	1	0

Abbildung 8.8 Anzahl Aktien nach Sektoren in jeder Zelle

Abbildung 8.9 zeigt das Gleiche als 3D-Plot. Die Knotennummerierung läuft von 1 bis 25 von links nach rechts und die Sektoren in Grauwerten.

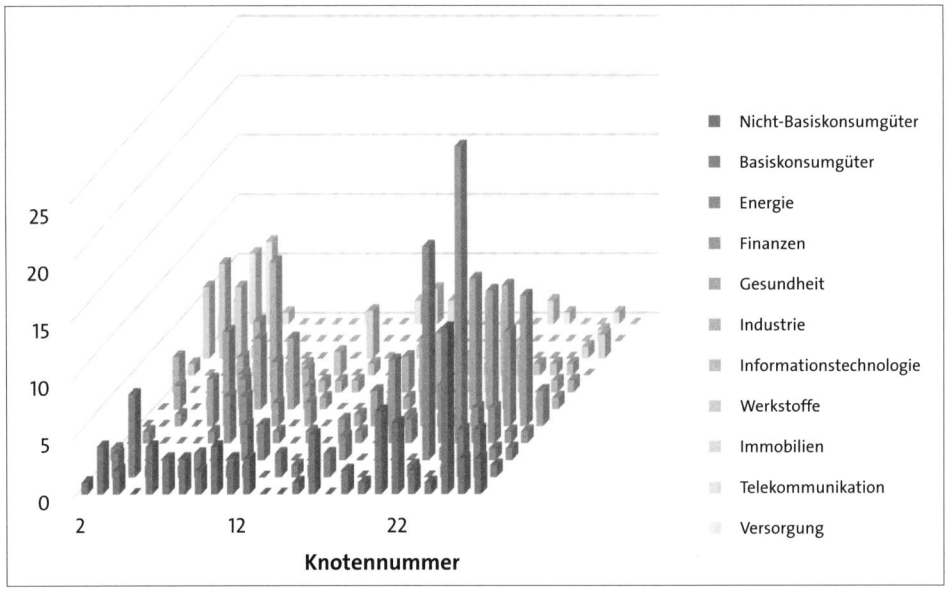

Abbildung 8.9 Sektoren in jedem Knoten

Die Grauwertdarstellung macht es Ihnen nicht unbedingt leicht, gibt aber doch ein grobes Bild der Situation wieder, besonders, wenn Sie die Konturkarte aus Abbildung 8.10 hinzunehmen.

Manche Sektoren sind sehr fokussiert: Finanzunternehmen konzentrieren sich im Knoten 21, Immobilienaktien finden sich in den Knoten 1 bis 3, Energieaktien in Knoten 20.

Manche Sektoren sind sehr weit gestreut, zum Beispiel Aktien der Konsumgüterindustrie.

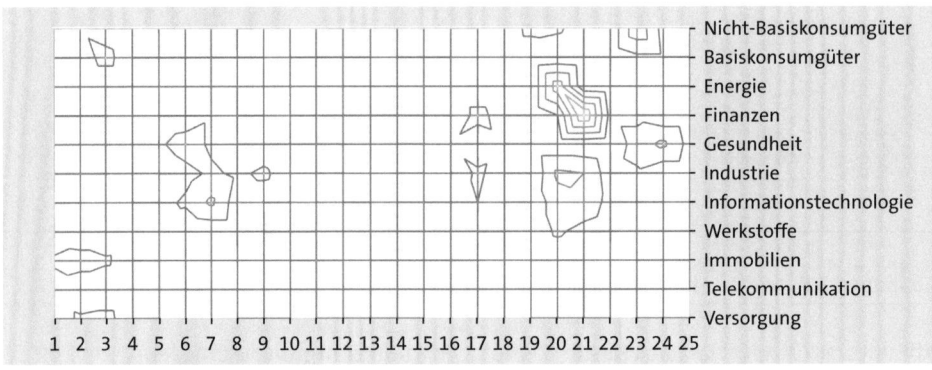

Abbildung 8.10 Anzahl Aktien von Sektoren in Knoten, Konturkarte

Beachten Sie, dass ich dem Algorithmus keinerlei Information über die Sektoren mitgegeben habe. Aber wie es aussieht, hat SOM die Gemeinsamkeiten von Sektoren von selbst erkannt, wenn auch nur für manche der Sektoren.

8.5 Beispiel: Abstimmungen im Unterhaus

Zum Zeitpunkt der Niederschrift dieses Buches durchlebt das Vereinigte Königreich eine unruhige politische Phase. (Sollten Sie das in der Zukunft lesen, wie ging es aus?) Ich konnte also der Versuchung nicht widerstehen, ein Beispiel mit Abstimmungen im Unterhaus zu wählen. Ich holte mir also Abstimmungsdaten von *https://www.publicwhip.org.uk*.

Ich habe die Abstimmungsprotokolle der Parlamentsmitglieder der letzten 18 Monate genommen, mit Information darüber, wer in welche Richtung abgestimmt hat, wer sich der Stimme enthalten hat und wer nicht anwesend war.

Das Parlament hat 650 Mitglieder, die MPs (*Members of Parliament*). Allerdings sind die Daten teilweise etwas verwirrend. Einige MPs erscheinen gar nicht in den Daten; die MPs der Partei Sinn Fein sind nie im Unterhaus anwesend. Sie haben offensichtlich keine Lust, der Queen die Treue zu schwören. Und einige der MPs wurden aus der Labour-Partei hinausgeworfen, andere wiederum wurden zu unabhängigen Mitgliedern.

Wann immer so etwas passiert, erhält der MP eine neue Identifikationsnummer, was das Ganze nicht einfacher macht. Ich habe diese Neuausrichtung von MPs nicht ordnungsgemäß berücksichtigt, dennoch wäre es interessant zu analysieren, wie sich das Abstimmungsverhalten nach diesen Zugehörigkeitswechseln verändert hat.

Jeder Eintrag im Vektor steht für die Position eines MPs zu einer bestimmten Abstimmung. Die Zahl +1 steht für eine Ja-Stimme, −1 für eine Nein-Stimme, und 0 für Stimmenthaltung oder Abwesenheit. Die Umwandlung dieser Daten in numerische Werte muss natürlich vernünftig erfolgen, damit diese Methode funktioniert.

Glücklicherweise sind Nein, Stimmenthaltung und Ja sehr gut durch −1, 0, 1 repräsentierbar. Würden wir stattdessen Daten über Sockenfarben mit den Eigenschaften Rot, Blau, Gelb, gestreift, gepunktet durch Zahlen ersetzen, wäre das in gewisser Weise albern.

Die Resultate zeige ich in Abbildung 8.11 und Abbildung 8.12. Die erste Abbildung zeigt Ihnen – welch eine Überraschung – zwei Hauptgruppen:

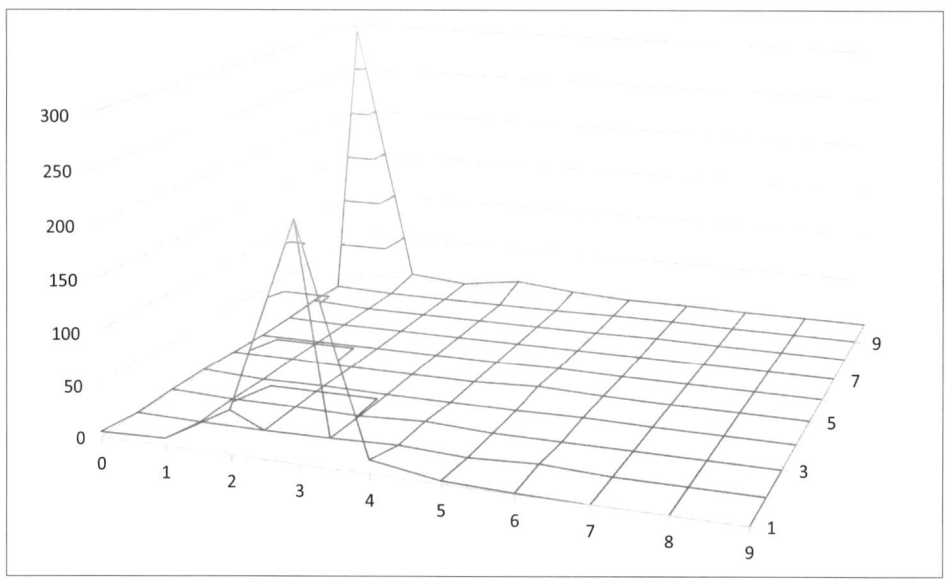

Abbildung 8.11 Anzahl MPs pro Knoten

Die zweite Abbildung zeigt die Aufschlüsselung der Knoten nach politischer Partei. Konservative und Labour befinden sich überwiegend in völlig unterschiedlichen Bereichen im Raster. Dennoch ist Labour etwas weiter verstreut. Interessanterweise befinden sich manche Mitglieder großer Parteien nicht dort, wo man sie erwarten würde.

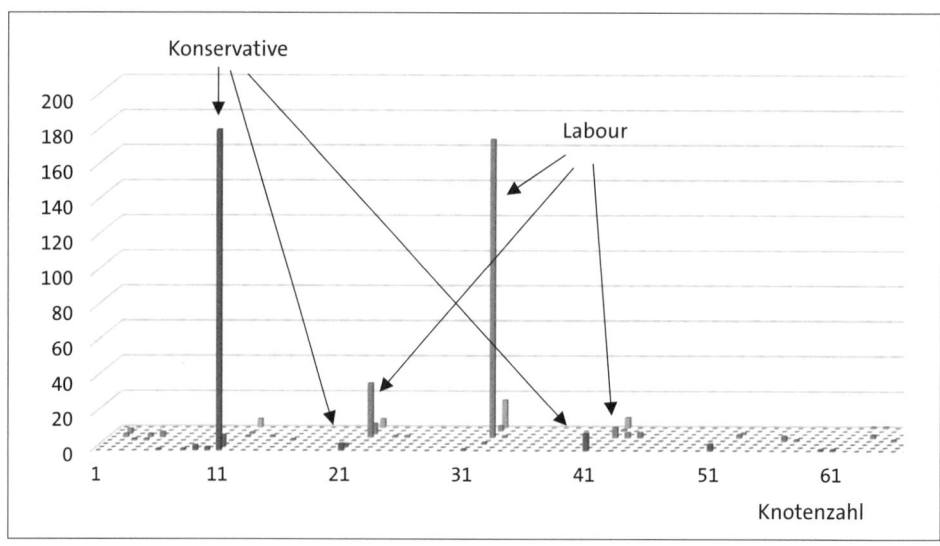

Abbildung 8.12 Politische Zugehörigkeit und Knoten

Es wäre durchaus spannend, jene MPs genauer zu analysieren, die scheinbar nicht mit der richtigen Partei assoziiert sind, und zu untersuchen, warum das so ist. Man beachte, dass die Knoten 11, 21, 31 etc. im Raster sehr nah beieinanderstehen.

Wie immer habe ich diese Daten für Illustrationszwecke verwendet. Für eine echte Analyse würde man mehr Sorgfalt walten lassen, Resultate testen und wahrscheinlich die Abstimmungsdaten nach Themen aufteilen.

8.6 Weiterführende Literatur

Ein Blick in das Springer-Buch *Self-Organizing Maps: Third Edition* vom Begründer des Themas, Teuvo Kohonen, schadet auf keinen Fall.

Claus Huber hat im *Wilmott*-Magazin, Januar 2019, S. 36–41, eine interessante Arbeit geschrieben: »R Tutorial on Machine Learning: How to Visualize Option-like Hedge Fund Returns for Risk Analysis« über SOM, angewandt auf Hedge-Fonds und mit dazugehörigem R-Code – frei verfügbar unter *wilmott.com*.

Kapitel 9
Entscheidungsbäume

Entscheidungsbäume gehören zu den Methoden des überwachten Lernens. Eigentlich sind sie nichts anderes als Flussdiagramme. Sie können sowohl für die Klassifikation als auch für die Regression verwendet werden, deshalb werden sie auch manchmal so bezeichnet: *Klassifikations-* und *Regressionsbäume*, auch unter der Abkürzung *CART* bekannt. Nutzen wir sie für die Klassifikation, dann starten wir wieder mit einem annotierten Datensatz mit mehreren Merkmalen. Diese Merkmale beschreiben jeden Datenpunkt entsprechend ihrer Attribute (zum Beispiel groß oder klein, männlich oder weiblich oder auch numerische Werte). Die Methode basiert auf einer ständigen Unterteilung der Daten abhängig von ihren Attributen. Diese Bäume können auch für Regressionsaufgaben verwendet werden, wenn die Daten statt mit Klassen mit numerischen Werten assoziiert werden.

9.1 Wofür können wir sie verwenden?

Entscheidungsbäume werden verwendet, um Daten nach kategorischen oder numerischen Attributen zu klassifizieren. Beispiele dafür sind:

- Vorhersage der Punkte beim Eurovision Song Contest durch Betrachtung des Liedtyps oder der Beats pro Minute, der Anzahl an Bandmitgliedern etc.
- Prognose des IQ basierend auf gelesenen Büchern, Buchtyp, -themen, -autoren etc.

Ohne Zweifel haben Sie schon einmal Entscheidungsbäume gesehen, aber vielleicht nicht im Zusammenhang mit maschinellem Lernen. Sie haben sicher schon einmal *Personenraten* gespielt. »Ist der Schauspieler männlich?« Ja. »Ist er unter 50?« Nein. »Hat er eine Glatze?« Ja. »Bruce Willis?« Ja. Wäre die Antwort »Nein«, dann hätten Sie einen anderen Weg durch den Baum der Möglichkeiten genommen.

Beim Personenraten besteht der Trick darin, in jeder Phase die besten Ja/Nein-Fragen zu finden, sodass man auf dem schnellstmöglichen Weg zur Antwort kommt. Maschinelles Lernen verfolgt ein ähnliches Ziel. Sie starten mit einem klassifizierten Trainingsdatensatz und nutzen diesen, um die bestmögliche Baumstruktur aus Fragen und Antworten zu konstruieren, um damit bei einem neuen Datenpunkt möglichst schnell und genau zu einer Klassifikation zu kommen. Also gehören Entscheidungsbäume zu den überwachten Lernverfahren. Die Fragen im Entscheidungsbaum müssen nicht unbedingt binär sein, und die Antworten können auch Zahlen sein.

Ich kann Ihnen nicht empfehlen, Excel zu verwenden, wenn Sie mit Entscheidungsbäumen und großen Datenmengen arbeiten. Es wird einfach zu unübersichtlich. Der Grund liegt darin, dass man die Baumstruktur im Vorhinein nicht kennt, was es schwierig macht, sie in einer Tabellenkalkulation anzulegen.

Zuerst ein bisschen Jargon und Konventionen: Ein Baum wird verkehrt herum gezeichnet, also mit der Wurzel, der erste Frage, nach oben. Jede Frage ist eine Bedingung oder ein interner Knoten, der die Merkmale bzw. Attribute teilt. Von jedem Knoten gehen Äste ab, die die möglichen Antworten repräsentieren. Wenn Sie den Baum bis zum Ende durchlaufen, sodass es keine Fragen/Entscheidungen mehr gibt, dann befinden Sie sich auf einem Blatt. Es gibt außerdem die – naheliegende – Terminologie mit Mutter/Vater und Kindern in Analogie zu Stammbäumen (Siehe Abbildung 9.1).

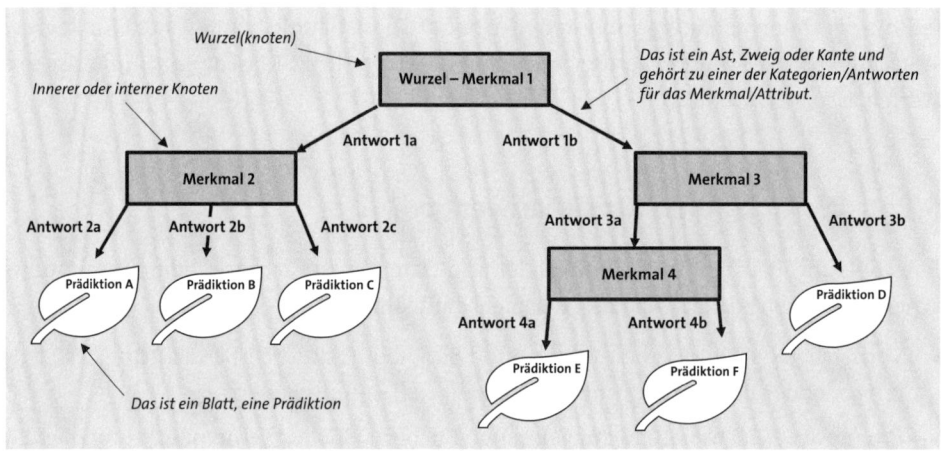

Abbildung 9.1 Ein schematisches Diagramm mit den Charakteristiken eines Entscheidungsbaumes

Sie können Entscheidungsbäume verwenden, um Daten zu klassifizieren, zum Beispiel ob ein Pilz essbar ist oder nicht aufgrund unterschiedlicher physikalischer Eigenschaften. Das können binäre Kategorien sein, wie mit oder ohne Lamellen, oder Mehrfachkategorien, wie Farbe, oder eben numerische, wie die Größe des Pilzes. Entscheidungsbäume können aber auch für die Regression eingesetzt werden, wenn Sie numerische Daten haben, wie zum Beispiel: Was ist der Wert eines Autos, basierend auf Typ, Modell, Alter etc.?

Bei der Erstellung oder Erweiterung eines Baumes geht es darum, die richtige Reihenfolge zu wählen, in der die Merkmale abgefragt werden, und die richtigen Bedingungen festzulegen. Möglicherweise müssen Sie dann hie und da noch etwas Feinarbeit erledigen, und Sie sollten wissen, wann es Zeit ist, aufzuhören.

9.2 Beispiel: Zeitschriftenabo

Ich arbeite nun mit Mitgliedsdaten meiner eigenen Website, wobei ich nur eine kleine Untermenge aller Mitglieder verwende. Ich möchte herausfinden, wie wahrscheinlich es ist, dass ein Mitglied ein Magazin abonniert. (Und nebenbei werde ich schamlos für die Website wie auch für das Magazin etwas Werbung betreiben.) Ich werde selbstverständlich gegen keine Datenschutzgesetze verstoßen.

Wir sehen uns drei Merkmale von **wilmott.com**-Mitgliedern an: Erwerbsstatus, höchster Ausbildungsabschluss, CQF-Alumnus (d. h., ob sie einen *Abschluss in Quantitative Finance* haben). Ob sie ein Abo haben oder nicht, definiert die Klasse.

Das Ziel ist, bei potenziellen neuen Mitgliedern eben diese Information zu nutzen und so herauszufinden, ob sie Zeitschriftenabonnent werden oder nicht.

ID	Erwerbsstatus	Ausbildungsstand	CQF-Alumni	Wilmott Zeitschriftenabonnent
1	selbständig	Uniabschluss	Nein	Nein
2	selbständig	Uniabschluss	Ja	Ja
3	angestellt	Uniabschluss	Ja	Ja
4	Student/Postdok.	Uniabschluss	Nein	Ja
5	Student/Postdok.	Student	Ja	Ja
6	Student/Postdok.	Student	Ja	Nein
7	angestellt	Student	Ja	Ja
8	selbständig	Uniabschluss	Nein	Nein

Tabelle 9.1 Die Rohdaten

ID	Erwerbsstatus	Ausbildungsstand	CQF-Alumni	Wilmott Zeitschriftenabonnent
9	selbständig	Student	Nein	Ja
10	Student/Postdok.	Student	Ja	Nein
11	selbständig	Student	Ja	Ja
12	angestellt	Uniabschluss	Ja	Ja
13	angestellt	Student	Nein	Ja
14	Student/Postdok.	Uniabschluss	Ja	Nein
15	angestellt	Uniabschluss	Nein	Nein
16	Student/Postdok.	Uniabschluss	Nein	Nein
17	selbständig	Uniabschluss	Nein	Nein

Tabelle 9.1 Die Rohdaten (Forts.)

Ich arbeite nur mit einer kleinen Untermenge des Gesamtdatensatzes, deshalb gibt es in Tabelle 9.1 nur 17 Zeilen. Von diesen 17 Mitgliedern sind 10 Abonnenten. Der offenkundige Nutzen möglicher Ergebnisse: Sie werden dabei helfen, die Zielgruppe für Abonnements zu definieren. Ein Blick auf die Tabelle gibt uns nicht sofort Aufschluss darüber, welche Fragen man stellen müsste, um die Zeitschriftenabonnenten zu finden. Es ist nicht einfach so, dass ein postgradualer Abschluss automatisch bedeutet, dass ein Abo abgeschlossen wird. Also müssen wir hier *mehrere* Fragen stellen unter Verwendung von mehr Daten aus der Tabelle, um den Abostatus zu ermitteln. Nur: In welcher Reihenfolge sollen wir die Fragen stellen? Welche Reihenfolge führt zum effizientesten Baum?

Ich muss gestehen, dass ich die Daten leicht modifiziert habe, und zwar so, dass ich einen einzigen Entscheidungsbaum mit möglichst vielen Ergebnissen erhalte. Sie sehen gleich, was ich damit meine. (Offensichtlich zeigen die echten Daten, dass je besser die Bildung einer Person ist, desto eher wird abonniert. Haha!)

Ich beginne zuerst mit der Erklärung des finalen Entscheidungsbaumes, *wie ich ihn konstruiert habe,* kommt später.

Nehmen wir an, ich beginne damit, die Mitglieder von **wilmott.com** (»Serving the Quantitative Finance Community Since 2001«) nach ihrem Erwerbsstatus zu befragen und ob sie Abonnenten sind. Die möglichen Antworten sind *angestellt, selbständig* oder *Student* und *ja* oder *nein*. Die Daten aus Tabelle 9.1 würden uns zu den in Abbildung 9.2 gezeigten Resultaten führen. Das ist nun die Wurzel unseres Entscheidungsbaumes.

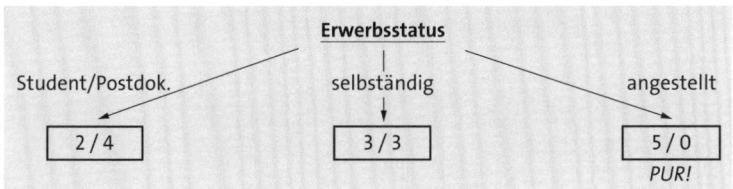

Abbildung 9.2 Antwort auf die Frage zum den Erwerbsstatus

Das interpretieren wir wie folgt: In den Kästchen sehen Sie zwei Zahlen. Die linke Zahl ist die Anzahl der Personen, die Abonnenten sind, die rechte die Anzahl der Nichtabonnenten. Hilft uns das weiter?

Ja und nein. Antworten sie mit *angestellt*, dann ist das sehr nützlich, da alle fünf angestellten Personen auch Abonnenten sind. Das ist eine sehr gehaltvolle Information, denn sobald wir wissen, dass jemand angestellt ist, ist er auch ein Abonnent, und wir müssen keine weitere Fragen stellen.

Hach, wenn das wahr wäre, dass alle Angestellten meine Zeitschrift abonnieren würden. Traurigerweise wurden die Daten, wie oben zugegeben, ein wenig zurechtgebogen. In der Praxis hat man natürlich viel mehr Daten, und es ist daher unwahrscheinlich, dass man so klare Antworten erhält – aber dafür hätte man mehr Vertrauen in die Resultate. Aber auch mit diesen wenigen Zahlen können wir schon sehen, wie sich das Ganze entwickelt. Antworten mit perfekter Prognose bezeichnet man auch als *pur*. Das ist natürlich das bestmögliche Ergebnis für eine Antwort. Das schlechtestmögliche Ergebnis wäre die Antwort *selbstständig*, denn diese enthält keine Information, da diese Gruppe 50:50 in Abonnenten und Nichtabonnenten aufgeteilt ist. Wir haben uns eigentlich rückwärts bewegt, denn bevor wir mit der Fragerei begonnen haben, wussten wir, dass 10 von 17 Abonnenten sind. Jetzt sind wir bei einem Münzwurf-Szenario angelangt.

Ist jemand Student/Postdoktorand, dann stehen die Chancen 2:6, dass es um einen Abonnenten geht. Was den Informationsgehalt angeht, ist »zwei von sechs« genauso viel wert wie »vier von sechs«.

Kommen wir nun zu den Unterbäumen. Wir können die Studenten/Postdoktoranden fragen, ob sie CQF-Alumni sind. Von sechs Studenten/Postdoktoranden sind vier auch Alumni und zwei nicht (siehe Abbildung 9.3). Der linke Zweig der CQF-Alumni, mit *ja* gekennzeichnet, besteht am Ende aus vier Personen, der *nein*-Zweig hat zwei. Von den vier CQF-Alumni ist nur einer ein Abonnent. Diese Zahlen sehen Sie im Kästchen unten, eine 1 und eine 3. Die zwei Nicht-Alumni teilen sich in einen Abonnenten und einen Nichtabonnenten auf, also eine 1 und noch eine 1.

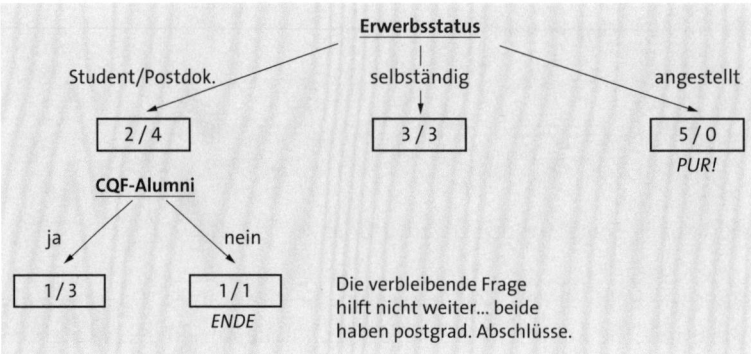

Abbildung 9.3 Der erste Unterbaum

Wir bewegen uns weiter nach unten im Baum. Wir können die zwei Nicht-Alumni-Studenten/-Postdoktoranden nach ihrem höchsten Ausbildungsabschluss befragen.

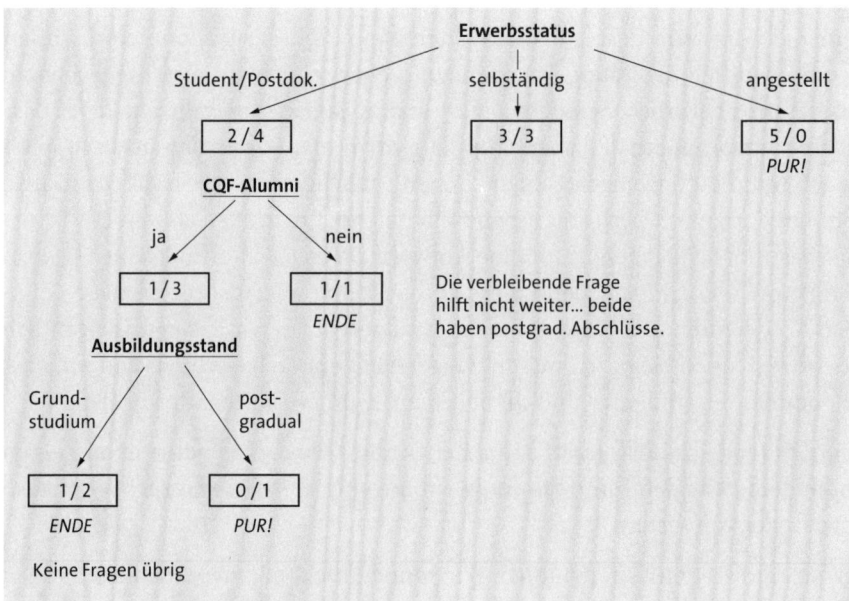

Abbildung 9.4 Weiter nach unten im Baum

Blöderweise hilft uns das hier nicht, da beide auf dem gleichen Stand sind, sie haben postgraduale Abschlüsse. Es bleibt keine Frage mehr übrig, die diese zwei Individuen weiter aufteilen würde. Betrachen wir nun die CQF-Alumni-Studenten/-Postdoktoranden und sehen uns hier die Antworten zum höchsten Ausbildungsabschluss an. In Abbildung 9.4 erkennen wir, dass sie mit einem postgradualen Abschluss zu den Nichtabonnenten gehören. Diese Teilung ist pur (es gibt nur einen einzigen Nichtabonnenten). Ist der höchste Abschluss kein Abschluss bzw. Student, dann gibt es eine 1:3-Chance, ein Abonnent zu sein. Da sind wir nun am Ende der Fahnenstange, es gibt keine weiteren Fragen mehr, und wir müssen dieses probabilistische Resultat akzeptieren.

Wir können so fortfahren und den Rest des Baumes ausfüllen, was uns zu Abbildung 9.5 führt. Glücklicherweise sind die restlichen Enden pure Aufteilungen.

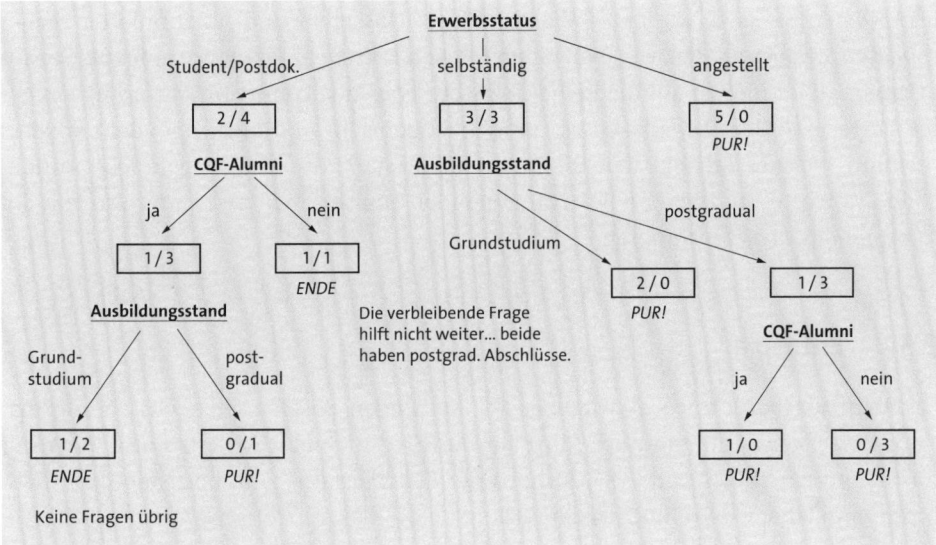

Abbildung 9.5 Der finale Baum

Mit einem neuen Datenpunkt, sagen wir *selbstständig*, *postgradualer Abschluss* und *CQF-Alumni*, wandern wir nun durch den erstellten Entscheidungsbaum und Sie erkennen, dass diese Personen, wie alle guten Leute, potenziell zu den Abonnenten gehören. Allerdings fehlt uns bei so wenigen Daten dann doch das Vertrauen in dieses Fazit.

Einige Beobachtungen:

▶ Die Idealversion ist ein Blatt mit einer *puren* Aufteilung, die zu einer perfekten Klassifikation führt.
▶ Mit einer nicht puren Menge kann es sein, dass zusätzliche Fragen nichts mehr zur Klassifikation beitragen können.

- Oder es gibt keine Fragen/Attribute mehr.
- Die Zahlen in den Kästchen sind wichtig, da sie uns zumindest eine probabilistische Klassifikation und ein Maß für das Vertrauen liefern, das angebracht ist.
- Beachten Sie, dass die gleiche Frage mehr als einmal an unterschiedlichen Plätzen auftauchen kann, allerdings gibt es keinen Weg durch den Baum, wo ein- und dieselbe Frage zweimal auftaucht.
- Fragen brauchen nicht binär, also keine Ja-/Nein-Fragen, zu sein.
- Es können auch mehr als zwei Klassen vorhanden sein (hier waren es zwei – Abonnent oder Nichtabonnent).

Jetzt wissen Sie also, wie Entscheidungsbäume aussehen und funktionieren. Sicher möchten Sie auch wissen, wie man einen solchen Entscheidungsbaum aufbaut. Genauer gesagt: Wie sind wir auf die Reihenfolge der Fragen gekommen? Warum haben wir die Frage nach dem Erwerbsstatus zur Wurzel gemacht und nicht irgendein anderes Attribut? Welches Attribut teilt die Daten am besten auf? Das gelegentliche Auftauchen des Wortes *Information* liefert Ihnen einen Hinweis. Wir lassen uns also von der *Informationstheorie* inspirieren.

9.3 Entropie

Laienhaft ausgedrückt wollen wir jenes Attribut finden, das uns den höchsten Informationszuwachs liefert. Vermutlich führt aus den drei Attributen Erwerbsstatus, höchster Ausbildungsabschluss und CQF-Alumnus der Erwerbsstatus zum höchsten Informationsgewinn. Aber wie komme ich darauf?

Wir brauchen einen Weg, dasjenige Attribut zu finden, das für eine Aufteilung der Daten in die Klassen am besten geeignet ist.

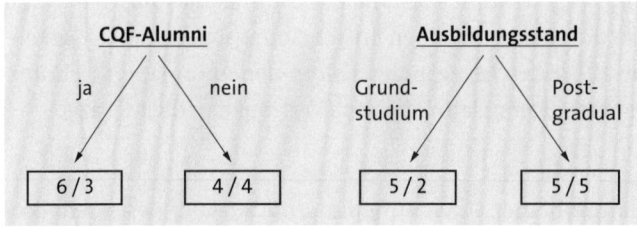

Abbildung 9.6 Weitere mögliche Wurzeln

Wenn wir uns Abbildung 9.2 ansehen, dann müssen wir ein numerisches Maß dafür finden, wie effizient die Teilung war, und zwar basierend auf den Zahlen 2/4, 3/3 und

5/0. Zuerst müssen wir jedoch in Erfahrung bringen, mit welchem anderen Merkmal der Erwerbsstatus konkurriert. In Abbildung 9.6 sehen Sie das Vergleichsresultat, wenn CQF-Alumni oder höchster Ausbildungsabschluss die Wurzeln wären.

Beide Aufteilungen schneiden da eher schlecht ab. Beide haben einen Zweig, der zu einem Münzwurf-Szenario führt, also einer 50:50-Entscheidung. Und der andere Zweig ist in beiden Fällen auch nicht viel besser. Aber wie quantifizieren wir diese Erkenntnis?

Wir werden die Unsicherheit bei der Klassifizierung mithilfe der *Entropie* messen. Die Erklärung und Begründung für dieses Maß haben wir bereits in Kapitel 2 besprochen. Wir müssen jetzt nur das beste Startattribut bestimmen, also die Wurzel unseres Baumes, und messen dafür die Entropie jedes Attributs. Das Attribut mit der geringsten Entropie wird zu unserer Wurzel. Als Entropiemaß wird üblicherweise der Informationsgewinn herangezogen.

Um den Zusatzgewinn zu messen, brauchen wir natürlich einen Ausgangspunkt, von dem aus wir ihn messen. Das sind die Rohdaten ohne irgendeine Aufteilung. Wir berechnen die Entropie für die Originaldaten, d.h. für zehn Abonnenten und sieben Nichtabonnenten:

$$-\sum p \log_2(p) =$$
$$-\frac{10}{10+7} \log_2\left(\frac{10}{10+7}\right) - \frac{7}{10+7} \log_2\left(\frac{7}{10+7}\right)$$
$$= 0{,}977.$$

Es könnte schlimmer sein, nämlich noch näher an 1, aber nicht sehr viel.

Nun betrachten wir die Daten in Abbildung 9.2 und Abbildung 9.6 und messen die Entropie für jeden Zweig jedes Attributs.

Für den Studenten-/Postdoktoranten-Zweig des Erwerbsstatus erhalten wir

$$-\sum p \log_2(p) = -\frac{2}{2+4} \log_2\left(\frac{2}{2+4}\right) - \frac{4}{2+4} \log_2\left(\frac{4}{2+4}\right) = 0{,}918.$$

Für den Selbstständigen-Zweig des Erwerbsstatus haben wir offensichtlich 1, da wir gleich viele Abonnenten wie Nichtabonnenten haben. Für den Angestellten-Zweig ist die Entropie gleich null, da diese Aufteilung pur ist.

Wir messen nun die durchschnittliche Entropie für den Erwerbsstatus als

$$\frac{6}{17} \times 0{,}918 + \frac{6}{17} \times 1 + \frac{5}{17} \times 0 = 0{,}677.$$

Das kommt daher, dass sechs der 17 Kandidaten Studenten/Postdoktoranten, weitere sechs Selbstständige und fünf Angestellte sind.

Der Informationsgewinn durch diese Aufteilung ist dann

$$\text{Informationsgewinn für Erwerbsstatus} = 0{,}977 - 0{,}677 = 0{,}300.$$

Haargenau das Gleiche machen wir auch für den höchsten Abschluss und CQF-Alumni:

$$\text{Informationsgewinn höchster Abschluss} = 0{,}034,$$

$$\text{Informationsgewinn CQF-Alumni} = 0{,}021.$$

Daraus geht der Erwerbsstatus mit 0,300 als klarer Gewinner hervor und wird so zur Wurzel unseres Entscheidungsbaumes.

Nachdem wir das Wurzelattribut festgelegt haben, wiederholen wir diesen Vorgang für jeden Zweig. Für den linken Zweig in Abbildung 9.2, der mit Studenten/Postdoktoranden bezeichnet ist, bestimmen wir ebenfalls den höheren Informationsgewinn aus den zwei verbleibenden Attributen der sieben Daten. Es ist CQF-Alumni, und so fahren wir weiter fort.

 Schritt für Schritt: Der Entscheidungsbaum-Algorithmus

1 *Wähle ein Attribut*
Nimm eines der (verbleibenden) Attribute und einen der Zweige und teile die Daten.

2 *Berechne die Entropie*
Berechne die Entropie für jeden Zweig. Bestimme die durchschnittliche Entropie aller Zweige für dieses Attribut.

Gehe zu Schritt 1, bis alle Attribute untersucht worden sind.

3 *Setze Attribut, um Entropie zu minimieren*
Wähle als Knoten jenes Attribut, dass die Entropie minimiert (oder äquivalent dazu den Informationsgewinn maximiert in Relation zu den nicht geteilten Daten).

Gehe im Baum nach unten oder quer und zurück zu Schritt 1. ■

Dieser Algorithmus ist auch unter dem Akronym ID3 bekannt, wobei ID für iterativer Dichotomisierer steht. Es gibt auch noch andere Algorithmen, wie zum Beispiel den C4.5, der von den Begründern des ID3 entwickelt wurde.

Der Algorithmus C4.5 löst ein Problem mit der Menge an Zweigen, die von jedem Attribut weggeht: In meinem Beispiel habe ich zwei Attribute, die sich in zwei Zweige aufteilen – also eine binäre Klassifikation –, und ein Attribut mit drei Zweige, bei drei Antworten für diese Frage. Wie wirkt sich das auf die Entropie aus? Man sieht ganz schnell, dass ein Knoten mit höherer Verzweigungszahl wahrscheinlich zu einer geringeren Entropie führt und daher favorisiert wird. Am obigen Beispiel versehen wir jede Datenzeile der **wilmott.com**-Mitglieder mit Namen – Andrea, Berthold, Carlos, David ... Wenn wir den Namen für die Klassifikation verwenden, dann erhält jeder Datenpunkt sein eigenes Blatt, und die Entropie ist gleich null. Das wäre jedoch ein etwas sinnentleerter Baum, wenn dann ein Zacharias auftaucht.

Eine einfache Änderung zur Berücksichtigung der Verzweigungszahl besteht in der Division des Informationsgewinns durch ein weiteres Maß für die Entropie, die *Aufteilungsentropie*. Diese ist definiert durch

$$-\sum \frac{N_i}{N} \log_2\left(\frac{N_i}{N}\right).$$

Die Summe wird über alle relevanten Verzweigungen berechnet, wobei N der Anzahl der Datenpunkte im Elternknoten bezeichnet und N_i die Zahl der Datenpunkte am Ende jedes Zweiges. Für die Daten in Abbildung 9.2 würden wir den Informationsgewinn, 0,300, durch

$$-\frac{6}{17}\log_2\left(\frac{6}{17}\right) - \frac{6}{17}\log_2\left(\frac{6}{17}\right) - \frac{5}{17}\log_2\left(\frac{5}{17}\right) = 1,58$$

teilen. Dieses (Informations-)Gewinnverhältnis berücksichtigt unterschiedliche Verzweigungszahlen.

Es gibt auch noch weitere Maße für Unsicherheit. Neben der Entropie ist auch der *Gini-Index* sehr weit verbreitet. Der Gini-Index misst, wie oft etwas falsch klassifiziert würde, wenn die Kennzeichnung zufällig wäre. Wenn p_i die Wahrscheinlichkeit für die Zugehörigkeit zur Menge i ist, dann ist die Wahrscheinlichkeit für eine Falschklassifikation $1 - p_i$. Der Gini-Index ist der Durchschnitt aller Elemente in dieser Menge:

$$\sum p_i(1 - p_i) = 1 - \sum p_i^2$$

9.4 Überanpassung und Abbruchregeln

Bei einer hohen Anzahl an Attributen ist es möglich, dass Sie auf Blattebene nur sehr wenig Daten haben. Dann besteht die Gefahr, dass die Ergebnisse nicht repräsentativ genug für neue Nicht-Trainingsdaten sind. Anders gesagt befinden Sie sich im Bereich der Überanpassung (*Over-Fitting*), und alles, was Sie erreicht haben, ist, dass der Entscheidungsbaum nur die Trainingsdaten gelernt und eingeteilt hat. Um diese Gefahr zu verhindern oder zu reduzieren, führt man Abbruchregeln ein, die auf der Anzahl der noch übrigen Datensätze basieren (diese Grenze kann entweder absolut oder als Verhältnis zur Gesamtdatenmenge angegeben werden).

Der Abbruch besteht darin, die Daten nicht weiter aufzusplitten und ein Blatt zu bilden. Das führt dann zu einer verlässlichen probabilistischen statt einer möglicherweise deterministischen und nicht zuverlässigen Klassifikation.

Das entspricht dem klassischen Problem, dass die Trainingsdaten nahezu perfekt angepasst sind, nicht aber die Testdaten.

Abbruchregeln helfen auch bei neu zu klassifizierenden Datenpunkten, die in Bezug auf Attribute keinen entsprechenden Datenpunkt in den Trainingsdaten aufweisen.

9.5 Zuschneiden

Eine ähnliche Methode für die Vermeidung der Überanpassung besteht im Zuschneiden des Baumes. Wenn wir im Zuge der Überprüfung mit einem Validierungsdatensatz entdecken, dass Teile des Baumes nicht zuverlässig sind, dann entfernen wir diejenigen Knoten, die am meisten zu dieser Unzuverlässigkeit beitragen, und ersetzen sie durch Blätter.

Ein solches Blatt wird dann nach der Klasse mit den meisten Daten in diesem Blatt klassifiziert, oder man belässt es bei der probabilistischen Klassifikation.

9.6 Numerische Merkmale/Attribute

Was tun, wenn die Antworten auf unsere Fragen nicht kategorisch, sondern numerisch sind? Beispiele dafür wären Daten zur Körpergröße und ob es sich um Abonnenten oder Nichtabonnenten handelt, wie in Tabelle 9.2.

ID	Erwerbsstatus	Ausbildungsstand	CQF-Alumni	Körpergröße	Wilmott Zeitschriftenabonnent
1	selbständig	Uniabschluss	nein	174,6	nein
2	selbständig	Uniabschluss	ja	173,0	ja

Tabelle 9.2 Gleiche Daten wie bisher mit zusätzlicher (fiktiver) Körpergröße

ID	Erwerbsstatus	Ausbildungsstand	CQF-Alumni	Körpergröße	Wilmott Zeitschriftenabonnent
3	angestellt	Uniabschluss	ja	185,2	ja
4	Student/Postdok.	Uniabschluss	nein	169,5	ja
5	Student/Postdok.	Student	ja	179,9	ja
6	Student/Postdok.	Student	ja	167,9	nein
7	angestellt	Student	ja	177,7	ja
8	selbständig	Uniabschluss	nein	175,7	nein
9	selbständig	Student	nein	176,5	ja
10	Student/Postdok.	Student	ja	162,5	nein
11	selbständig	Student	ja	178,4	ja
12	angestellt	Uniabschluss	ja	178,2	ja
13	angestellt	Student	nein	173,0	ja
14	Student/Postdok.	Uniabschluss	ja	174,7	nein
15	angestellt	Uniabschluss	nein	188,0	nein
16	Student/Postdok.	Uniabschluss	nein	163,2	nein
17	selbständig	Uniabschluss	nein	159,5	nein

Tabelle 9.2 Gleiche Daten wie bisher mit zusätzlicher (fiktiver) Körpergröße (Forts.)

Die Körpergrößedaten sind rein fiktiv; um die Sache interessanter zu machen, habe ich sie mir ausgedacht und dabei angenommen, dass Abonnenten tendenziell größer sind und natürlich attraktiver – natürlich rein fiktiv, wie gesagt.

Die erste Idee, die sich hier für das Klassifkationsproblem aufdrängt, ist die, eine Grenze s für die Körpergröße zu wählen. Die Zugehörigkeit zu einem Zweig wird dadurch bestimmt, ob man über oder unter dieser Grenze liegt.

Dieses s soll wieder so gewählt werden, dass der Informationsgewinn maximiert wird. Mit diesen Daten und der Körpergröße als Wurzelattribut würde der Informationsgewinn bei $s = 176$ cm maximiert.

Prinzipiell könnte man auch etwas Komplizierteres als eine einfache Grenze verwenden, um die Verzweigung zu bestimmen. Nun können wir kategorische und numerische Daten mischen und die obigen Erklärungen für die Konstruktion des Entscheidungsbaumes direkt übernehmen.

9.7 Regression

Bisher lag der Fokus auf Klassifikation mit Entscheidungsbäumen, allerdings kann man sie auch für Regression verwenden.

Das Ziel der Regression ist es, einen numerischen Wert vorherzusagen, basierend auf kategorischen oder numerischen Merkmalen. Beispielsweise, wenn Sie den Wert eines Autos aufgrund von Modell (kategorisch), Gangschaltung oder Automatik (kategorisch), Alter (numerisch), Kilometerstand (numerisch) etc. bestimmen wollen.

Die Verwendung von kategorischen und numerischen Attributen stellt uns vor kein großes Problem, wir halten uns an die Methode mit Grenzen, wie vorher beschrieben (oder an etwas Ähnliches, aber komplizierter), um numerische Attribute (Kilometerstand) in Kategorien umzuwandeln (zum Beispiel über/unter 40.000 km).

Allerdings müssen wir als Maß dafür, wie informativ die verschiedenen Typen von Daten sind, etwas anderes verwenden als die Entropie. Das liegt daran, dass unsere abhängigen Variablen diesmal keine Klassen sind (ja/nein für Abos), sondern numerisch (£6.250).

ID	Alter	Sitze	Getriebeart	Kilometerstand	Preis
1	6,0	2	Gang	19.042	£ 3.150
2	5,5	3	Automatik	12.851	£ 6.400
3	6,0	5	Gang	36.282	£ 5.300
4	6,0	5	Gang	16.621	£ 5.250
5	6,0	5	Gang	35.685	£ 5.700
6	5,0	3	Gang	27.314	£ 5.050
7	6,0	5	Gang	42.143	£ 5.000
8	6,0	3	Gang	42.780	£ 3.650

Tabelle 9.3 Auktionspreise für Peugeot Partner Tepee

ID	Alter	Sitze	Getriebeart	Kilometerstand	Preis
9	5,0	3	Gang	37.413	£ 4.950
10	6,0	5	Automatik	74.848	£ 4.850
11	4,5	5	Gang	48.572	£ 6.400
12	5,0	3	Gang	28.602	£ 4.900
13	5,0	5	Gang	10.663	£ 5.950
14	5,0	5	Gang	56.775	£ 5.250
15	7,0	5	Gang	63.000	£ 2.600
16	4,0	5	Automatik	34.303	£ 7.150
17	5,0	5	Automatik	25.584	£ 5.900
18	6,0	5	Gang	9.499	£ 6.250

Tabelle 9.3 Auktionspreise für Peugeot Partner Tepee (Forts.)

Sehen wir uns die Daten in Tabelle 9.3 an. Das sind neueste Auktionspreise für verschiedene Peugeot Partner Tepees mit verschiedenen Merkmalen, einige davon kategorisch, wie Getriebeart, und andere numerisch, wie Kilometerstand. Ich habe die Daten natürlich wieder etwas verändert, aber nur ein kleines bisschen, um einige Besonderheiten zu illustrieren, die bei der Konstruktion des Baumes hervortreten können.

Die abhängige Variable ist $y^{(n)}$, die den Wert des n^{ten} Autos repräsentiert. Für jedes Attribut, das wir analysieren, berechnen wir die Summe des quadratischen Fehlers über alle Zweige. Entscheidend ist jedoch, dass wir für jeden Zweig ein anderes Prognosemodell verwenden. Damit Sie sehen, was ich meine, starten wir mit dem einfachsten Attribut, der Getriebeart – Gangschaltung oder Automatik.

In Abbildung 9.7 sehen wir die Abhängigkeit des Preises von der Getriebeart. Für ein Auto mit Gangschaltung liegt der durchschnittliche Preis bei £4.957 und bei £6.075 für Automatikgetriebe. Hätten wir keine andere Information (wie Kilometerstand, Alter, etc.), wäre dies also die letzte Verzweigung, dann müssten wir diese Aufteilung für die Prognose von allen anderen Peugeot Partner Tepees verwenden. Das bedeutet, das genutzte Modell ist der Durchschnitt bei jedem Blatt, allerdings pro Blatt ein anderer Durchschnitt. Sie werden in Kürze ein etwas anspruchsvolleres Verfahren kennenlernen.

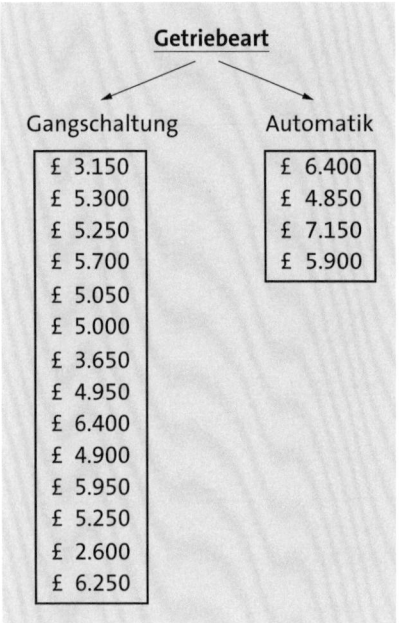

Abbildung 9.7 Das Attribut Getriebeart und die Daten

Wie gut ist jetzt ein Attribut in der Vorhersage im Vergleich zur Preisvorhersage basierend auf, sagen wir, Anzahl der Sitze oder Kilometerstand? Für eine effiziente Baumkonstruktion müssen wir das wissen. Wir brauchen dazu einen Ersatz für unser bisheriges Entropiemaß. Die nächstbeste einfachste Größe wäre die Summe des quadrierten Fehlers:

$$\sum_{\text{Gang}} \left(\bar{y}_{\text{Gang}} - y^{(n)}\right)^2 + \sum_{\text{Auto}} \left(\bar{y}_{\text{Auto}} - y^{(n)}\right)^2$$

Das entspricht also der Summe der quadrierten Differenzen zwischen individuellem und durchschnittlichem Preis *für diese Kategorie* über alle Autos mit Schaltgetriebe plus Autos mit Automatikgetriebe – ein Maß, dass einer Standardabweichung ähnelt. In anderen Worten:

$$(3150 - 4957)^2 + (5300 - 4957)^2 + \cdots + (6250 - 4957)^2$$
$$+ (6400 - 6075)^2 + \cdots + (5900 - 6075)^2 = 18.916.785$$

Aber wie gut ist das, d. h., wie niedrig ist der Wert, verglichen mit einer ähnlichen Rechnung für zum Beispiel den Kilometerstand? Da der Kilometerstand eine numerische Größe ist, führen wir wieder eine Grenze ein.

Und damit kommen wir von Zahlen wieder zur reinen Symboldarstellung. Wir möchten also Folgendes berechnen:

$$\min_{s} \left(\min_{y} \sum_{x_m^{(n)} < s} \left(y - y^{(n)}\right)^2 + \min_{y} \sum_{x_m^{(n)} \geq s} \left(y - y^{(n)}\right)^2 \right) \quad (29)$$

Das interpretieren wir wie folgt: Die Grenze für den Kilometerstand ist s, und wir betrachten Autos unter und über diesem Grenzkilometerstand s. $x_m^{(n)}$ ist der numerische Wert des m^{ten} Attributs (Kilometerstand) des n^{ten} Datenpunktes (Auto).

Minimierung über y bedeutet, dass jeder Zweig sein eigenes Modell hat, d. h. seinen eigenen Wert. Die Minimierung über y ergibt offensichtlich einen Wert für jedes y, das dem Durchschnitt der Werte für diesen Zweig entspricht. Schlussendlich wollen wir jene Grenze finden, die uns die beste Aufteilung der Daten liefert.

Betrachten wir das folgende Beispiel.

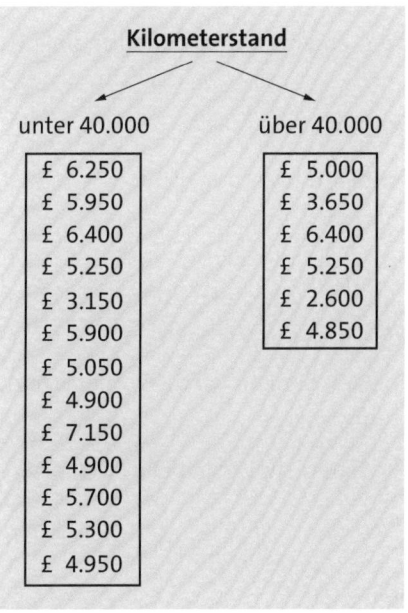

Abbildung 9.8 Daten des Kilometerstand-Attributs mit der Grenze bei 40.000 Kilometern

In Abbildung 9.8 sehen Sie eine Datenteilung nach dem Grenzkilometerstand von 40.000. Der mittlere Wert (y) für unter 40.000 Kilometer ist £5.496 und £4.625 für darüber. Die Summe des quadratischen Fehlers liegt wie in Ausdruck (29) bei 19.771.041.

Das ist schlechter als die Verwendung der Getriebeart für die Regression. Das rührt aber daher, dass ich die Zahl 40.000 zufällig ausgewählt habe. Den Fehler können wir minimieren bei einer Grenze von 60.000 mit einem quadrierten Fehler von 17.872.343. Das ist schon besser als die Verwendung der Getriebeart, aber nicht viel.

Auf jeden Fall können wir diesen Prozess fortsetzen, indem wir so das beste Attribut für die Wurzel unseres Entscheidungsbaumes bestimmen. Wir arbeiten uns sodann den Baum mit den verbleibenden Attributen so hinunter wie beim Klassifikationsproblem.

Zusammengefasst: Wähle ein Attribut m, finde eine Grenze s, die (29) minimiert. Das m sagt uns, welches Merkmal wir nehmen sollen, und s weist uns darauf hin, wo wir die Trennung ansetzen.

Ich weiß nicht sicher, ob das Folgende hilft oder weiter verwirrt, aber es passieren hier drei Minimierungen der Standardabweichung:

1. Die Minimierung innerhalb des Knotens, um das beste Modell zu finden. Trivialerweise ist das nur das Mittel der Daten in jedem Knoten.
2. Dann gibt es die Minimierung zum Auffinden der besten Grenze.
3. Dann wählen wir das Attribut mit dem geringsten Fehler und verwenden es, um uns am Baum entlang nach unten zu bewegen.

Für die Klassifikation verzichten wir auf die erste Minimierung.

Sind die Attribute kategorisch brauchen, wir die zweite Minimierung nicht.

Lineare Regression

Wir lassen möglicherweise eine Menge an Informationen ungenutzt, indem wir an einem Zweig oder Blatt bloß den Mittelwert für die Vorhersage verwenden.

Wenn ein numerisches Attribut zu Blättern aufteilt, dann können wir die Vorhersage zu den numerischen Werten dieses Attributs in Beziehung setzen.

Sehen wir uns Autopreis versus Alter an. Nur diese Daten sind in Tabelle 9.4 schwarz, alles andere wurde ausgegraut.

ID	Alter	Sitze	Getriebeart	Kilometerstand	Preis
1	6,0	2	Gang	19.042	£ 3.150
2	5,5	3	Automatik	12.851	£ 6.400

Tabelle 9.4 Wir machen eine Regression mit diesen Daten.

ID	Alter	Sitze	Getriebeart	Kilometerstand	Preis
3	6,0	5	Gang	36.282	£ 5.300
4	6,0	5	Gang	16.621	£ 5.250
5	6,0	5	Gang	35.685	£ 5.700
6	5,0	3	Gang	27.314	£ 5.050
7	6,0	5	Gang	42.143	£ 5.000
8	6,0	3	Gang	42.780	£ 3.650
9	5,0	3	Gang	37.413	£ 4.950
10	6,0	5	Automatik	74.848	£ 4.850
11	4,5	5	Gang	48.572	£ 6.400
12	5,0	3	Gang	28.602	£ 4.900
13	5,0	5	Gang	10.663	£ 5.950
14	5,0	5	Gang	56.775	£ 5.250
15	7,0	5	Gang	63.000	£ 2.600
16	4,0	5	Automatik	34.303	£ 7.150
17	5,0	5	Automatik	25.584	£ 5.900
18	6,0	5	Gang	9.499	£ 6.250

Tabelle 9.4 Wir machen eine Regression mit diesen Daten. (Forts.)

Eine einfache Aufteilung der Daten in zwei Zweige mit der Grenze von 6,2 Jahren liefert uns als niedrigste Summe quadrierter Fehler 15.616.176. (Zufälligerweise unser bisher geringster Fehler, das sollte eigentlich unsere Wurzel sein.)

Wir werfen da allerdings eine Menge Datenpunkte in einen Topf und ignorieren damit einige Nuancen. Diese Nuancen sieht man recht schön, wenn ich Wert gegen Alter aufzeichne.

Was, wenn wir statt der Grenze eine Gerade in die Daten einpassen? Wir bekommen das Resultat aus Abbildung 9.9 und einen Fehler von 12.457.500.

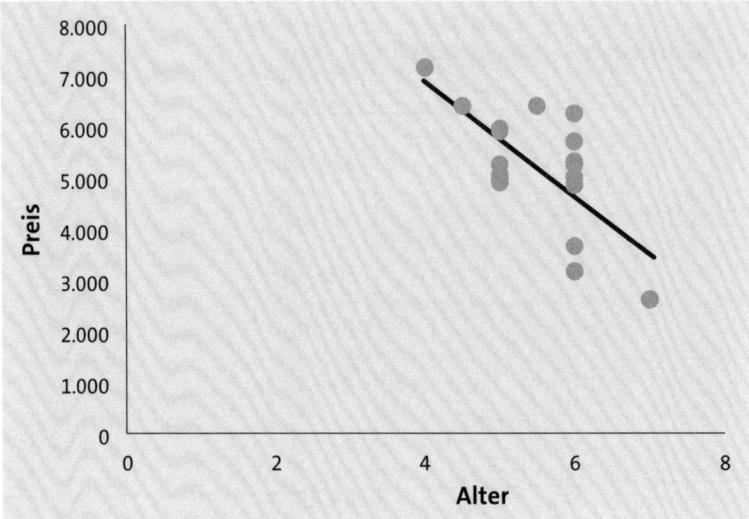

Abbildung 9.9 Eine Gerade in die Daten eingepasst

Nun kombinieren wir *beide* Ideen, das Teilen und die lineare Regression, teilen bei 5,2 Jahren und passen *zwei* Geraden ein. Eine Gerade über und eine unter der Grenze, siehe Abbildung 9.10. Das gibt uns einen Fehler von nur 8.609.273. Damit haben wir einfach nur eine etwas kompliziertere Anpassungsfunktion als eine Regressionsgerade.

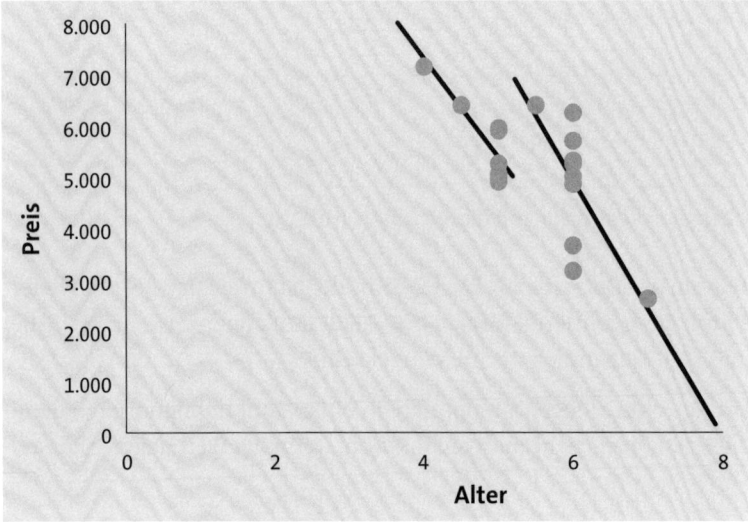

Abbildung 9.10 Teilung plus lineare Anpassung

Jetzt wird es klarer, durch eine Anpassungsgerade oder mehrere Geraden erhalten Sie mehr Informationen, was uns zu besseren Resultaten führt.

Man kann es natürlich noch komplizierter machen, indem wir (Linear-)Kombinationen von Attributen verwenden (Alter minus irgendein anderes Merkmal mal der Anzahl an Sitzen).

9.8 Ausblick

Ich habe hier einen Greedy-Algorithmus beschrieben, bei dem wir in jeder Phase in der Baumkonstruktion entscheiden, nach welchem Merkmal wir die Daten aufteilen, auf der Basis eines Maßes (Entropie oder Standardabweichung) bezogen auf eine bestimmte Stelle im Baum. Aber wir haben nicht berücksichtigt, was weiter unten im Baum passieren wird, und das könnte problematisch sein und zu einer suboptimalen Aufteilung führen.

Nehmen wir noch mal das Autobeispiel. Am Ende haben wir entdeckt, dass eine lineare Anpassung an das Alter die niedrigste Standardabweichung liefert. Was wäre passiert, wenn ich weiter oben im Baum eine Verzweigung auf Basis des Merkmals Kilometerstand durchgeführt hätte? Oder eine Aufteilung basierend auf Alter mittels Grenze und konstantem Wert (dem Mittelwert) im Knoten? Und weiter unten noch eine Teilung nach Getriebeart etc. Hätte ich das getan, wäre mir die ziemlich gute lineare Anpassung nach Alter entgangen.

Man kann das bis zu einem gewissen Grad verhindern, wenn man etwas weiter vorausschaut im Baum, d. h., sehen Sie sich auch die Unterbäume an.

9.9 Bagging und Random Forest

Entscheidungsbäume neigen zur Überanpassung. Denken Sie an die Rituale eines Fußballers vor einem Spiel je nach seinen vergangenen Erfahrungen (Sieg oder Niederlage). Glückssocken? Check. Mit linkem Fuß zuerst aus der Kabine? Check. Kein Curry am Abend vorher? Check. Überanpassung und Prognosevarianz können reduziert werden, indem man Resultate mehrerer Bäume (auf unterschiedliche Arten) aggregiert.

Bootstrap Aggregation, abgekürzt *Bagging*, ist eine dieser Methoden, bei denen man eine zufällige Teilmenge des Gesamtdatensatzes auswählt, eine beliebige Maschinenlernmethode anwendet, und sodann das Gleiche mit einer anderen Teilmenge (und wieder einer beliebigen ML-Methode) wiederholt. Das macht man sehr oft, und die finale Prädiktion wird – bei einer Klassifikation – durch Mehrheitsvotum aller Ergebnisse bestimmt, oder – bei einer Regression – mittels Durchschnitt.

Random forests basiert auf der gleichen Idee, aber mit einem kleinen Unterschied: Bei der Entscheidung für das beste Attribut in einem Knoten wird nicht in *allen* Attributen gesucht. Stattdessen betrachtet man eine *zufällige Untermenge* aller Attribute und wählt das beste Attribut aus dieser Untermenge.

9.10 Weiterführende Literatur

Das im Eigenverlag erschienene *Decision Trees and Random Forests: A Visual Introduction For Beginners* von Chris Smith ist günstig und lustig zu lesen. Sehr gut für Einsteiger geeignet. Aus der gleichen Reihe gibt es andere ML-Bücher.

Ein weiteres Buch im Eigenverlag, *Tree-based Machine Learning Algorithms: Decision Trees, Random Forests, and Boosting* von Clinton Sheppard, ist nicht zu mathematisch und enthält eine Menge an Python-Code.

Kapitel 10
Neuronale Netze

Neuronale Netzwerke oder *Netze (NN)* gehören zu den Verfahren des maschinellen Lernens, die sich die Arbeitsweise des menschlichen Gehirns als Vorbild nehmen. Neuronen erhalten Signale, die dann mathematisch manipuliert an andere Neuronen weitergeleitet werden.

Das Eingangssignal kann mehrere Schichten an Neuronen durchlaufen, bevor es als Ausgabe in Form einer Klassifikation oder Regression herauskommt. Es kann sowohl für überwachte als auch für unüberwachte Aufgaben eingesetzt werden.

10.1 Wofür können wir sie verwenden?

Neuronale Netze werden für die Modelleiung komplexer Beziehungen zwischen Eingabe und Ausgabe verwendet. Beispiele dafür sind:

- Bilderkennung, wie zum Beispiel Handschriftenerkennung
- Verbesserung körniger Bilder
- Übersetzung verschiedener Sprachen
- Werbung. Wenn Marketingleute neuronale Netze einsetzen können, dann werden sie das auch tun!

10.2 Ein sehr einfaches Netzwerk

Sie werden sicher schon Bilder wie in Abbildung 10.1 gesehen haben, die ein typisches neuronales Netz darstellen. Das illustriert die Struktur eines sehr einfachen vorwärtsgerichteten (*Feedforward*) neuronalen Netzes. Eingaben kommen von links, und Ausgaben gehen rechts hinaus. Dazwischen werden in jedem Knoten die Daten mathematisch manipuliert.

Man bezeichnet es deshalb als *vorwärtsgerichtet*, weil Daten und Berechnungen nur in eine Richtung gehen, es gibt also keine Rückkopplung, wie Sie sie später noch kennenlernen werden.

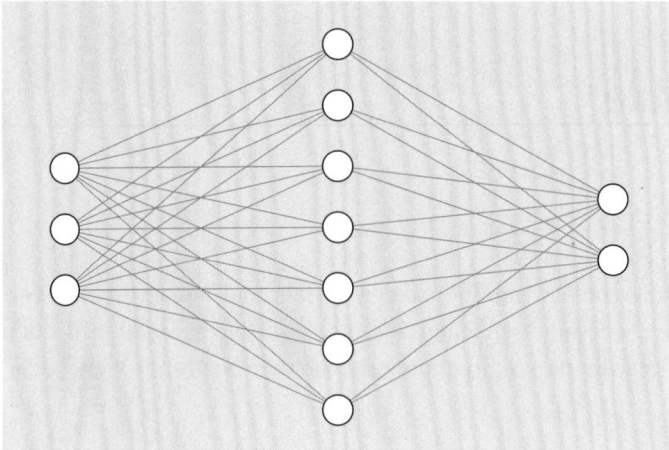

Abbildung 10.1 Ein typisches neuronales Netz, mit Eingabeschicht, versteckter Schicht und Ausgabeschicht

In diesem speziellen Beispiel besteht unsere Eingabe aus einer Reihe oder einem Vektor mit drei Einträgen, also drei *numerischen* Größen. Die werden in der versteckten Schicht mit acht Knoten verändert, bevor sie zu einem Ausgabevektor mit zwei Einträgen weitergegeben werden. Somit haben wir es hier mit einem Beispiel zu tun, das aus einer dreidimensionalen Eingabe zwei Größen prädizieren will. Obwohl es numerische Ausgaben sind, kann man sie natürlich auch für Klassifikationsaufgaben verwenden.

Ich werde diese mathematischen Manipulationen gleich besprechen. Aber ich möchte an dieser Stelle noch anbringen, dass wir nicht auf eine versteckte Schicht beschränkt sind. Man kann im Prinzip beliebig viele Schichten mit beliebig vielen Knoten einsetzen, je nach Bedarf. Einzig die Eingabe- und Ausgabeschicht sind begrenzt durch die gegebenen Daten und die Prädiktionsaufgabe. Die Struktur des Netzwerkes bezeichnet man auch als *(Netz-)Architektur*.

10.3 Universelles Approximations-Theorem

Das *universelle Approximations-Theorem* besagt, dass Sie, so lange Sie genug Knoten zur Verfügung haben, jede kontinuierliche Funktion mit jedem Netzwerk mit nur einer versteckten Schicht zu einem beliebigen Genauigkeitsgrad approximieren können. Die Netzarchitektur für diese einfache Aufgabe sehen Sie in Abbildung 10.2, mit einer Eingabe x und einer Ausgabe y. Um die Approximation zu verbessern, fügen wir der versteckten Schicht einfach mehr Knoten hinzu.

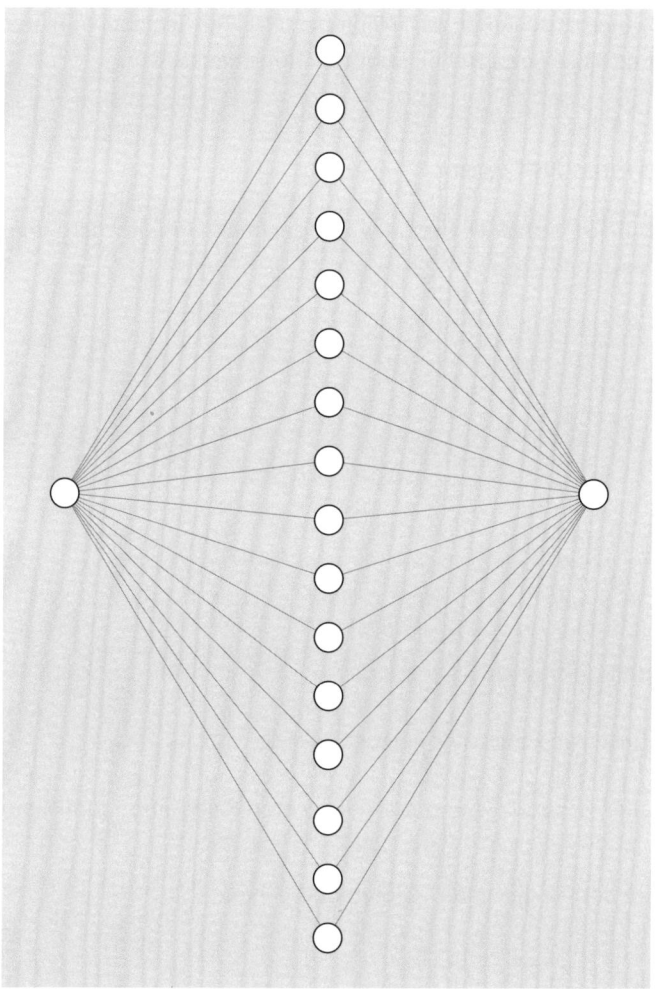

Abbildung 10.2 Neuronales Netz für das universelle Approximations-Theorem

Das ist einer der wichtigsten Einsatzbereiche neuronaler Netze, die Funktionsapproximation. Aber typischerweise sind unsere Probleme nicht so einfach formuliert wie hier implizit angenommen. Statt einer einzigen unabhängigen Variablen x haben wir eine ganze Reihe davon. Auch die Ausgabe y besteht aus mehreren Einträgen. Und wichtig, statt der Approxmation einer bekannten Funktion müssen wir mit einer Riesenmenge an Daten, Eingaben und Ausgaben, zurechtkommen. Außerdem wollen wir die gefundene Approximation dann auf neue, noch ungesehene Daten anwenden. Mit solch komplexen Herausforderungen braucht es dann doch eine umfangreichere Struktur mit mehr als einer versteckten Schicht.

Okay, aber jetzt wird es Zeit, uns anzuschauen, was in einer versteckten Schicht so abläuft und wie die von mir erwähnten mathematischen Manipulationen aussehen.

10.4 Ein noch einfacheres Netzwerk

Abbildung 10.3 zeigt ein möglichst einfaches Netz, das aber ausreicht, um die mathematischen Manipulationen zu erklären.

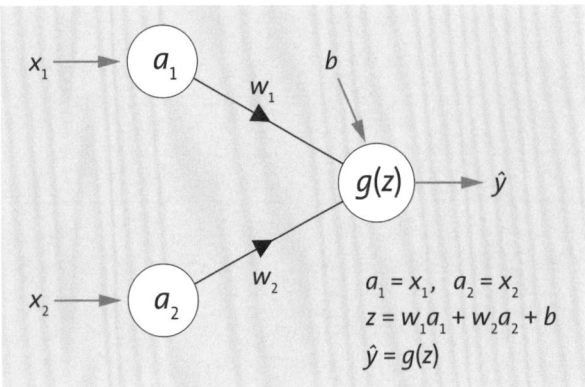

Abbildung 10.3 Die Manipulationen im klassischen neuronalen Netz

Links haben wir zwei Eingaben x_1 und x_2 und auf der rechten Seite eine Prädiktion/ Ausgabe $\hat{y}$.

Die Eingaben werden unverändert in die ersten Knoten übergeben:

$$a_1 = x_1 \quad \text{und} \quad a_2 = x_2$$

Dann wird jeder dieser Werte mit einem Gewicht multipliziert, dem jeweiligen w. Und ein Bias b wird dazuaddiert:

$$z = w_1 a_1 + w_2 a_2 + b$$

Das ist einfach nur eine Linearkombination.

Das Resultat wird dann einer Funktion $g(z)$ übergeben und liefert uns die Ausgabe:

$$\hat{y} = g(z)$$

Wir haben hier eine sehr simple Transformation entwickelt und auf eine zweidimensionale Eingabe angewandt.

Die Funktion $g(z)$ können wir wählen, man nennt sie Aktivierungs- oder Transferfunktion. In neuronalen Netzen spezifizieren wir die Aktivierungsfunktion, die Gewichte w_i und den Bias b bestimmen wir numerisch, um für die gegebenen (Trainings-)Daten die beste Prädiktion der Ausgabe zu finden.

10.5 Die mathematische Manipulation im Detail

Nun wagen wir uns an größere Netze, dazu brauchen wir allerdings hoch- und tiefgestellte Indizes.

In Abbildung 10.4 sehen Sie ein neuronales Netz mit einer einzigen versteckten Schicht. Die folgenden Ausführungen ändern sich nicht im Fall von mehreren versteckten Schichten. Achten Sie auf den hochgestellten Index, der für eine Schicht steht.

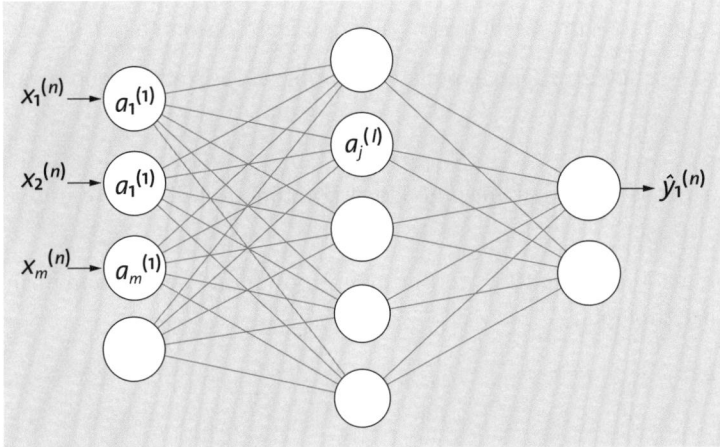

Abbildung 10.4 Die Größen für Eingabe, Ausgabe und die Knoten

Notation

Ich zeige drei Größen in dieser Abbildung. Die Eingabe sind die x_i. Die Ausgabe sind die $\hat{y}_i$. Die Werte in den Knoten/Neuronen sind die a_i. Jetzt müssen wir nur noch die Hoch- und Tiefstellungen klären.

Wie schon bislang im Buch steht das (n) für den n^{ten} Datenpunkt. Das tiefgestellte m am x gibt die Position im Merkmalsvektor an, von denen es insgesamt M gibt. Unsere Eingabe ist also ein Vektor $\mathbf{x}^{(n)}$.

Diese gehen dann in den ersten Knoten ein. Die Knoten der Eingabeschicht enthalten dann die Werte $a_m^{(1)}$. Die Eingabewerte x_m gehen unverändert in diese erste Schicht:

$$a_m^{(1)} = x_m$$

Die Knoten in den nächsten Schichten haben den Wert $a_j^{(l)}$. Das l steht für die Anzahl an Schichten aus insgesamt L Schichten, und j repräsentiert einen bestimmten Knoten. Die Anzahl der Knoten pro Schicht ist beliebig und womöglich von Schicht zu Schicht unterschiedlich. Die Anzahl der Knoten in der Eingabeschicht ist gleicht allerdings der Anzahl der Merkmale und die der Ausgabeschicht der Anzahl der Knoten, die für die Prädiktion notwendig ist.

Wir fahren damit fort bis zur Ausgabe. Das (n) steht für die Ausgabe, die mit dem n^{ten} Datenpunkt assoziiert ist. Das ist dann wieder ein weiterer Vektor $\hat{\mathbf{y}}^{(n)}$, mit im Allgemeinen von der Eingabe abweichender Anzahl an Einträgen. Das Dach auf dem y steht für den Prädiktionswert, im Gegensatz zum wirklichen Wert in den Trainingsdaten.

Wie oben gezeigt, passieren also zwei Dinge, wenn wir uns durch das Netzwerk bewegen.

Propagation

Von einer Schicht zur nächsten bilden wir eine Linearkombination der Werte in den Knoten.

Abbildung 10.5 ist ähnlich Abbildung 10.3, nur mit mehr Knoten und den ganzen hoch- und tiefgestellten Indizes überall.

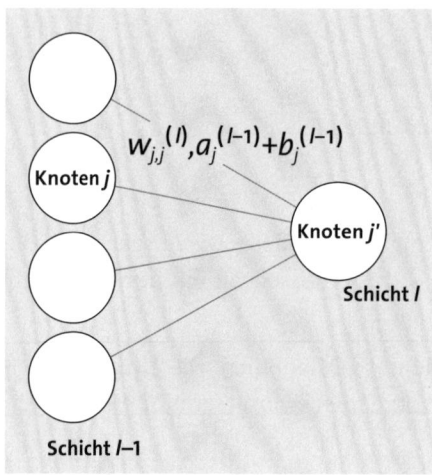

Abbildung 10.5 Ein Ausschnitt aus dem Netz und eine Formel

10.5 Die mathematische Manipulation im Detail

Ich habe die Schichten mit $l-1$ und l bezeichnet. Die allgemeine Markierung der Knoten auf der linken Seite verwendet j, und die Knoten in der rechten Schicht l bezeichnen wir mit j'.

Wir möchten berechnen, welcher Wert in den j'^{ten} Knoten der l^{ten} Schicht eingeht.

Wir multiplizieren also den Wert $a_j^{(l-1)}$ im j^{ten} Knoten der vorherigen, also der $(l-1)^{\text{ten}}$, Schicht mit dem Parameter $w_{j,j'}^{(l)}$, und addieren dann den Parameter $b_{j'}^{(l)}$. Das addieren wir dann alles für jeden Knoten in Schicht $l-1$.

Das ergibt

$$\sum_{j=1}^{J_{l-1}} w_{j,j'}^{(l)} a_j^{(l-1)} + b_{j'}^{(l)}, \qquad (30)$$

wobei J_l die Anzahl der Knoten in Schicht l bezeichnet. Diesen Ausdruck bezeichne ich als $z_{j'}^{(l)}$.

Das ist ein bisschen schwer zu lesen mit den kleinen Indizes, und überhaupt ist es einfacher zu verstehen und eleganter, wenn wir es in Vektornotation schreiben:

$$\mathbf{z}^{(l)} = \mathbf{W}^{(l)} \mathbf{a}^{(l-1)} + \mathbf{b}^{(l)}, \qquad (31)$$

mit einer Matrix $\mathbf{W}^{(l)}$, die alle Multiplikationsparameter enthält, d.h. die Gewichte $w_{j,j'}^{(l)}$, und den Bias $\mathbf{b}^{(l)}$. Der Bias ist eigentlich nur eine Konstante in dieser linearen Transformation. (Manchmal wird der Bias als eigener Knoten an der Spitze der Schicht eingetragen, der den fixen Wert 1 enthält, mit Verbindungslinien zur nächsten Schicht. Diese Art, die Struktur zu zeichnen, entspricht genau dem, was wir hier haben.)

Die erste Manipulation, um zum $\mathbf{z}$ zu gelangen, erfordert eine Kombination der Werte aus der vorherigen Schicht. Aber Achtung, wir spezifizieren nicht die Gewichte und den Bias, die werden erst durch das Training des Netzes bestimmt.

Wenn es nur das wäre, dann wäre es nicht weiter interessant, aber uns steht ja noch eine weitere Manipulation/Transformation bevor.

Die Aktivierungsfunktion

Die Aktivierungsfunktion wird nach einem Prozess innerhalb des Gehirns benannt, wo Neuronen ein elektrisches Signal weitergeben, sobald die Energieladung im Neuron ein gewisse Stärke erreicht. Ab dieser Grenze feuert das Neuron und gibt ihrerseits elektrische Signale an die nächsten Neuronen weiter. Ist das Signal im Neuron zu klein, dann feuert das Neuron nicht.

Um diesen Prozess nachzubauen, wenden wir eine Funktion auf die Ausdrücke (30) oder (31) an. Wir nennen diese Funktion $g^{(l)}$. Üblicherweise wird für jeden Knoten einer

Schicht die gleiche Funktion verwendet, das kann aber von Schicht zu Schicht anders aussehen. Und diese Funktion *müssen* wir vorab spezifizieren.

Das bringt uns zu folgendem Ausdruck für die Werte in der nächsten Schicht:

$$\mathbf{a}^{(l)} = g^{(l)}(\mathbf{z}^{(l)}) = g^{(l)}\left(\mathbf{W}^{(l)}\mathbf{a}^{(l-1)} + \mathbf{b}^{(l)}\right) \tag{32}$$

Die Funktion auf einen Vektor anzuwenden, bedeutet die Anwendung der Funktion auf jeden einzelnen Eintrag.

So wandert das Signal von allen Knoten in einer Schicht zur nächsten Schicht über eine Funktion, die bestimmt, wie viel vom Signal weitergegeben wird.

Und auf diese Art bewegen wir uns durch das ganze Netz bis inklusive der Ausgabeschicht, die natürlich auch eine assoziierte Aktivierungsfunktion besitzt.

Das können wir interpretieren als Regression auf eine Regression auf eine ...

Was rechts herauskommt, ist eine unübersichtliche Funktion von dem, was links hineingeht. Das Wort unübersichtlich verwende ich im technischen-mathematischen Sinn: Würden wir den Skalare $\hat{y}$ explizit in Bezug auf die Skalare x hinschreiben, das sähe nicht sehr schön aus. Es wäre ein extrem langer Ausdruck mit vielen hoch- und tiefgestellten Indizes und Summen – aber ganz sicher eine Funktion.

Klassifikationsprobleme

Ich habe es schon erwähnt, aber es ist die Wiederholung wert: Klassifikation unterscheidet sich von Regression und Funktionsanpassung.

Nehmen wir an, Sie wollen Früchte klassifizieren. Sie haben Pfirsiche, Birnen, Pflaumen etc. Die Rohdaten für die **x**-Werte könnten numerische Größen wie Dimension, Form, Farbe etc. sein. Was wäre(n) dann die abhängige(n) Variable(n)? Möglich wäre ein y, das den Wert 1 (für Pfirsich), 2 (für Birne) etc. annimmt. Würde das Sinn ergeben für eine neue Frucht, die nicht im Trainingsdatensatz enthalten ist? Nehmen wir an, die Prädiktion wäre $\hat{y} = 1,5$. Was würde das bedeuten? Halb Pfirsich, halb Birne vielleicht? Das wäre okay, wenn es eine logische Ordnung der Früchte gäbe, wo man sagen könnte: Ein Pfirsich ist weniger (wert) als eine Birne, die wiederum ist weniger (wert) als eine Pflaume usw. Aber das ist hier nicht der Fall.

Es ist sinnvoller, einen Vektor $\hat{\mathbf{y}}$ auszugeben, mit genauso vielen Einträgen wie Fruchtarten. Die Eingabedaten würden den Pfirsich als $(1, 0, \ldots, 0)^\mathsf{T}$ darstellen, eine Birne als $(0, 1, \ldots, 0)^\mathsf{T}$ usw. Die Ausgabe $(0,4, 0,2, \ldots, 0,1)^\mathsf{T}$ wäre dann brauch- und interpretierbar, wahrscheinlich Pfirsich, aber mit ein paar birnenhaften Merkmalen.

10.6 Häufige Aktivierungsfunktionen

Hier nun eine Auflistung häufig verwendeter Aktivierungsfunktionen:

- **Lineare Funktion**
  Nicht so interessant wäre die lineare Funktion:
  $$g(x) = x$$
  Diese Aktivierungsfunktion würde beim Bestimmen der Parameter Probleme bereiten, denn der Gradient wäre überall 1, was uns beim Gradientenabstiegsverfahren Schwierigkeiten macht. Die eigentlich nicht lineare Natur neuronaler Netze würde quasi ignoriert.

- **Stufenfunktion/harter Übergang**
  Die Stufenfunktion verhält sich wie die oben beschriebene biologische Aktivierungsfunktion:
  $$g(x) = \begin{cases} 0 & x < 0 \\ 1 & x \geq 0 \end{cases}$$
  Das Signal geht als fixe Größe durch, oder es stirbt zur Gänze. Das ist vielleicht etwas zu extrem und lässt uns kaum Platz für eine probabilistische Interpretation der Signale.

  Wir laufen auch in numerische Probleme, da der Gradient außer einem Punkt (und da ist er unendlich) immer null ist – wieder schwierig beim Gradientenabstieg, also besser vermeiden.

- **Positive lineare/ReLU-Funktion**
  $$g(x) = \max(0, x)$$
  ReLU steht für *Rectified Linear Units*. Sie ist eine der meistverbreiteten Aktivierungsfunktionen, da sie ausreichend nicht-linear ist, wenn man viele interagierende Knoten hat.

  Das Signal geht unberührt durch oder stirbt komplett. (Jeder außerhalb des maschinellen Lernens kennt diese Funktion als Rampenfunktion.)

- **Lineare Sättigungsfunktion**
  $$g(x) = \begin{cases} 0 & x < 0 \\ x & 0 \leq x \leq 1 \\ 1 & x > 1 \end{cases}$$
  Die lineare Sättigungsfunktion ist der Stufenfunktion ähnlich, aber nicht ganz so extrem.

▶ **Sigmoide oder logistische Funktion**

$$g(x) = \frac{1}{1+e^{-x}}$$

Das ist eine etwas weichere Version der Stufenfunktion. Wir haben diese Funktion im Buch bereits nutzbringend eingesetzt. Sie ist meist eine gute Wahl als Aktivierungsfunktion für Klassifikationsaufgaben.

Die tanh-Funktion, den *Tangens hyperbolicus* kann man ebenso verwenden, sie ist aber nur eine lineare Transformation der logistischen Funktion.

▶ **Softmax-Funktion**
Die Softmax-Funktion ist Ihnen bereits in Kapitel 2 begegnet. Sie nimmt eine Reihe von K Werten $(z_1, z_2, \ldots, z_K)$ und bildet sie auf K Zahlen zwischen 0 und 1 ab, die summiert 1 ergeben.

Somit ist die Softmax-Funktion eine Funktion, die Zahlen so transformiert, dass man sie als Wahrscheinlichkeiten interpretieren könnte:

$$\frac{e^{z_k}}{\sum_{k=1}^{K} e^{z_k}}$$

Sie wird sehr oft als letzte Schicht eines neuronalen Netzes verwendet (Ausgabeschicht), speziell bei Klassifikationsproblemen.

Verdeckte versus Ausgabeschicht

Sie sind also ziemlich flexibel, was die Wahl der Aktivierungsfunktion für die versteckten Schichten betrifft. Die Aktivierungsfunktion für die Ausgabeschicht ist eigentlich durch die Art der Aufgabe vorherbestimmt.

10.7 Das Ziel

Unser ultimatives Ziel ist eine approximierte Funktion. Aber ich habe noch nicht viel über die einzupassende Funktion erzählt. Es wird aber nicht die Sinusfunktion sein, die Sie gleich als erstes Beispiel sehen werden. Diese Funktion kommt von den Daten. Für jede Eingabe, also unabhängige Variable bzw. Datenpunkt $\mathbf{x}^{(n)}$, gibt es einen korrespondierenden abhängigen Vektor $\mathbf{y}^{(n)}$. Das sind in ihrer Gesamtheit unsere Trainingsdaten.

Unser neuronales Netz nimmt diese $\mathbf{x}^{(n)}$ als Eingabe, verändert sie ein bisschen, und wirft $\hat{\mathbf{y}}^{(n)}$ aus. Wir verfolgen das Ziel, dass die $\mathbf{y}^{(n)}$ und $\hat{\mathbf{y}}^{(n)}$ einander so nah wie möglich sind. Das erreichen wir durch das Schrauben an den Gewichten $\mathbf{W}^{(l)}$ und dem Bias $\mathbf{b}^{(l)}$ für jede Schicht.

Das ist also nur eine etwas ausgefallenere Art der Regression. Und deshalb erwarten Sie bereits eine Diskussion über Kostenfunktion und numerische Methoden. Dazu kommen wir gleich.

10.8 Beispiel: Approximation einer Funktion

Sehen wir uns noch mal das universelle Approximations-Theorem in Aktion an. Wir nehmen also ein neuronales Netz mit einer versteckten Schicht mit einer gewissen Anzahl an Knoten und verwenden das zur Approximation von $\sin(2x)$. In Abbildung 10.6 sehen Sie, wie gut wir an diese Funktion mit zwei, vier, sechs und acht Knoten herankommen.

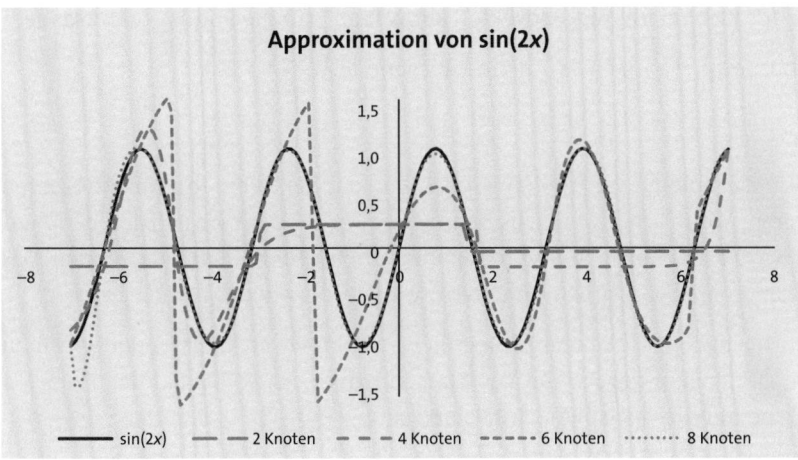

Abbildung 10.6 Approximation einer Sinuskurve mit einem Netz mit einer versteckten Schicht

Ich verwende hier eine sigmoide Aktivierungsfunktion in der versteckten Schicht. Offensichtlich gilt: Je mehr Knoten, desto besser das Resultat. Mit acht Knoten kommen wir schon zu einem exzellenten Ergebnis. Wie bin ich zu diesen Ergebnissen gekommen?

Nun ja, mit hängendem Kopf gebe ich zu, ich habe Excel und das Solver-Modul verwendet, um die Gewichte und die Bias-Werte zu finden, da es sich um eine sehr einfache Netzwerkarchitektur handelt. Dann habe ich es noch mit der Python-Bibliothek *NeuroLab* überprüft, siehe *https://pythonhosted.org/neurolab/*.

Aber das ist Schummeln – nach der Einleitung zu diesem Buch. Was passiert also innerhalb des Codes, der unsere Parameter findet? Wir müssen uns zuerst auf eine Kostenfunktion einigen.

10.9 Kostenfunktion

Wie in der einfacheren Formen der Regression brauchen wir ein Maß dafür, wie gut unser Algorithmus bei der Anpassung an die Daten ist. Daher brauchen wir eine Kostenfunktion.

Der Klassiker, den ich auch hier verwendet habe, ist die *Methode der kleinsten Quadrate* (*KQM*). Die Kostenfunktion lautet dann:

$$J = \frac{1}{2} \sum_{n=1}^{N} \sum_{k=1}^{K} \left(\hat{y}_k^{(n)} - y_k^{(n)} \right)^2 \tag{33}$$

Die Notation ist hoffentlich klar: $y_k^{(n)}$ sind die abhängigen Daten für den n^{ten} Datenpunkt, k steht für den k^{ten} Knoten im Ausgabevektor, ähnlich $\hat{y}_k^{(n)}$ für die Prädiktionsausgabe.

(Im obigen Sinusbeispiel haben wir nur eine Ausgabe, also $K = 1$.)

Klassifikation

Für Klassifikationsprobleme verwenden wir Zahlen oder Vektoren, um unsere Klassen zu repräsentieren. Wenn wir E-Mails als Spam oder Nicht-Spam klassifizieren wollen, dann können wir 0 als Kennzeichnung für Spam und 1 für Nicht-Spam verwenden. Das entspräche einer binären Klassifikation und käme mit einer einzige Ausgabe aus.

Wenn wir Tierarten haben, wie Säugetier, Reptilien, Amphibien etc., verwenden wir einen Vektor, dessen Dimension der Anzahl der Klassen bzw. hier der Anzahl der Tierarten entspricht (wie beim Fruchtbeispiel): $(1, 0, \ldots, 0)^{\mathsf{T}}$, etc.

Die Kostenfunktion für so eine Art der Ausgabe ist der aus Kapitel 6 für die logistische Regression ziemlich ähnlich. Für binäre, also Ja/Nein-Klassifikationen:

$$J = -\sum_{n=1}^{N} \left(y^{(n)} \ln\left(\hat{y}^{(n)}\right) + (1 - y^{(n)}) \left(1 - \ln\left(\hat{y}^{(n)}\right)\right) \right)$$

Haben wir drei oder mehr Klassen, dann müssen wir über alle K Ausgaben summieren, wobei K der Anzahl der Klassen entspricht:

$$J = -\sum_{n=1}^{N} \sum_{k=1}^{K} \left(y_k^{(n)} \ln\left(\hat{y}_k^{(n)}\right) + (1 - y_k^{(n)}) \left(1 - \ln\left(\hat{y}_k^{(n)}\right)\right) \right) \tag{34}$$

Das ist stark mit der Kreuzentropie verwandt.

Wir addieren zu dieser Kostenfunktion einen uns bereits bekannten Regularisierungsterm der Form

$$\frac{\lambda}{2} |\mathbf{W}|^2.$$

Jetzt haben wir etwas zu minimieren – aber wie gehen wir numerisch vor?

10.10 Backpropagation

Wir möchten die Kostenfunktion J in Bezug auf die Parameter, die Komponenten von $\mathbf{W}$ und $\mathbf{b}$, minimieren. Für die Gradientenabstiegsmethode brauchen wir noch die partiellen Ableitungen von J für jeden dieser Parameter. Wir wünschen uns also

$$\frac{\partial J}{\partial w_{j,j'}^{(l)}} \quad \text{und} \quad \frac{\partial J}{\partial b_{j'}^{(l)}}.$$

Können wir diese partiellen Ableitungen finden, dann können wir mit dem Gradientenabstieg arbeiten. Das wird aber viel härter als bei allen bisher kennengelernten Methoden des maschinellen Lernens. Der Grund ist die Art und Weise, wie diese Parameter als Funktion einer Funktion einer ... eingebettet sind. Um die partiellen Ableitungen zu bestimmen, müssen wir diese Funktion einer Funktion einer ... differenzieren. Das wird extrem unübersichtlich und erfordert die wiederholte Anwendung der Kettenregel, es sei denn, wir finden eine elegantere Darstellung dieser Situation. Zum Glück finden wir eine.

Das geht relativ schmerzfrei, wenn wir die Größe

$$\delta_{j'}^{(l)} = \frac{\partial J}{\partial z_{j'}^{(l)}}$$

einführen. Erinnern Sie sich an z, die lineare Transformation der Werte aus der vorherigen Schicht, aber *bevor* wir sie der Aktivierungsfunktion füttern.

Diese Idee bezeichnet man als *Backpropagation* (die deutschen Begriffe *Fehlerrückführung* oder *Rückpropagierung* klingen etwas schwerfällig und sind auch nicht sehr verbreitet). Backpropagation ist wie die Berechnung des Fehlers zwischen $\mathbf{y}$ und $\hat{\mathbf{y}}$ in der Ausgabeschicht und der Zuordnung dieses Fehlers an die versteckten Schichten. So wird der Fehler durch das Netz zurück propagiert. Das wirkt etwas schräg, denn es gibt zwar eine offensichtliche Bedeutung für einen Fehler in der Ausgabeschicht (Differenz zwischen wirklichen Wert von $\mathbf{y}$ und dem Prädiktionswert $\hat{\mathbf{y}}$), aber kein korrektes $\mathbf{a}$ in der versteckten Schicht mit der man vergleichen könnte. Backpropagation zeigt uns alles, was wir brauchen, um unsere Parameter zu finden.

Es tut mir wirklich leid, aber wir müssen uns noch mal eines dieser Mininetze genauer ansehen (siehe Abbildung 10.7). Dort sehen Sie so ziemlich alles für die folgenden Ausführungen. Das erste Ziel ist die Bestimmung der partiellen Ableitungen der Kostenfunktion zu $w_{j,j'}^{(l)}$.

10 Neuronale Netze

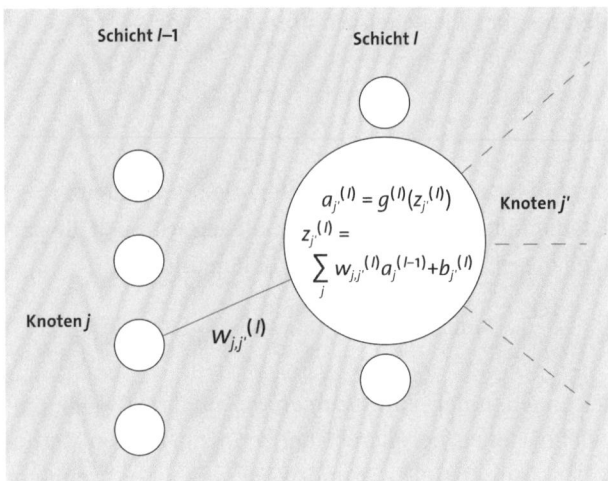

Abbildung 10.7 Das Netz mit den Schlüsselformeln

Spielen wir ein bisschen mit der Kettenregel

$$\delta_j^{(l-1)} = \frac{\partial J}{\partial z_j^{(l-1)}} = \sum_{j'} \frac{\partial J}{\partial z_{j'}^{(l)}} \frac{\partial z_{j'}^{(l)}}{\partial z_j^{(l-1)}},$$

aber

$$z_{j'}^{(l)} = \sum_j w_{j,j'}^{(l)} a_j^{(l-1)} + b_{j'}^{(l)} = \sum_j w_{j,j'}^{(l)} g^{(l-1)}\left(z_j^{(l-1)}\right) + b_{j'}^{(l)}.$$

Also

$$\delta_j^{(l-1)} = \left.\frac{dg^{(l-1)}}{dz}\right|_{z_j^{(l-1)}} \sum_{j'} \frac{\partial J}{\partial z_{j'}^{(l)}} w_{j,j'}^{(l)}$$

$$= \left.\frac{dg^{(l-1)}}{dz}\right|_{z_j^{(l-1)}} \sum_{j'} \delta_{j'}^{(l)} w_{j,j'}^{(l)}. \tag{35}$$

Sehen wir uns an, was wir bisher erreicht haben und was nicht. Gleichung (35) zeigt uns, wie wir die δs einer Schicht finden, wenn wir die δs in allen *rechten* Schichten kennen. Fantastisch. Was aber ist so großartig an diesen δs? Das ist eigentlich der leichte Part:

$$\frac{\partial J}{\partial w_{j,j'}^{(l)}} = \frac{\partial J}{\partial z_{j'}^{(l)}} \frac{\partial z_{j'}^{(l)}}{\partial w_{j,j'}^{(l)}}$$

$$= \delta_{j'}^{(l)} a_j^{(l-1)} \tag{36}$$

Und fertig! Die partiellen Ableitungen der Kostenfunktion J in Bezug zu den ws kann mit Bezug auf die δs geschrieben werden, die wiederum rückgeführt werden von den rechten Schichtern, derjenigen näher zur Ausgabe. Und die partielle Ableitung der Kostenfunktion in Bezug auf den Bias b? Das ist noch leichter:

$$\frac{\partial J}{\partial b_{j'}^{(l)}} = \delta_{j'}^{(l)}$$

Oben haben wir die Ableitung der Aktivierungsfunktion bezüglich z. Das ist meist eine einfache Funktion von z, abhängig von der gewählten Aktivierungsfunktion. Für ReLU ist die Ableitung entweder 0 oder 1. Die Ableitung der logistischen Funktion hat eine schöne Eigenschaft: $g'(z) = g(1-g)$.

Die letzte versteckte Schicht ist allerdings anders, denn sie füttert die Ausgabe. Ist die Kostenfunktion quadratisch, dann haben wir stattdessen

$$\delta_j^{(L)} = \left.\frac{dg^{(L)}}{dz}\right|_{z_j^{(L)}} \left(\hat{y}_j - y_j\right).$$

(Um die Konfusion im Falle einer einzigen Ausgabe gering zu halten, können wir die Indizes j weglassen.)

Schritt für Schritt: Der Backpropagation-Algorithmus

0 Initialisiere Gewichte und Bias
Wähle Gewichte und Bias, typischerweise zufällig. Die Größe der Gewichte sollte mit der steigenden Anzahl an Knoten im Netz abnehmen.

1 Wähle beliebigen Datenpunkt
Gib den Vektor **x** auf der linken Seite des Netzes ein, und berechne alle z_i, a_i, etc. Berechne die Ausgabe $\hat{y}$. (Könnte auch ein Vektor sein.)

2 Berechne den Anteil an der Kostenfunktion
Wir brauchen den aktuellen Wert der Kostenfunktion zwar nicht, um die Gewichte und den Bias zu finden, zur Verfolgung der Konvergenz ist das aber recht nützlich.

3 Starte rechts, berechne alle δs
Für die quadratische eindimensionale Kostenfunktion wäre das

$$\delta^{(L)} = \left.\frac{dg^{(L)}}{dz}\right|_{z_j^{(L)}} \left(\hat{y} - y\right).$$

Wir bewegen uns nach links:

$$\delta_j^{(l-1)} = \left.\frac{dg^{(l-1)}}{dz}\right|_{z_j^{(l-1)}} \sum_{j'} \delta_{j'}^{(l)} w_{j,j'}^{(l)}$$

4 *Aktualisiere die Gewichte und Bias mittels (stochastischem) Gradientenabstieg*

$$\text{Neu } w_{j,j'}^{(l)} = \text{Alt } w_{j,j'}^{(l)} - \beta\frac{\partial J}{\partial w_{j,j'}^{(l)}} = \text{Alt } w_{j,j'}^{(l)} - \beta\delta_{j'}^{(l)} a_j^{(l-1)}$$

und

$$\text{Neu } b_{j'}^{(l)} = \text{Alt } b_{j'}^{(l)} - \beta\frac{\partial J}{\partial b_{j'}^{(l)}} = \text{Alt } b_{j'}^{(l)} - \beta\delta_{j'}^{(l)}.$$

Zurück zu Schritt 1. ∎

10.11 Beispiel: Buchstabenerkennung

Nun zu einem richtigen Beispiel. Ich verwende ein neuronales Netz für die handgeschriebene Buchstabenerkennung. Das ist ein guter, robuster Test dieser Methode. Es ist auch relativ einfach und deshalb in Lehrbüchern sehr weit verbreitet – zum einen wegen der leichten Beschaffung der Trainigsdaten, und zum anderen findet man dazugehörigen Python-Code haufenweise im Internet.

Die Eingaben x bestehen aus vielen Beispielen handgeschriebener Ziffern von 0 bis 9. Jede davon wird durch einen Vektor der Dimension 784 repräsentiert. Das bedeutet, die Ziffern bestehen aus einem Quadrat aus 28 mal 28 Pixeln. Jeder Vektoreintrag ist eine Zahl zwischen 0 und 255 für den Grauwert der Pixel.

Woher bekam ich die Daten? Es gibt da einen berühmten Datensatz des *Modified National Institute of Standards and Technology* (MNIST) mit 60.000 Trainingsbildern und 10.000 Testbildern. Diese wurden von Angestellten der amerikanischen Statistikbehörde (US Census Bureau) und amerikanischen Oberschülern erstellt. Leicht zu verarbeitende Daten finden Sie unter *http://yann.lecun.com/exdb/mnist/*.

In Abbildung 10.8 sehen Sie ein Beispiel, genauer gesagt die erste Zeile des rohen MNIST-Trainingsdatensatzes. Sie ist folgendermaßen zu interpretieren: Die erste Zahl links steht für die repräsentierte Ziffer, der Rest entspricht den Pixelgrauwerten des Bildes.

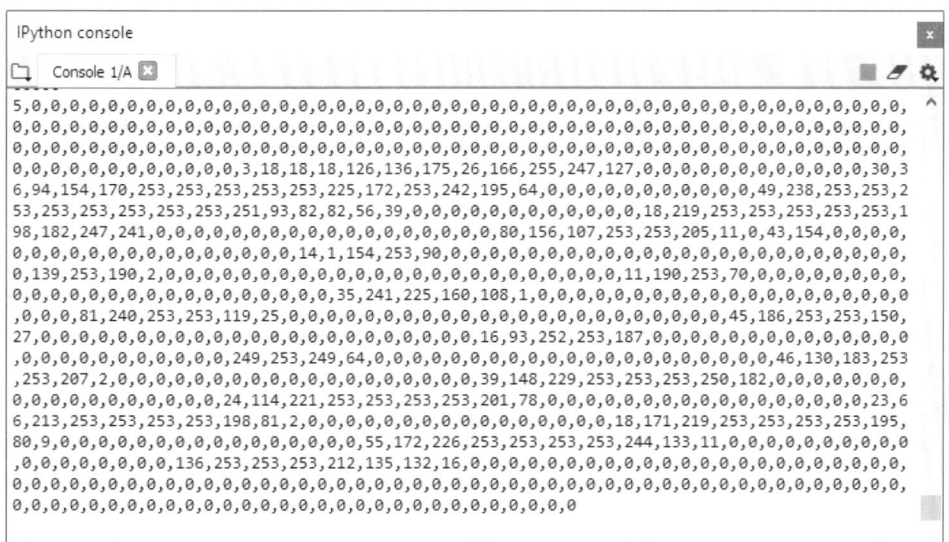

Abbildung 10.8 Die digitalisierte Ziffer 5

Und wie in Abbildung 10.9 sieht diese Ziffer 5 als Bild aus.

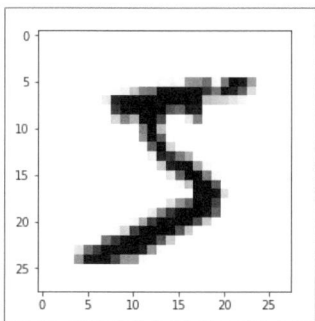

Abbildung 10.9 Datenpunkt mit Ziffer 5

Unser Netz hat 784 Eingaben, eine versteckte Schicht mit einer sigmoiden Aktivierungsfunktion mit 50 Knoten und zehn Ausgaben. Warum 10 und nicht nur eine Ausgabe? Schließlich wollen wir ja nur eine Ziffer vorhersagen. Der Grund ist offensichtlich, da unsere Eingabe ein Bild ist, kann man nicht sagen, dass eine 7 zwischen 6 und 8 liegt. Wir haben es mit einem Klassifikationsproblem zu tun und nicht mit einer Regression.

10.12 Training und Testen

Zum ersten Mal in diesem Buch rede ich nicht nur von Training und Testen, sondern ich führe es auch durch.

Der MNIST-Trainingsdatensatz besteht aus 60.000 handgeschriebenen Ziffern. Das Netzwerk wird auf diesen Daten trainiert, indem ich jeden Datenpunkt durch das Netz jage und die Gewichte und Bias mittels Backpropagation-Algorithmus und stochastischen Gradientenabstieg aktualisiere. Lassen wir alle Daten einmal durchlaufen, dann sprechen wir von einer *Epoche*. Das liefert uns Werte für Gewichte und Bias.

Obwohl das Netzwerk auf allen Daten trainiert wurde, ging jeder Datenpunkt nur einmal durch das stochastische Gradientenabstiegsverfahren. Durch die relativ kleine Lernrate hatte das Netzwerk noch nicht Zeit genug zu konvergieren.

Also geben wir dem Netzwerk noch mal alle Daten zur Ansicht und haben somit die zweite Epoche durchlaufen. Schritt für Schritt werden die Gewichte und Bias in die richtige Richtung verändert, das Netzwerk lernt immer mehr mit drei, vier oder mehr Epochen.

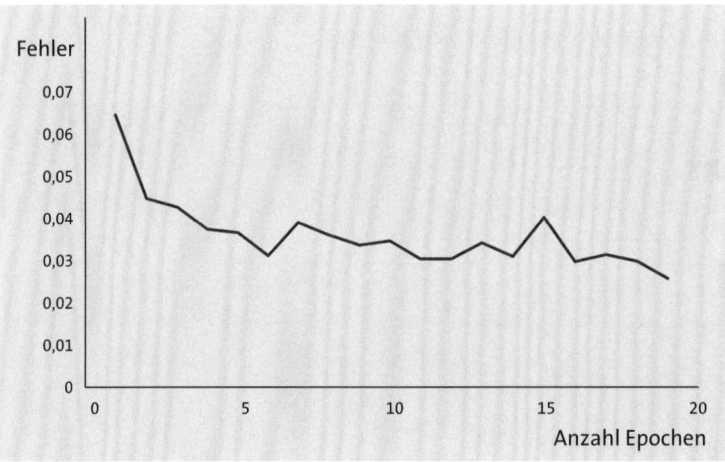

Abbildung 10.10 Fehler versus Anzahl der Epochen, Trainingsdaten

Sie sehen, wie der Fehler mit der Anzahl der Epochen abnimmt. Irgendwann erreicht der Fehler eine Grenze, ab der Sie keine weitere Verbesserung erreichen können. Diese Konvergenz wird nicht monoton sein, da wir mit dem stochastischen Gradientenabstiegsverfahren die Daten in zufälliger Reihenfolge dem Netz präsentieren. Abbildung 10.10 zeigt eine Fehlerverlaufskurve, gemessen als Anteil der fehlklassifizierten Ziffern gegen die Anzahl der Epochen.

Nach 19 Epochen erreichen wir eine Genauigkeit von 97,4 %. Das Netz hat gelernt, der Fehler sinkt. Aber was hat es gelernt? Hat es das Richtige gelernt?

Wir wollen, dass das Netz lernt, handgeschriebene Ziffern zu erkennen, wir wollen aber nicht, dass es die präsentierten Trainingsbilder auswendig lernt. Das heißt, wir möchten eine Überanpassung verhindern. Genau aus diesem Grund halten wir Testdaten für die Kontrolle zurück. Die zurückgehaltenen Daten sind eine zufällige Auswahl aus dem Gesamtdatensatz.

Sehen wir uns an, wie gut das trainierte Netz mit den Testdaten umgehen kann. In Abbildung 10.11 sehen Sie den Fehler je nach Anzahl der Epochen sowohl für die Test- als auch für die Trainingsdaten.

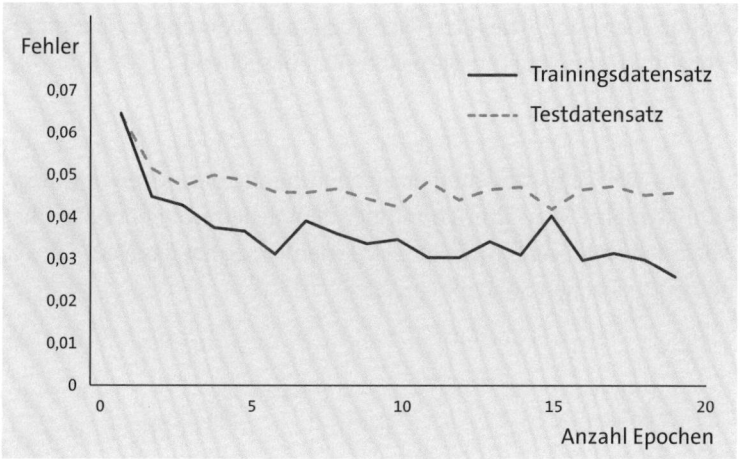

Abbildung 10.11 Fehler versus Anzahl der Epochen, Trainings- und Testdaten.

Offensichtlich ist das Netz bei den Testdaten nicht so gut, es erreicht nur 95 % Genauigkeit. Das ist fast der doppelte Fehler, verglichen mit den Trainingsdaten. Aber eigentlich immer noch recht gut für so ein einfaches Netzwerk. In der Praxis würden wir noch weitere Experimente durchführen, durch Variation der Anzahl der Knoten in der versteckten Schicht oder auch durch mehr versteckte Schichten. Im Regelfall gilt, je mehr Neuronen, desto mehr Epochen sind für das Training notwendig.

Mit mehr Neuronen stellt sich oft der Effekt ein, dass der Testfehler mit der Anzahl der Neuronen steigt. Das ist ein untrügliches Zeichen für eine Überanpassung der Daten. Mit einer großen Anzahl an Neuronen ist es wirklich leicht in die Überanpassung zu geraten. Sehen Sie sich noch mal Kapitel 2 an für eine Diskussion zu Trainings-, Test- und Validierungdatensätzen. Hat man eine Vorstellung von der Genauigkeit je nach Netzarchitektur, lohnt sich ein Blick auf die Prädiktionsgeschwindigkeit für neue Daten werfen. Die Dauer des Trainings ist nicht unbedingt so wichtig, aber wenn die Geschwindigkeit für eine Prädiktion von Bedeutung ist, dann müssen Sie an der Netzwerkarchitektur arbeiten. Diese Zeit zu messen ist eigentlich nicht schwierig. Nehmen wir unser Beispiel mit 784 Eingaben, 50 Knoten in einer versteckten Schicht und zehn Ausgaben, dann ist die Zeit proportional zu

$$784 \times 50 + 50 \times 10 = 39.700.$$

Hätten wir aber zum Beispiel 784 Eingaben, eine versteckte Schicht mit 30 Knoten, eine weitere mit 20, und zehn Ausgaben, dann führte das zu einer Zeit proportional zu

$$784 \times 30 + 30 \times 20 + 20 \times 10 = 24.320.$$

Gleiche Anzahl an Knoten, aber nur 2/3 der Zeit. (Natürlich in der Annahme, dass unterschiedliche Aktivierungsfunktionen in etwa die gleiche Zeit brauchen.)

Meine Ziffern

Ich zeigte dem trainierten Netz ein paar meiner eigenen handgeschriebenen Ziffern. Abbildung 10.12 zeigt links meine 3 zusammen mit der digitalisierten Version. Das hat das Netz richtig klassifziert. Abbildung 10.12 zeigt rechts meine 7, da hat das Netz versagt. Vielleicht, weil es eine 7 europäischen Stils mit Querstrich ist?

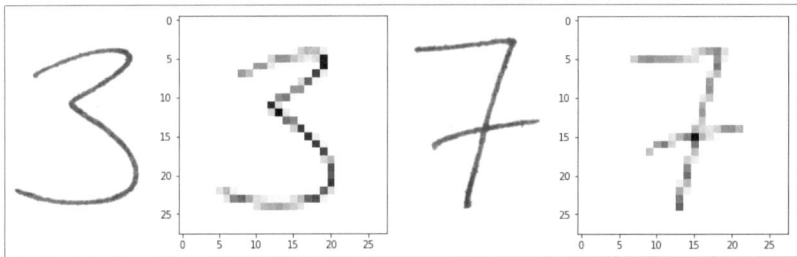

Abbildung 10.12 Meine Ziffern 3 und 7

Unfug

Manchmal werden Buchstabenerkennungs-Netz mit verrauschten Eingangsdaten getestet. Ich dachte, ich versuche etwas Ähnliches, aber ganz anders. Als finales Experiment übergab ich dem Netz ein paar berühmte Albumcover und ein Titelblatt des *Wilmott*-Magazins, alle konvertiert zu einem 28×28-Bild, nur um zu sehen, wie die Klassifikation ausfällt. Die Transformation ist in Abbildung 10.13 zu sehen. *Das White Album* wurde als 5, *Smell The Glove* als 0 und das *Wilmott*-Magazin (mit Ed Thorpe, siehe nächstes Kapitel) wurde als 3 erkannt.

Abbildung 10.13 Cover: (a) »The White Album«, Beatles; (b) 28x28-Version von »The White Album«

Abbildung 10.14 Cover: (c) »Smell The Glove«, Spinal Tap; (d) 28x28-Version von »Smell The Glove«

Abbildung 10.15 Cover: (e) »Wilmott«-Magazin, Januar 2017; (f) 28x28-Version der Titelseite

10.13 Mehr Architekturen

Autoencoder

Der Autoencoder ist eine clevere Struktur, in der Eingabe und Ausgabe genau gleich sind. Waaaaas? Die Idee besteht darin, die Eingabe durch ein ein- oder mehrschichtiges Netz zu schicken, wobei das Netz eine signifikant geringere Dimension als die Eingabe hat und die Ausgabe eine gute Approximation der Eingabe liefert. Es ist fast wie eine Neuronale-Netze-Version der Hauptkomponentenanalyse, in der wir die originale Dimension der Daten reduzieren (zur Anzahl der Knoten in den versteckten Schichten). Das Training passiert exakt wie zuvor beschrieben, nur dass die y_i genau den x_i entsprechen.

Abbildung 10.16 illustriert diese Idee sehr schön.

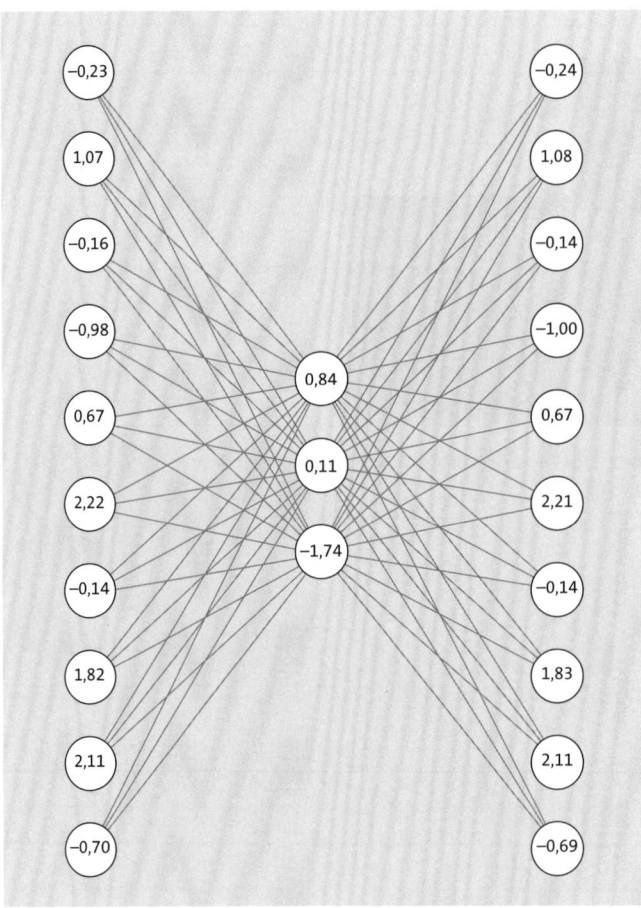

Abbildung 10.16 Illustration eines Autoencoders

Die Daten gehen wie üblich von links in das Netz ein (die Abbildung zeigt beispielhaft nur einen Datenpunkt). Die Daten wandern durch das Netzwerk, durch einen Flaschenhals hindurch, und kommen nahezu unverändert wieder heraus. Man sieht in der Abbildung, dass die Ausgabe leicht verändert ist, da ein bisschen Information verloren geht. Aber wir haben die Informationen von 10 auf 3 reduziert.

Wollen Sie nun eine komprimierte Repräsentation eines Datenpunktes speichern, so lassen Sie ihn durch den Autoencoder laufen und behalten die Daten in der Flaschenhalsschicht (hier wäre das 0,84, 0,11, −1,74). Für die Dekomprimierung geben Sie ein paar Zahlen in die Flaschenhalsschicht und lassen Sie bis zur Ausgabeschicht durchlaufen. Natürlich sind wir nicht auf eine einzige versteckte Schicht beschränkt, sondern können eine beliebige Anzahl nehmen. Aber die geringste Dimension entspricht der Dimension der kleinsten Schicht.

Radiales Basisfunktionsnetz

Das Radiale Basisfunktionsnetz (RBFN) verwendet die Gauß'sche Funktion statt einer linearen Transformation. In einem Knoten einer versteckten Schicht würden wir auf so etwas stoßen

$$w_i \, e^{-b|\mathbf{x}-\mathbf{c}_j|^2}$$

statt einer, sagen wir, sigmoiden Funktion. Die Ausgabeschicht würde das alles aufsummieren und einer anderen Aktivierungsfunktion zuführen. Sie sehen wahrscheinlich selbst die Ähnlichkeiten mit selbstorganisierenden Karten, Support-Vektor-Maschinen und K-nächsten Nachbarn.

Rekurrente Netze und Long Short-Term Memory

Komplexere Netze enthalten auch Rückkopplungsschleifen. Diese *rekurrenten neuronalen Netze (RNN)* haben Verbindungen, die die Ausgabe eines Neurons weitergeben aber auch wieder zurückgeben. Mit entsprechender Struktur haben diese Netze eine Art Speicher und kommen daher gut mit sequenziellen Daten zurecht, also solchen, bei denen die Reihenfolge wichtig ist (Sprache, Texte). Solche Netze werden oft wie in Abbildung 10.17 dargestellt.

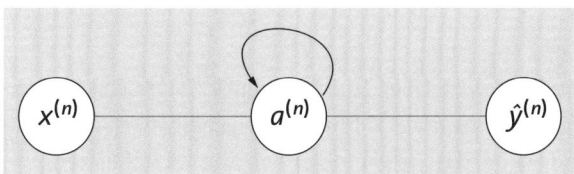

Abbildung 10.17 Schema eines rekurrenten neuronalen Netzwerkes

Alternativ eine aufgewickelte Darstellung in Abbildung 10.18.

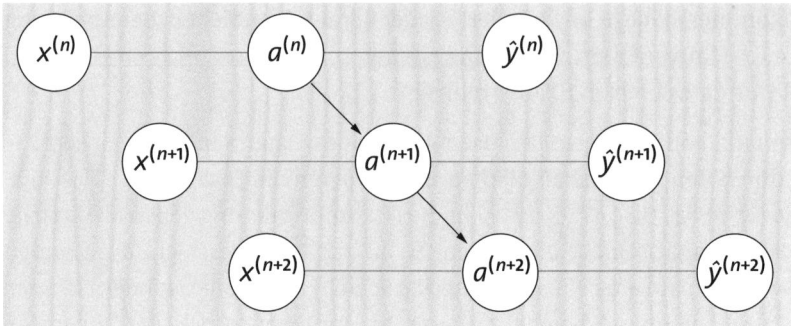

Abbildung 10.18 Ein aufgewickeltes RNN

Diese Netze können um sogenannte Long-Short-Term-Memory-Blöcken (LSTM) erweitert werden. Diese Netzwerkblöcke haben Pforten, die Information weitergeben oder verwerfen, oder darüber entscheiden, wie viel im Netz gespeichert wird und in Erinnerung bleibt.

10.14 Deep Learning

Deep Learning bezieht sich auf eine Klasse von Netzen mit sehr vielen Neuronen und versteckten Schichten. Deep Learning kann Hunderte von versteckten Schichten verwenden, also wesentlich mehr als in meinen Beispielen, in denen ich nur eine geringe Anzahl von Schichten verwendet habe.

Die Tiefe und Komplexität dieser Architekturen und die ständig steigenden Rechenkapazitäten erlauben das Modellieren von Problemen, die vorher nahezu undenkbar waren. Warum sollen wir bei L Schichten aufhören? Mit noch mehr Daten kann man sich genauso gut die Leistung für $L + 1$ Schichten und noch ausgeklügelteren Architekturen ansehen. Klarerweise braucht man für diese komplexen Netze eine erhebliche Menge an Trainingsdaten. Werden die Modelle komplexer und verwenden wir noch mehr Daten, dann erhöht sich auch der Automatisierungsgrad beim Modellieren, was weniger Handarbeit bedeutet.

Wie bereits zu Beginn des Buches erwähnt, wird Deep Learning sehr erfolgreich für Computerspiele und andere Spiele eingesetzt. Es war ein Schlüssel zum Erfolg von AlphaGo – zusammen mit dem verstärkenden Lernen, das Sie im folgenden Kapitel näher kennenlernen.

10.15 Weiterführende Literatur

Die erste Version des universellen Approximations-Theorems aus dem Jahr 1989 stammt von George Cybenko, aber nur für Aktivierungsfunktion mit sigmoidartigem asymptotischem Verhalten. Das Theorem ist sogar für nicht monotone Aktivierungsfunktionen gültig. Siehe dazu »Approximations by superpositions of sigmoidal functions«, *Mathematics of Control, Signals, and Systems* 2 (4), S. 303–314.

Ein einfaches, unkompliziertes Buch, das erklärt, was im Inneren eines neuronalen Netzes abläuft, und das Python-Code für die Buchstabenerkennung enthält, ist *Make Your Own Neural Network* von Tariq Rashid. Der Code funktioniert tatsächlich und half mir, die obigen Resultate zu erzeugen. Und er brachte mich fast dazu, Python zu lernen – fast. Danke, Tariq.

Ein weiteres, sehr detailreiches Buch, das viele Netzarchitekturen beschreibt, ist *Neural Network Design* von Martin Hagan, Howard Demuth, Mark Beale and Orlando De Jesus.

Kapitel 11
Verstärkendes Lernen

Verstärkendes Lernen ist eines der Hauptlernverfahren des maschinellen Lernens. Der Algorithmus lernt durch Belohnung und Bestrafung, wie er sich zu verhalten hat. Er lernt, ein Spiel zu spielen oder sich durch eine Umgebung mit Hindernissen zu bewegen. Der Schlüssel zum verstärkenden Lernen ist die Tatsache, dass das Spiel oder die Umgebung nicht explizit programmiert werden. Es gibt kein Regelbuch, auf das wir zurückgreifen können. Der Algorithmus muss die Konsequenzen von Aktionen lernen, indem er diese Aktionen auch durchführt. Der Algorithmus lernt also durch Versuch und Irrtum.

Im Gegensatz zu den bisherigen Kapiteln kann man für das verstärkende Lernen auf einfache Tabellenkalkulationsprogramme wie Excel zurückgreifen, zumindest für den Anfang.

11.1 Wofür können wir es verwenden?

Verstärkendes Lernen wird verwendet, wenn es darum geht, zu lernen, wie man mit einer Umgebung interagiert, besonders wenn die Umgebung oder die Resultate der Interaktion nicht im Vorhinein bekannt sind. Beispiele dafür sind:

- Lerne die optimale Bieterstrategie bei einer Auktion.
- Lerne, die Werbung für Verbraucher zu personalisieren.
- Lerne, Video-Games zu spielen.

Ich habe mir diese Methode, möglicherweise die interessanteste Methode des maschinellen Lernens, für den Schluss aufgespart. Besonders spannend wird es, wenn Sie Kinder oder Hunde haben.

Unüberwachte Lernverfahren suchen nach Beziehungen und Mustern in den Daten, überwachte Lernverfahren behandeln Klassifikations- oder Regressionsaufaben, verstärkendes Lernen hingegen will einer Maschine beibringen, etwas zu *tun*. Die Methoden des verstärkenden Lernens sind stark von der Verhaltenspsychologie inspiriert. »Sitz!«, »Platz!«, »Bring!« sind Kommandos, die jedes Kind oder jeder Hund mit der richtigen Belohnung oder Strafe irgendwann einmal versteht. Unser Ziel ist es, dem Algorithmus beizubringen, mit welchen Aktionen er zur maximalen Belohnung (und/oder minimalen Bestrafung) kommt.

Der Maschine soll beigebracht werden, ein Ziel zu erreichen, deshalb ergibt sich natürlicherweise, dass das die bevorzugte Methode für die Lösung von Spielen ist. Unsere Beispiele sind zum großen Teil Spiele oder spielähnliche Aufgaben.

Der Trick des verstärkenden Lernen ist, dass man der Maschine nicht explizit das Spielziel oder die Spielregeln vorgibt, sondern die Maschine sie implizit durch die Interaktion mit der Umgebung nach dem Versuch-und-Irrtum-Prinzip lernt.

Ein schönes Experiment ist, wie ein zweijähriges Kind mit einer TV-Fernbedienung umgeht. Kinder sehen, wie Eltern mit der Fernbedienung umgehen, das Fernsehgerät einschalten, das Programm wechseln usw. und erkennen, dass es da einen Zusammenhang geben muss. Beim ersten Kontakt mit der Fernbedienung wird ein Kind zufällig Knöpfe drücken, bis etwas passiert.

Es wird eine Phase geben, in der es die wichtigsten Knöpfe findet und ihre Funktion kennenlernt: das Ein- und Ausschalten des Geräts, den Kanalwechsel, eine DVD zu starten. Danach kann es eine Untermenge aller Knöpfe sehr verlässlich und sicher verwenden. (Aber seien wir ehrlich: Welcher Erwachsene kennt mehr als 20 % aller Knöpfe wirklich gut?) Witzigerweise scheinen Kinder nur sehr schwer zu lernen, wie man das Fernsehgerät abschaltet.

Versuch und Irrtum kann auch als Spiel zwischen Nutzen und Erforschen gesehen werden. Auf der einen Seite möchte die Maschine das bereits Gelernte vorteilhaft nutzen, um das Spiel zu gewinnen, auf der anderen Seite lernt sie aber nichts dazu, ohne zuvor genügend Energie in die Erforschung der Umgebung gesteckt zu haben.

Die ausgewogene Strategie zwischen Ausnutzen und Erforschen ist ein wesentlicher Aspekt bei der Gestaltung der Lernalgorithmen.

11.2 Geländeausfahrt mit Ihrem Lamborghini 400 GT

Die Struktur dieses Kapitels ist eine alternierende Folge von motivierenden Beispielen und durchaus spannender Mathematik. Die motivierenden Beispiele sind Tic-Tac-Toe, Fruchtmaschinen, ein einfaches Labyrinth und Blackjack.

Sie werden anhand dieser Beispiele einiges an strenger und unterhaltsamer Mathematik präsentiert bekommen. Allerdings möchte ich betonen, dass es diesen streng mathematischen Unterbau nicht immer gibt, wenn man verstärkendes Lernen auf echte Aufgaben anwenden will. Unsere *Beispiele* haben alle elegante mathematische Formulierungen. Aber *Echtweltprobleme* haben das typischerweise nicht.

Beim eigentlichen verstärkenden Lernen geht es jedenfalls nicht um Eleganz. Im Gegenteil, die Stärke des verstärkenden Lernens liegt eben im Lösen von Aufgaben, für die es keine elegante Formulierung gibt. Das Problem kann zu unübersichtlich, zu kompliziert, zu unsicher etc. sein.

Für mich fühlt sich das etwas seltsam an. Wir betreiben eine Menge Mathematik, aber in der Praxis ist diese Mathematik schlussendlich kaum von Bedeutung. So sehe ich das zumindest. In der Fahrzeugindustrie habe ich für mich eine passende Analogie gefunden.

Sie designen, bauen und testen ein wunderschönes neues Auto. Es ist wie dafür gemacht, sich schön auf de Parkplatz von Harrods zu präsentieren. Es wurde mit sehr viel Liebe durch erfahrene Handwerker gebaut. Getestet wurde es auf geraden und sauber asphaltierten Straßen. Mit einem Wort: ein Traumauto. Nun geht es in die Produktion, und die neuen Besitzer entscheiden, dass sie dieses Auto im wilden Gelände von Wales ausprobieren möchten. Was kann da schon schief laufen?

Design, Bau und Test unserer Algorithmen machen wir auf Basis unserer einfachen, eleganten Beispiele. Damit reizen wir das verstärkende Lernen nicht unbedingt aus. Dann lassen wir unseren Algorithmus in einem völlig unbekannten und komplexen Terrain los. Das *ist* verstärkendes Lernen. Und ganz ehrlich, wir wissen nicht, ob es funktioniert, so lange es nicht einen professionellen Go-Spieler schlägt oder in einem Bach in Wales stecken bleibt.

Deshalb verwende ich manchmal den Begriff *eigentliches verstärkendes Lernen*. Das »eigentlich« dient der Betonung der Tatsache, dass wir verstärkendes Lernen typischerweise dann einsetzen, wenn wir nicht allzuviel über die Umgebung wissen, weil sie einfach zu kompliziert ist, um sie kompakt zu formulieren bzw. zu repräsentieren.

Ich schließe dieses Kapitel und den Hauptteil des Buches mit Blackjack. Dieses Spiel ist eine perfekte Spielwiese, um die erlernten Techniken auszuprobieren. Wir behandeln dieses Spiel so, als ob wir keinen blassen Dunst davon hätten. Und natürlich, die übliche Warnung: Probieren Sie die Resultate nicht im Casino aus, schon gar nicht mit der Erwartungshaltung, auch zu gewinnen. Sie dürfen meiner Programmierung absolut nicht vertrauen!

Ach, und ich habe mir diese Lernmethode auch deshalb bis zum Schluss aufgehoben, weil die Mathematik etwas schwer zu verdauen ist. Außerdem ist es das längste Kapitel.

11.3 Jargon

Ich werde die gängigsten Begriffe bzw. den Jargon anhand einiger bekannter Spiele erklären:

- **Aktion**
  Welche Entscheidungen kann man treffen? Welchen einarmigen Banditen wählen Sie im Casino? Wo setzen Sie ein Kreuz im Tic-Tac-Toe-Spiel? Wie viele und welche Karten tauschen Sie bei einem Pokerspiel aus? Das sind alles Beispiele für *Aktionen*.

- **Belohnung/Bestrafung**
  Sie führen eine Aktion aus und erhalten ein *Feedback*. Sie drücken einen Button an einer Mauer im Spiel »Doom«, und die BFG (»Big Freakin' Gun«) wird offenbart. Sie schlagen eine gegnerische Figur im Schach. Sie besteht aus weißer Schokolade, und Sie essen sie. Das sind alles Beispiele für unmittelbare Feedbacks.

  Es kann aber auch passieren, dass es bis zum Ende des Spiels keine Belohnung oder Bestrafung gibt. Am Ende des Schachspiels erhält der Gewinner ein Preisgeld von US$1.000.

  Allerdings gibt es nicht nur Belohnungen. Um den Siegerpreis zu gewinnen müssen Sie zuerst das Puzzlespiel lösen. Jede Sekunde, die es dafür braucht, kann als eine Bestrafung gesehen werden.

- **Zustand**
  Der *Zustand* ist eine Beschreibung dessen, wo man im Spiel gerade steht. Sie können sich das als eine Art Schnappschuss vorstellen. Der Zustand ist vielfältig definierbar, es können die Positionen der Kreuze und Nullen bei Tic-Tac-Toe sein. Oder die Position der Steine beim Brettspiel Kōnane. Das Konzept des Zustandes ist an sich sehr interessant. Wie viele Informatione braucht es, um den Zustand zu definieren? Für Tic-Tac-Toe hat Donald Michie 304 Streichholzschachteln gebraucht.

  Für Blackjack braucht es zumindest die Anzahl der Karten, die Sie in der Hand halten, die Anzahl der Asse, die offene Karte des Gebers. Um überhaupt eine Chance zu haben, im Casino zu gewinnen, müssen Sie auch noch wissen, welche Karten vom Deck bereits ausgegeben wurden. Manchmal ist die notwendige Zustandsinformation untragbar groß. Go hat typischerweise 361 Felder, jedes kann leer sein oder durch einen weißen oder schwarzen Stein besetzt.

  Es kann auch vorkommen, dass der Zustand überhaupt nicht mit diskreten Quantitäten repräsentiert werden kann. In welchem Winkel soll der Ball beim Strafstoß getroffen werden? Für das eigentliche verstärkende Lernen wissen wir manchmal gar nicht, welche Information den Zustand beschreibt.

- **Markow-Entscheidungsprozess (MEP)**
  Die *Markow-Annahme* geht davon aus, dass alles, was zukünftig passiert, nur vom aktuellen Zustand abhängt. Schach ist ein *Markow-Entscheidungsprozess*, der Zustand, also die Figuren auf dem Schachbrett, sagt uns alles, was wir für die nächste Entscheidung wissen müssen. Für den nächsten Schachzug ist es egal, wie man diesen Zustand erreicht hat. Mit s_t bezeichnen wir den Zustand zum Zeitpunkt t^{th}. Davon ausgehend würden wir für einen Markow-Prozess Folgendes schreiben: $\text{Prob}(s_{t+1} = s' \mid s_1, s_2, \ldots, s_t) = \text{Prob}(s_{t+1} = s' \mid s_t)$. Das heißt, die Wahrscheinlichkeit (Probabilität), an einem gewissen Zustand s' im nächsten Schritt angelangt zu sein, hängt nur vom aktuellen Zustand ab. Beachten Sie, dass wir die Zeit oder den Zeitschritt als Komponente im Zustand einbeziehen können.

11.4 Ein erster Blick auf Blackjack

Blackjack, das Spiel, dem wir uns in diesem Kapitel detaillierter widmen, ist ein solcher Markow-Entscheidungsprozess (MEP), vorausgesetzt, Sie führen über ausreichend Daten zur Zustandsrepräsentation Buch. Der Zustand wird nicht einfach durch die Karten beschrieben. Wir müssen eine Menge mehr an Informationen mitführen, um den Zustand zu erfassen. Ein Teil dieser Informatione ist die Kenntis der offenen Karte des Gebers. Aber selbst dieses Wissen spezifiziert den Zustand nicht zur Gänze. Der Grund dafür ist, dass das Ziehen der Karten auch von den Karten abhängt, die im Deck liegen (oder in den Kartendecks, Mehrzahl; im Casino beginnt der Geber mit fünf oder mehr Kartendecks) – oder äquivalent dazu von dem Wissen um die Karten, die bereits ausgegeben wurden. (Nicht unbedingt ihre unterschiedlichen Farbzeichen, denn 10, Bube, Dame, König zählen alle 10, aber auch da gibt es immer noch ganz schön viel zu wissen.)

Also *ist* Blackjack ein MEP, *wenn* Sie in der Lage sind, sich all diese Informationen zu merken. Ziemlich unrealistisch für einen gewöhnlichen Sterblichen ... und Sie dürfen keinen Computer in das Casino mitnehmen – siehe *Rain Man*, den Film. Am Ende dieses Kapitels zeige ich Ihnen in aller Kürze, wie man zumindest näherungsweise den Zustand repräsentieren kann, um im Blackjack zu gewinnen.

Eine Ausnahme gibt es, wenn wir von einem unendlich großen Kartendeck ausgehen, wie bei Online-Spielen. In diesem Fall ist Blackjack ein MEP, in dem der Zustand nur durch Ihre Karten und die offenen Karten des Gebers repräsentiert wird. So wenig?

Der Grund liegt darin, dass sich bei einem unendlichen Kartendeck die Wahrscheinlichkeit für die nächste Karte niemals ändert. Aber mit einem unendlichen Kartendeck können Sie auch nicht gewinnen. Verwirrt? Wenn nicht jetzt, dann bald!

Markow bedeutet auch, dass es keinen Speicher braucht, sofern der Zustand genügend Informationen beinhaltet. Das ist also ein Trick beim Erlernen eines beliebigen Spiels. Führen Sie Buch über so viele Variablen wie nötig, aber über keine einzige mehr.

MEP kann man auf die raffiniertesten Arten ausgestalten. Zum Beispiel durch den teilweise beobachtbaren Markow-Entscheidungsprozess (TB-MEP), in dem man eben nur einen Teil des Zustandes zu sehen bekommt. Für den unbekannten Teil könnte man ein Wahrscheinlichkeitsmodell formulieren.

11.5   Der klassische Markow-Entscheidungsprozess für Tic-Tac-Toe

Der Zustand eines Tic-Tac-Toe-Spiels wird durch die Position der Kreuze und Nullen beschrieben. Der Spielverlauf bis zu diesem Zustand ist vollkommen unerheblich.

Wir starten mit einem leeren Gitter, und wir setzen ein X, und es ergibt sich eine Baumstruktur wie in Abbildung 11.1, die drei mögliche Züge anzeigt. Aufgrund der Symmetrien genügt es trotz der neun Zellen, drei Züge zu betrachten.

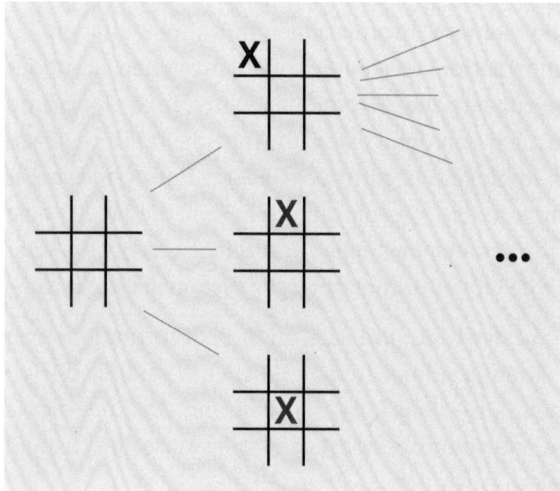

Abbildung 11.1 Eine Baumstruktur illustriert den nächsten Zug.

Diese Struktur behalten wir für alle möglichen Spielzüge bei. Für jeden Zustand gibt es Zweige zu den Zuständen des nächsten Zuges. Beendet ist das Spiel bei drei gleichen Symbolen in einer Reihe.

Manche Spiele enden ohne Gewinner, wenn alle Zellen gefüllt sind, aber keine drei gleichen Symbole in einer Reihe stehen (siehe Abbildung 11.2).

11.5 Der klassische Markow-Entscheidungsprozess für Tic-Tac-Toe

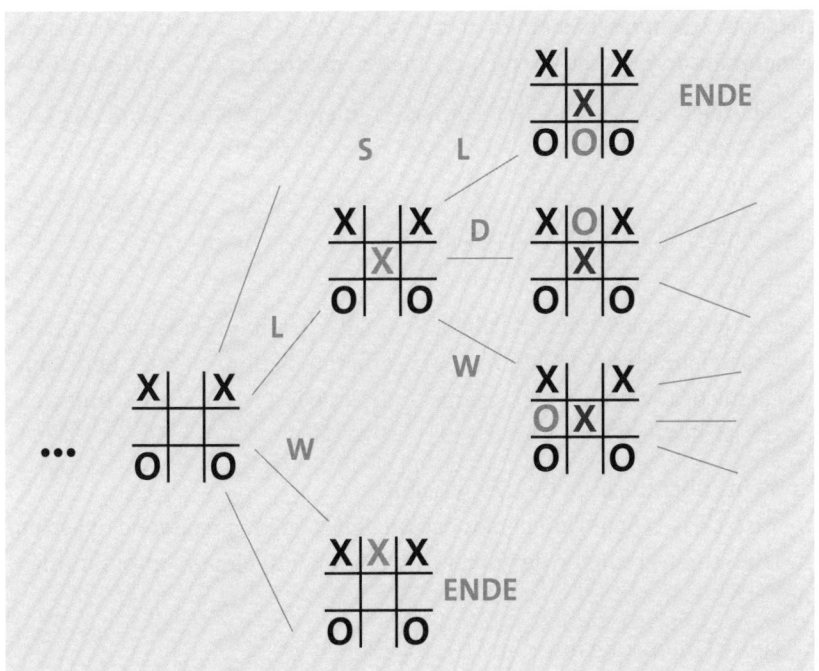

Abbildung 11.2 In der Mitte des Spiels

In Abbildung 11.2 habe ich die Züge vom Zustand S als L für Niederlage (englisch *lose*), D für unentschieden (englisch *draw*) und W für Gewinn (englisch *win*) eingetragen. Ganz oben rechts ist zu erkennen, dass unser Gegner drei Nullen in einer Reihe hat, was für uns ein L bedeutet.

Nun sollten wir einige Vermutungen darüber anstellen, wie gut unser Gegner ist, denn das hilft uns bei der Entscheidungsfindung unserer nächsten Aktion bzw. unseres nächsten Spielzuges.

Ein guter Gegner
Spielen wir gegen einen guten Gegner, dann müssen wir verhindern, in einen Zustand zu gelangen, dem eine L-Aktion folgen kann. Mithilfe der Abbildung sehen Sie, dass wir unser X nicht in die Mitte setzen dürfen und dass wir nicht in den Zustand S gelangen dürfen. Aus diesem Grund wurde auch die Aktion zum Zustand S mit L gekennzeichnet.

Üblicherweise verwendet man eher numerische Werte für Sieg, Niederlage oder Unentschieden. Also sagen wir, ein Sieg erhält den Wert $+1$, ein Unentschieden 0 und eine Niederlage -1. Spielen wir also gegen einen guten Gegner, dann hat der Zustand S den Wert -1.

Jeder Zweig an einem Zustand erhält einen numerischen Wert. Von einem guten Gegner müssen wir annehmen, dass er danach trachtet, uns den niedrigsten Wert zuzuschanzen.

Klassischerweise bezeichnet man das als Minimax-Problem: Wir gehen davon aus, dass der Gegner uns maximal schaden will. Mit unserer Aktion wählen wir den optimalen Spielzug, um diesen Schaden zu minimieren.

Die Werte folgen der Baumstruktur nach unten.

Gegner spielt zufällig
Sollte unser Gegner jedoch die Nullen in beliebige, zufällig gewählte Felder setzen, dann liegt unser Zustand S ziemlich gut. Es gibt nur eine Verliererposition, -1, ein Unentschieden, 0, und zwei (dank der Symmetrie) Siegerzustände, jeweils $+1$. Der durchschnittliche Wert für Zustand S ist also $0,25$.

Und wenn wir nichts über unseren Gegner wissen?
Kein Problem – so ist das Leben! Und genau darum geht's beim verstärkenden Lernen. Lernen »on the job«, durch Erkunden der (Spiel-)Umgebung statt einer vorprogrammierten Umgebung.

All das ist eine sanfte Einführung in ...

11.6 Noch mehr Jargon

- **Nutzenfunktion**
  Eine *Nutzenfunktion* misst, wie gut oder schlecht ein Zustand oder eine Aktion ist. Befinden wir uns in einem Zustand und alle zukünftigen Zustände sind gut, dann ist der aktuelle Wert/Nutzen des Zustandes hoch. Dieser Wert hängt natürlich von allen weiteren Aktionen ab. Bei jedem Zustand müssen wir eine Wahl treffen. *Wert* ist eine Akkumulation der Feedbacks (Belohnung/Bestrafung) und zeigt die Qualität des Zustandes abhängig von den weiteren Aktionen an. Wichtig ist, dass ich hier sowohl den Zustand als auch die Aktion erwähne. Wenn wir uns mehr der Mathematik widmen, werden Sie sehen, dass ich zwischen zwei Typen von Nutzenfunktionen unterscheide, eine nur für Zustände, die andere für Zustand und Aktion. Ein Zustand und unsere Entscheidung bezüglich der nächsten Aktion definiert unsere ...

- **Strategie (Policy)**
  Eine *Policy* besteht aus einem Satz von Regeln, die unsere gewählten Aktionen in jedem Zustand kontrolliert. Die Policy kann deterministisch oder auch zufällig sein. Schlussendlich wollen wir im verstärkenden Lernen eine Policy, die den Wert in je-

dem Zustand maximiert. Aber klar, *a priori* wissen wir natürlich nicht, was die beste Policy ist. Das ist genau das, was die Maschine lernen soll.

Beim Spiel Tic-Tac-Toe würde der Wert eines Zustandes von zukünftigen Zustandswerten abhängen.

Wir werden uns mit der Nutzenfunktion in Bezug auf das verstärkende Lernen noch detaillierter auseinandersetzen, gemeinsam mit ein paar Ideen, wie diese Funktion zu gestalten ist.

Nun haben Sie gesehen, wie man Tic-Tac-Toe klassischerweise angeht. Andere Spiele und Aufgaben können ebenfalls mit dieser erweiterbaren Baumstruktur abgebildet werden.

Lassen Sie uns nun den etwas schwammigen, rein deskriptiven Pfad verlassen und uns zumindest ein wenig an die Mathematik wagen. Wir machen das anhand sehr populärer illustrativer Beispiele.

11.7 Beispiel: Der mehrarmige Bandit

Sie kennen den einarmigen Banditen, einen Spielautomaten, der in vielen Casinos und Bars zu finden ist. Im Original hatten diese Maschinen einen Hebel, einen Arm, an dem man zieht, was wiederum Zylinder mit aufgemalten Fruchtsymbolen zum Rotieren bringt. (Daher rührt auch die englische Bezeichnung *fruit machine*.) Wenn diese Zylinder so stoppen, dass die richtige Kombination an Zitronen, Kirschen etc. in einer Reihe steht, dann gewinnt man einen Preis.

In einem Casino stehen meist mehrere dieser Automaten in einer Reihe (deshalb wäre die Bezeichnung »Gaunerbande« wohl treffender als »mehrarmiger Bandit«). Beim Problem des mehrarmigen Banditen haben wir mehrere Banditen, wobei jeder mit einer unterschiedlichen Gewinnwahrscheinlichkeit für einen fixen Betrag ausgestattet ist.

Der Betrag ist für alle Banditen allerdings gleich. Aus der Sicht des verstärkenden Lernens besteht die Aufgabe beim mehrarmigen Banditen aus der Auswahl eines Banditen, der Betätigung des Hebels, der Feststellung, ob man gewonnen hat, der Auswahl eines anderen Banditen usw. Die Belohnungen ermöglichen der Maschine zu lernen, welcher Automat die höchste Gewinnwahrscheinlichkeit hat.

Das Problem ist relativ klar: Zu Beginn gibt es eigentlich keinen Zustand, aber es gibt die Aktion, welchen Banditen man wählen soll. Wir möchten jeder Aktion einen Wert zuweisen und basierend auf diesen Werten zur nächsten Aktionsauswahl kommen.

So also geht es:

- Es gibt 10 Banditen. Die Gewinnwahrscheinlichkeiten der Banditen sind

Bandit 1	10 %
Bandit 2	50 %
Bandit 3	60 %
Bandit 4	80 %
Bandit 5	10 %
Bandit 6	25 %
Bandit 7	60 %
Bandit 8	45 %
Bandit 9	75 %
Bandit 10	65 %

Tabelle 11.1 Tabelle der Gewinnwahrscheinlichkeiten für das Beispiel des mehrarmigen Banditen

- Als Wert jeder Aktion, jedes Banditen, nehmen wir einfach die durchschnittliche Belohnung/Gewinn für diesen Bandite. Dieser Durchschnitt wird nach jeder Hebelbetätigung aktualisiert, natürlich nur für den ausgewählten Banditen. Der Durchschnitt wird berechnet, also Gesamtgewinn, generiert durch zufälligen Erfolg/Misserfolg nach jedem Hebelzug, dividiert durch die (zufällige) Auswahlhäufigkeit jedes Banditen. Im Grunde *weiß* der Algorithmus nichts über die Gewinnchancen, er *erlebt* nur die Auswirkungen.
- Nach jedem Hebelzug müssen wir den nächsten Banditen auswählen. Das machen wir so, dass wir die meiste Zeit die Aktion (den Banditen) mit dem derzeit höchsten Wert wählen. Aber hin und wieder, sagen wir in ca. 10 % der Fälle, wählen wir einen Bandit zufällig aus.

Den letzten Punkt nennt man auch ϵ-Greedy Policy. Man wähle die beste Aktion, aber unterbrochen durch gelegentliches Erkunden, falls man noch nicht die beste Policy gefunden hat. Die Zufallsauswahl erfolgt zu einem gewissen Bruchteil ϵ der Zeit.

Wichtig: Nur Sie, der Leser, und ich wissen um die Gewinnwahrscheinlichkeit für jeden Banditen. Wir werden diese dem Verstärkungslern-Algorithmus nicht explizit verraten – der Algorithmus merkt nur die Auswirkungen davon.

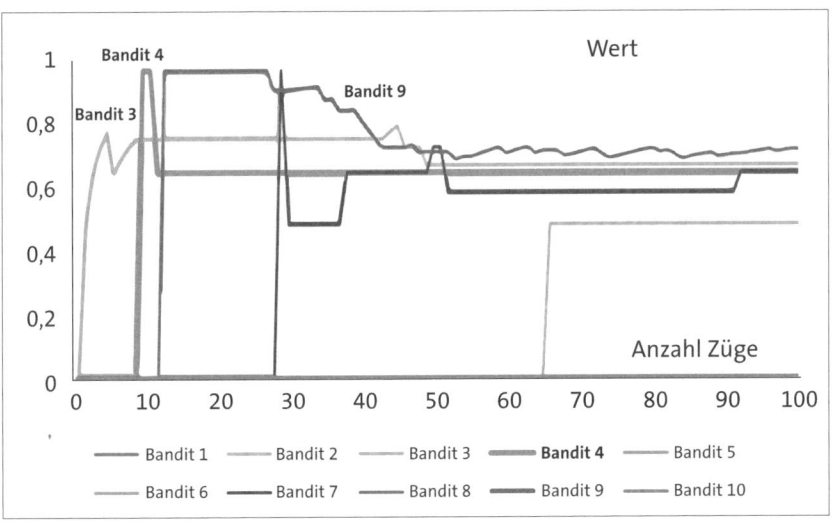

Abbildung 11.3 Wert für jeden Banditen versus Anzahl an Zügen

Abbildung 11.3 zeigt die Nutzenfunktion für jeden der zehn Banditen als eine Funktion der Spielzüge. Ich verwende Q für diesen Wert, und Sie werden später noch mehr dieser Qs sehen. In Abbildung 11.4 sehen Sie den Zufallsanteil für die Auswahl der Banditen.

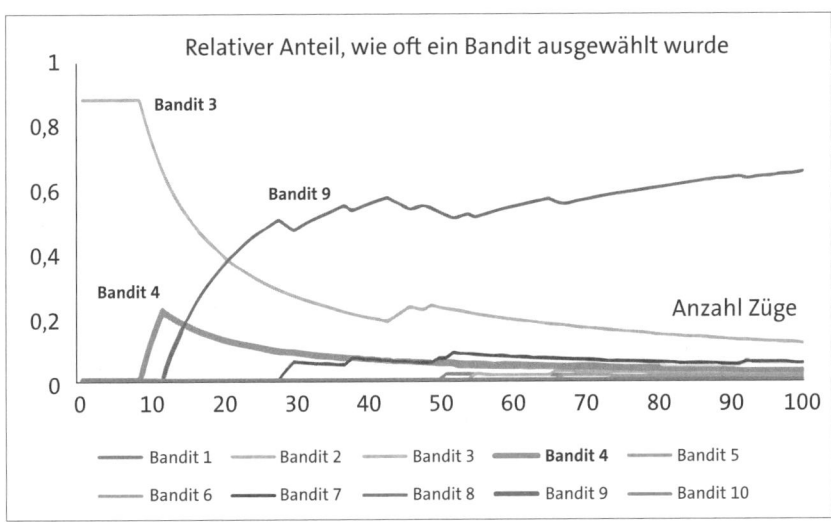

Abbildung 11.4 Wie oft wurde ein Bandit ausgewählt?

In der schwarz-weißen Abbildung mit vielen Kurven ist schwer zu sehen, was wirklich los ist – aber lassen Sie mich durch die Abbildung führen. Bandit 3 wurde beim ersten Zug zufällig gewählt. Der erste Zug muss zufällig passieren, da wir noch keine Werte haben und alle Qs gleich 0 sind. Bandit 3 verliert. Beim nächsten Zug sind immer noch alle Qs bei 0, und jeder Bandit hat die gleiche Auswahlwahrscheinlichkeit. Rein zufällig wird Bandit 3 noch mal gewählt, und dieses Mal gibt es einen Gewinn.

Der Q-Wert ist nun 0,5 und somit der aktuell beste Bandit. Es besteht nun eine Präferenz für Bandit 3, außer die 10 % Zufallsauswahl tritt ein. Bandit 4 wird aufgrund der Zufallsauswahlregel gewählt. Er gewinnt und ist nun Favorit. Er gewinnt zweimal und verliert dann. Und so geht es weiter, bis es nach ca. 100 Zügen so aussieht, als ob Bandit 9 die beste Wahl wäre.

Aber dann...

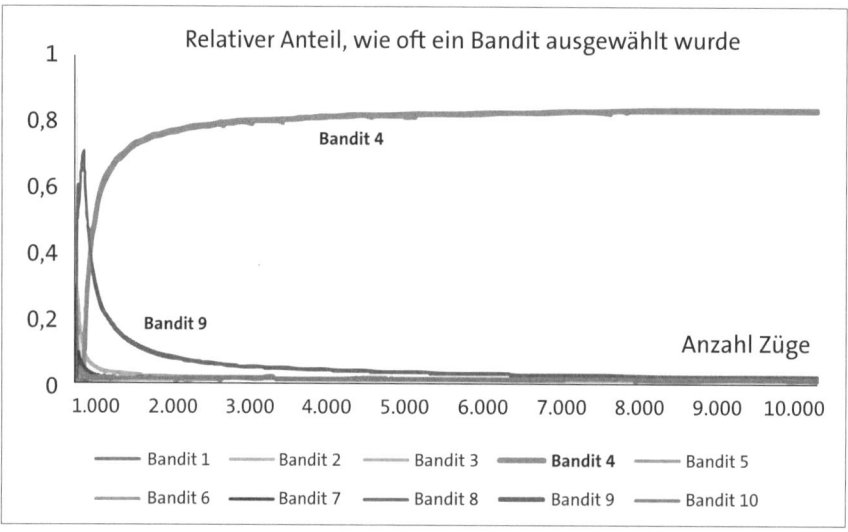

Abbildung 11.5 Wie oft wurde ein Bandit gewählt – längere Ausführung

Abbildung 11.5 zeigt, wie oft ein Bandit ausgewählt wurde bei insgesamt 10.000 Spielzügen. Hier ist ganz klar Bandit 4 die beste Wahl. Ein Blick zurück auf unsere Tabelle 11.1 bestätigt, dass Bandit 4 in der Tat die höchste Gewinnwahrscheinlichkeit besitzt.

Schlussendlich wird der korrekte Bandit gewählt, allerdings hängen die Entwicklung der Qs und die Anteile der einzelnen Banditen für eine gewisse Zeit davon ab, welcher Bandit bei der zufälligen Auswahl an die Reihe kommt.

In Abbildung 11.6 zeige ich die Ergebnisse für jeweils 100 Spielzüge der insgesamt 10.000 Spielzüge. Mit der Zusammenfassung der 100 Züge wird die Zufälligkeit gemittelt. Man beachte die logarithmische Skalierung der horizontalen Achse.

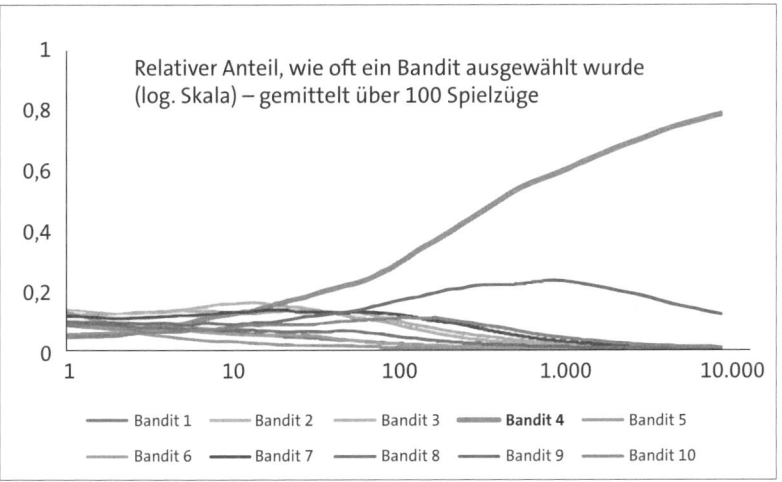

Abbildung 11.6 Größe des Zufalls bei Auswahl des Banditen (logarithmisch) — gemittelt über 100 Spielzüge

11.8 Etwas anspruchsvoller 1: Bekannte Umgebung

Wir haben die Grundlagen durchgenommen und Sie haben gesehen, wie und wo verstärkendes Lernen vor allem eingesetzt werden kann – jetzt ist es an der Zeit, es geht mathematisch ans Eingemachte. In den nächsten paar Abschnitten widmen wir uns der Mathematik hinter der Validierung einer gegebenen Policy, der Policy-Bewertung, und definieren das Finden einer optimalen Policy als *Kontrollproblem*. Initial beschränken wir uns auf *bekannte Umgebungen*. In einem MEP bedeutet das, dass wir für jeden Zustand und jede Aktion um die Wahrscheinlichkeiten des nächsten Zustandes und die Belohnung wissen.

In einem gewissen Sinn bietet Blackjack eine bekannte Umgebung, weil wir im Prinzip die Wahrscheinlichkeiten beim Übergang von einem Zustand in den nächsten mit einer bestimmten Aktion niederschreiben könnten. Mit dieser Grundidee im Hinterkopf gehen wir das nächste Thema an, die dynamische Programmierung. Das ist eigentlich noch kein verstärkendes Lernen, dazu kommen wir erst, wenn wir uns zu unbekannten, nicht definierten Umgebungen bewegen. Wir bauen die Basis für verstärkendes Lernen, indem wir auf verwandte Themen schauen. Entlang dieser Linie werden wir neue Begriffe einführen, wie zum Beispiel Übergangswahrscheinlichkeiten. Beim eigentlichen verstärkenden Lernen kommen diese nicht mehr vor, denn verstärkendes Lernen in der Echtwelt wurde entwickelt, um auch ohne diese Wahrscheinlichkeiten eine Lösung zu finden.

Grundlegende Notation

Wir brauchen eine geordnete Notation, um Zustände, Aktionen, Belohnungen und Übergangswahrscheinlichkeiten (zwischen Zuständen) zu beschreiben. Da kommen auch noch andere Dinge hinzu, aber alles folgt einer in der Literatur üblichen Standardnotation. Das Verstehen dieser Notation ist schon die halbe Miete beim Lernen neuer Themen.

Zustände, Status

Verwenden wir S zur Bezeichnung eines allgemeinen Zustandes und s für einen spezifischen Zustand. s' verwende ich für die Bezeichnung des nächsten Zustandes (als Folge einer Aktion). Manchmal verwende ich einen tiefgestellten Index, um auf eine bestimmte Zeit oder einen bestimmten Schritt hinzuweisen, wie in s_t.

Aktionen

A steht allgemein für Aktionen, und a für eine bestimmte Aktion. Die jeweils nächste Aktion ist a', und um auszudrücken, dass ich einen bestimmten Zeitpunkt oder Schritt meine, verwende ich einen Index, z. B. a_t.

Beachten Sie, dass eine bestimmte Aktion nicht unbedingt zu einem ganz bestimmten nachfolgenden Zustand führen *muss*. In Blackjack sagt beispielsweise die Annahme der nächsten Karte nichts über die nächste Kartensumme aus. Aber für einen einfachen Fall wie etwa ein Labyrinth lässt die Aktion »Gehe nach rechts« auf einen ganz bestimmten nächsten Zustand schließen.

Belohnung

Im Allgemeinen hängt die Belohnung von einer oder allen Aktionen a, vom aktuellen Zustand s und dem nächsten Zustand s' ab. Ich verwende r für die aktuelle Belohnung. r mit einem tiefgestellten Index zeigt klarer, von welcher Belohnung ich spreche. r_{t+1} ist beispielsweise die Belohnung, die zwischen Zustand s_t und Zustand s_{t+1} anfällt.

Ich schreibe auch

$$R^a_{ss'} = \mathbb{E}\left[r_{t+1} \mid s_t = s, a_t = a, s_{t+1} = s'\right].$$

für die Belohnungserwartung. Der Term enthält den aktuellen und den Folgezustand sowie die Aktion. Mit dem Begriff Belohnung kann auch eine Bestrafung gemeint sein, also eine negative Belohnung.

Wollen wir beispielsweise den kürzesten Weg durch ein Labyrinth finden, vergeben wir -1 als (negative) Belohnung für jede Aktion (d. h. jeden Schritt), egal, in welche Richtung. Das Auffinden des Maximums der Belohnungssumme ist äquivalent zum Auffinden des kürzesten Weges.

Übergangswahrscheinlichkeit

Gewöhnlich müssen wir die Übergangswahrscheinlichkeit von Zustand s zum Zustand s' nach einer Aktion a spezifizieren. Wir bezeichnen diese Wahrscheinlichkeiten mit

$$P_{ss'}^a = \text{Prob}\left(s_{t+1} = s' \mid s_t = s, a_t = a\right).$$

Für unser Labyrinthbeispiel wären diese Wahrscheinlichkeiten entweder 1 oder 0, denn eine gegebene Aktion sagt uns genau, wo wir als Nächstes hingehen. Im Gegensatz dazu führt uns ein Kartenzug beim Blackjack in einen zufälligen nächsten Zustand.

Policy

Ist ein Zustand $S = s$ gegeben, dann habe ich im Allgemeinen mehrere mögliche Aktionen zur Verfügung. Diese Aktionen können auch mit probabilistischen Elementen versehen sein. So eine stochastische Policy bezeichnen wir als

$$\pi(a|s) = \text{Prob}(A = a \mid S = s).$$

In Worten ist das die Wahrscheinlichkeit für die Wahl der Aktion a bei gegebenem Zustand s. Ich habe das |-Symbol für die Trennung der Variablen gewählt, während man in der Literatur stattdessen oft ein einfaches Komma findet.

Mit dieser Schreibweise möchte ich zwei Dinge betonen: Zuerst kommt man in einen Zustand, dann folgt die Aktion; in jedem Zustand könnte die Aktionswahl komplett anders ausfallen (kaufe einen Apfel oder eine Orange in einem Laden oder gehe links oder rechts beim Verlassen eines Hauses). Ich verwende in Abschnitt 11.11 auch ein tiefergestelltes π. Das steht dann für »eine gegebene Policy«, wie Sie gleich sehen werden.

Gesamtbelohnung (Return)

Die Gesamtbelohnung (auch *Goal* oder *Return* bezeichnet), die uns erwaretet, ist

$$G_t = r_{t+1} + \gamma r_{t+2} + \gamma^2 r_{t+3} + \cdots = \sum_{j=0}^{\infty} \gamma^j r_{t+j+1}.$$

Der Parameter $\gamma \in [0, 1]$ ist ein *Diskontierungsfaktor*, der klarstellt, dass es nicht nur auf die Höhe der Belohnung, sondern auch auf den Zeitpunkt ankommt (je früher, desto besser).

Diskontierungsfaktor

Falls Sie einen finanzwissenschaftlichen Hintergrund haben, werden Sie wissen, wie weit verbreitet die Verwendung von Diskontierungsfaktoren ist und dass sie mit Zinsraten verwandt sind.

Wir sprechen dabei vom *Zeitwert* des Geldes, von *Opportunitätskosten* und stellen fest: Wenn beides gleich ist, ist es besser, vorab Geld zu haben – lieber den Spatz in der Hand, als die Taube auf dem Dach. Nichtsdestotrotz wirkt der Diskontierungsfaktor etwas willkürlich. Die Gründe für die Verwendung sind eher mathematisch-technischer Natur:

▶ Man kann damit unendliche Summen verhindern, bei der Addition einer unendlichen Anzahl an Belohnungen. (Es kann zu Schleifen in einem Spiel kommen, die immer wieder zu weiteren Belohnungen führen, ohne einer besseren Lösung oder dem Ende des Spiels zuzustreben. Wir bleiben in der Schleife stecken.)

▶ Sind wir uns nicht ganz sicher über unsere Umgebung, dann gibt es eine gewisse Modellunsicherheit, und deshalb ist es besser, die Belohnung gleich einzustreichen.

▶ In einem Echtwelt-Szenario könnten die Belohnungen vergänglich sein!

Die geometrische Zerfallsrate (der ansteigende Exponent von γ) ist der am meisten verbreitete Reduktionsmechanismus, da er einige sehr angenehme mathematische Eigenschaften hat.

11.9 Beispiel: Ein Labyrinth

Ich habe das Konzept des Markow-Entscheidungsprozesses in Bezug auf Zustände und Speicherung bereits beschrieben. Eine Markow-Kette ist eine Folge von Ereignissen, bei der wir nach vorgegebenen Wahrscheinlichkeiten von Zustand zu Zustand springen.

Unser Beispiel ist nun ein Labyrinth. Abbildung 11.7 zeigt eines der kleinstmöglichen Labyrinthe zur Illustration der Idee der Markow-Ketten.

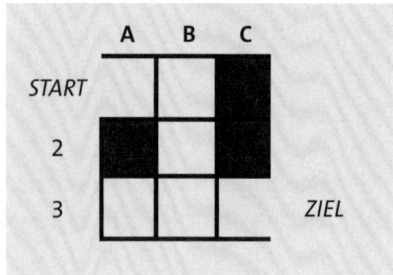

Abbildung 11.7 Ein sehr, sehr einfaches Labyrinth

Es ist einfach, weil die Belohnung für jede Aktion, d.h. jeden Schritt −1 ist. Zunächst gehen wir auch von einer sehr einfachen Policy aus, wir bewegen uns zu benachbarten Zellen mit gleicher Wahrscheinlichkeit. Wir starten in Zelle A1, von wo wir uns nur nach rechts bewegen können. Erreichen wir Zelle C3, bleiben wir stehen. Unser Zustand wird durch die Zelle beschrieben, in der wir uns befinden – B3 zum Beispiel.

In einer Markow-Kette ist die Wahrscheinlichkeit für Bewegungen zwischen Zuständen gegeben. Aber erinnern Sie sich: Nach unserer obigen Notation haben Sie die Möglichkeit einer stochastischen Aktion (die Policy π) und dadurch einen potenziell stochastischen Übergang (die Übergangswahrscheinlichkeit $P^a_{ss'}$).

In einer simplen Markow-Kette können diese beiden Objekte zu einer Übergangswahrscheinlichkeits-Matrix zusammengefasst werden, da für eine gegebene Aktion (auch bei zufälliger Wahl) der nächste Zustand deterministisch ist: Zug von B1 nach unten bringt uns immer in den Zustand B2. (Eine andere Denkweise ist, dass $P^a_{ss'}$ nur Einsen und Nullen enthält.)

Für die Darstellung der (kombinierten) Übergangswahrscheinlichkeiten brauchen wir eine 6×6-Matrix (wegen der sechs Zellen), siehe Abbildung 11.2. In diesem Beispiel gehe ich von gleichen Bewegungswahrscheinlichkeiten aus: Gibt es nur einen Nachbarn, dann ist die Wahrscheinlichkeit für den Zug dorthin 100 %, bei zwei Nachbarn 50 % usw.

Bis jetzt sind die Zellen A1 und C3 nicht speziell, außer dass man von A1 nur in eine Richtung weitergehen kann und das Spiel endet, wenn wir Zelle C3 erreichen. Die Übergangswahrscheinlichkeiten geben uns Hinweise, in welche Richtung man sich bewegen kann, aber ohne ein Ziel zu berücksichtigen.

von/zu	A1	A3	B1	B2	B3	C3
A1	0	0	1	0	0	0
A3	0	0	0	0	1	0
B1	0,5	0	0	0,5	0	0
B2	0	0	0,5	0	0,5	0
B3	0	0,333	0	0,333	0	0,333
C3	0	0	0	0	0	1

Tabelle 11.2 Übergangswahrscheinlichkeit

Lösung des Markow-Ketten-Problems
Wählen wir den nächsten Zug nach der Übergangsmatrix in Abbildung 11.2, dann können wir die zur Erreichung des Ziels notwendigen Züge als rekursive Funktion schreiben.

Die Anzahl der erwarteten Züge betrachten wir als Funktion des Zustandes, d. h. der Zelle, in der wir gerade stehen, $v(s_t)$. Wir haben also

$$v(\text{A1}) = 1 + v(\text{B1})$$

da, egal, wie viele Züge wir von B1 erwarten, die Anzahl der erwarteten Züge von A1 um eins höher ist. Ähnlich auch

$$v(\text{A3}) = 1 + v(\text{B3}).$$

Von Zelle B1 können wir uns in zwei Richtungen weiterbewegen, beide mit gleicher Wahrscheinlichkeit, und deshalb gilt

$$v(\text{B1}) = 1 + \frac{1}{2}\left(v(\text{A1}) + v(\text{B2})\right).$$

Und so weiter...

$$v(\text{B2}) = 1 + \frac{1}{2}\left(v(\text{B1}) + v(\text{B3})\right),$$

$$v(\text{B3}) = 1 + \frac{1}{3}\left(v(\text{A3}) + v(\text{B2}) + v(\text{C3})\right)$$

(von B3 gibt es drei mögliche Aktionen) und schließlich

$$v(\text{C3}) = 0 + v(\text{C3}).$$

Die Zelle C3 verlassen wir nie. Die Vektornotation erlaubt uns eine kompaktere Schreibweise. v ist ein Vektor $\mathbf{v}$, in dem jeder Eintrag einen Zustand repräsentiert: A1, A3, ..., C3. In ähnlicher Form schreiben wir auch die Belohnung als Vektor $\mathbf{r}$.

Vorher haben wir für jeden Schritt 1 addiert, um die erwartete Anzahl an Zügen in jedem Zustand zu berechnen. Um das nun mehr wie verstärkendes Lernen aussehen zu lassen, ändere ich das Vorzeichen der Belohnung, somit werden wir für jeden Schritt bestraft. Das entspricht der später noch genauer zu diskutierenden Idee, die Gesamtbelohnung zu optimieren. Bei negativen Einzelbelohnungen bedeutet eine Maximierung der Gesamtbelohnung, die Anzahl der Schritte zu minimieren. Das Endresultat $\mathbf{v}$ wird also ein negativer Wert sein und der Anzahl der erwarteten Schritte in jedem Zustand entsprechen.

Die ersten fünf Einträge in diesem Belohnungsvektor $\mathbf{r}$ lauten also -1, während der finale Eintrag 0 lautet. Das bedeutet eigentlich nur, dass wir beim Übergang in den nächsten Zustand eine Belohnung von -1 erhalten. Da wir C3 nicht verlassen können, ergibt das den Eintrag 0. Wir schreiben $\mathbf{P}$ für die Übergangsmatrix aus Abbildung 11.2. Wollen wir jetzt ein Ergebnis für $\mathbf{v}$ finden, müssen wir nur folgende Gleichung lösen:

$$\mathbf{v} = \mathbf{r} + \mathbf{P}\mathbf{v} \tag{37}$$

Sie beschreibt die Beziehung zwischen allen erwarteten Werten, für jeden Zustand einen. Das entspricht einer Version der sogenannten *Bellman-Gleichung*, andere Formen dieser Gleichung werden wir später noch sehen. Zur Lösung geben wir die beiden Terme in $\mathbf{v}$ auf eine Seite und invertieren die Matrix. Die numerische Berechnung einer Matrixinversion kann sehr aufwendig sein, daher ist es oft einfacher, vor allem in hohen Dimensionen, sich iterativ der Lösung zu nähern, nach $\mathbf{v}_{k+1} = \mathbf{r} + \mathbf{P}\mathbf{v}_k$.

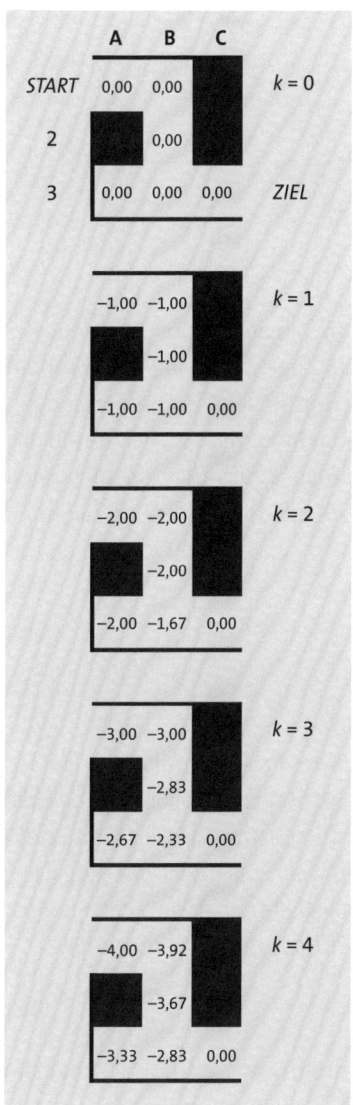

Abbildung 11.8 Iterativer Prozess zur Lösung von $\mathbf{v}$

Sie haben bereits iterative Methoden beim Gradientenabstiegsverfahren gesehen, und Sie werden auch beim verstärkenden Lernen ähnliche Verfahren kennenlernen. Abbildung 11.8 zeigt den Iterationsprozess in Aktion. Wir starten mit dem Nullvektor $\mathbf{v}_0$.

Das Endresultat nach vielen Iterationen zeigen wir in Abbildung 11.9. Die Zahlen sind leicht nachvollziehbar.

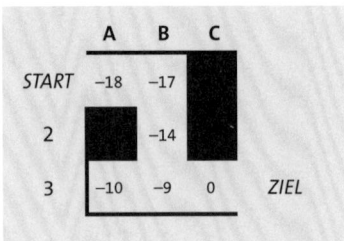

Abbildung 11.9 Lösung der Markow-Kette

Für mich sieht das nach einem furchtbar langen Weg von A1 nach C3 aus, wenn Sie die Richtung zufällig wählen – im Schnitt braucht es dann 18 Züge. Der große Unterschied zwischen Markow-Ketten und MEPs ist die Möglichkeit, (optimale) Entscheidungen bezüglich der Aktionen zu treffen. Letztlich ist unser Ziel, so schnell wie möglich durch das Labyrinth zu gelangen. Wir möchten eigentlich die optimale Policy (Bewege dich nach rechts!) auf einfache Weise ableiten. Das kommt später, denn zuerst muss ich Sie noch etwas in die Notation einführen.

11.10 Notation zu Wertefunktionen

Zustandswertefunktion

Vergessen wir das Labyrinth und denken an ein allgemeineres Problem mit Policy, Belohnung und Übergangswahrscheinlichkeiten. Alles kann aus stochastischer Perspektive betrachtet werden, und Belohnungen und Übergangswahrscheinlichkeiten sind Funktionen aller s, a und s'. Davor habe ich v (oder $\mathbf{v}$) benutzt, um die erwartete (negative) Anzahl der Schritte zu bezeichnen. In MEP können wir bei allgemeiner Betrachtung v als Wert für jeden Zustand verwenden. Diese Zustandswertefunktion definieren wir als

$$v_\pi(s_t) = \mathbb{E}_\pi\left[G_t \mid S = s_t\right]. \tag{38}$$

Die Funktion $v_\pi(s_t)$ summiert über alle erwarteten Belohnungen, unter möglicher Berücksichtigung eines Diskontierungsfaktors, und gibt uns Auskunft darüber, wie gut ein bestimmter Zustand ist. Den tiefgestellten Index von v brauchen wir, um auf die Abhängigkeit von der Policy hinzuweisen. Im Labyrinth war die Policy stochastisch, das wird sich nun bald ändern.

Der Ausdruck (38) weist darauf hin, dass wir den Erwartungswert der Summe aller *zukünftigen* Belohnungen nehmen. Es ist entscheidend, dass wir die zukünftigen (erwarteten) Belohnungen berücksichtigen. Erinnern Sie sich an die Diskussion des Tic-Tac-Toe-MEP, wo ich von Belohnungen gesprochen habe, die durch den Entscheidungsbaum rückwärts gerichtet berücksichtigt werden. Das scheint ein bisschen widersinnig, denn sollten wir nicht die bereits erhaltenen Belohnungen aufsummieren? Nein, weil die bisherigen Belohnungen unsere zukünftigen Aktionen nicht beeinflussen sollten. Die möglichen zukünftigen Belohnungen – ausgehend von jedem Zustand – sind entscheidend für unsere Aktionen. Über vergossene Milch jedoch redet man nicht.

Beachten Sie: Wenn r positiv ist, dann wird unsere Wertefunktion im Verlauf abnehmen. Wir sollten noch eine weitere Wertefunktion einführen, nämlich die ...

Aktionswertefunktion

Die *Aktionswertefunktion* definieren wir als

$$Q_\pi(s_t, a_t) = \mathbb{E}_\pi\left[G_t \mid S = s_t, A = a_t\right].$$

Sie gibt den Wert oder Nutzen der Aktion $A = a_t$ im Zustand s_t an, wenn man der Policy π folgt. Wir haben also die unmittelbare Belohnung plus den Wert, der danach kommt. (Und das ist das Q aus dem Abschnitt über den mehrarmigen Banditen.)

Diese Quantität Q hilft uns bei der Wahl der besten nächsten Aktion, nämlich die, die $Q_\pi(s_t, a_t)$ maximiert. Die Beziehung dieser beiden Werte-Funktionen ist gegeben durch

$$v_\pi(s_t) = \sum_a \pi(a|s_t) Q_\pi(s_t, a).$$

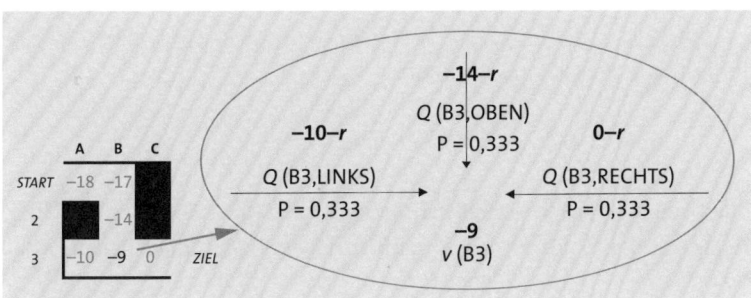

Abbildung 11.10 Zusammenhang der Werte-Funktionstypen für Zelle B3 unseres Labyrinths

Der Zusammenhang dieser beiden Werte-Funktionen für Zelle B3 unseres Labyrinths sehen Sie in Abbildung 11.10. Die -1-Belohnung schreibe ich hier als $-r$ zur klareren Darstellung der Bedeutung der Zahlen, nämlich dass die Belohnungen zwischen zwei Zuständen nach einer Aktion addiert werden.

Da unsere Policy stochastischer Natur ist und alle Aktionen – LINKS, OBEN, RECHTS – die Wahrscheinlichkeit $\frac{1}{3}$ haben, schreiben wir

$$v(\text{B3}) = \frac{1}{3}\left(Q(\text{B3}, \text{LINKS}) + Q(\text{B3}, \text{OBEN}) + Q(\text{B3}, \text{RECHTS})\right)$$

$$= \frac{1}{3}(-10 - r - 14 - r + 0 - r) = -9.$$

Sie können bereits jetzt die positiven Auswirkungen der Aktionswertefunktion Q aus der Abbildung ersehen. Von den drei möglichen Zügen aus Zustand/Zelle B3 hat der Zug nach RECHTS den höchsten Q-Wert. Natürlich nur unter der Voraussetzung, dass die Zustandswerte der benachbarten Zellen korrekt sind.

Die iterative Lösung für die Q-Funktion führt uns zum schnellsten Weg durch das Labyrinth, den wir nach dem Versuch-und-Irrtum-Prinzip vielfach durchlaufen müssten. Aber genug vom Labyrinth.

11.11 Die Bellman-Gleichung

Wir können diese beiden Wertefunktionen rekursiv schreiben: Die Wertefunktion *jetzt* entspricht dem Erwartungswert der unmittelbaren Belohnung plus der Erwartung der Wertefunktion, *wohin ich mich bewege*. Lassen Sie mich Ihnen zeigen, wie das funktioniert:

$$v_\pi(s) = \mathbb{E}_\pi\left[G_t \mid S_t = s\right] = \mathbb{E}_\pi\left[r_{t+1} + \gamma r_{t+2} + \gamma^2 r_{t+3} + \cdots \mid S_t = s\right]$$

$$= \mathbb{E}_\pi\left[r_{t+1} + \gamma(r_{t+2} + \gamma r_{t+3} + \cdots) \mid S_t = s\right]$$

$$= \mathbb{E}_\pi\left[r_{t+1} + \gamma G_{t+1} \mid S_t = s\right]$$

Das lässt sich wieder in rekursiver Form schreiben:

$$v_\pi(s_t) = \mathbb{E}_\pi\left[r_{t+1} + \gamma v_\pi(S_{t+1}) \mid S_t = s_t\right] \tag{39}$$

Da wir zwei probabilistische Elemente berücksichtigen müssen (die Policy und die Übergänge), können wir das mit der Notation aus Abschnitt 11.8 expliziter ausdrücken:

$$v_\pi(s) = \sum_a \pi(a|s) \sum_{s'} P^a_{ss'}\left(R^a_{ss'} + \gamma v_\pi(s')\right) \tag{40}$$

Dieses Resultat entspricht der Bellman-Gleichung, die die Relation der aktuellen Zustandswertefunktion zur Zustandswertefunktion im nächsten Schritt definiert. Beachten Sie, dass diese rekursive Relation zwischen aktueller und nachfolgender Werte-Funktion nur aufgrund des einfachen geometrischen Diskontierungsfaktors der zukünftigen Belohnungen möglich ist. Das meinte ich mit dem früheren Hinweis auf die schönen mathematischen Eigenschaften der geometrischen Diskontierung.

Mit dem gleichen Prozess können wir die rekursive Gleichung für die Aktionswertefunktion niederschreiben:

$$Q_\pi(s_t, a_t) = \mathbb{E}_\pi \left[r_{t+1} + \gamma Q_\pi(S_{t+1}, A_{t+1}) \mid S_t = s_t, A_t = a_t \right]$$

oder explizit

$$Q_\pi(s, a) = \sum_{s'} P_{ss'}^a \left(R_{ss'}^a + \gamma \sum_{a'} \pi(a'|s') Q_\pi(s', a') \right)$$

11.12 Optimale Policy

Wir definieren dieses Problem einzig aus dem Grund, um eine optimale Policy in jedem Zustand zu finden. Mathematisch gesehen suchen wir das Maximum von $v_\pi(s)$ über alle Policies π:

$$v_*(s) = \max_\pi v_\pi(s).$$

Der Stern $*$ bezeichnet das Optimum. Ähnliches gilt für

$$Q_*(s, a) = \max_\pi Q_\pi(s, a).$$

Um das noch einmal zu betonen, dieser Ausdruck repräsentiert die erwartete Gesamtbelohnung im Zustand s unter Durchführung von Aktion a und der danach anzuwendenden optimalen Policy.

Es gibt jetzt zwei weitere Bellman-GLeichungen, eine für jedes v_* und Q_*, die wir *Bellman-Optimalitätsgleichung* nennen:

$$v_*(s) = \max_a \sum_{s'} P_{ss'}^a \left(R_{ss'}^a + \gamma v_*(s') \right)$$

und

$$Q_*(s, a) = \sum_{s'} P_{ss'}^a \left(R_{ss'}^a + \gamma \max_{a'} Q_*(s', a') \right).$$

Wir konzentrieren uns auf die letztere, weil sie explizit die nächste Aktion hervorhebt:

$$v_*(s) = \max_a Q_*(s, a)$$

Und wenn wir die nächste Aktion bestimmen können, dann haben wir aufgrund der Rekursivität der Bellman-Gleichung unsere Aufgabe im Prinzip erledigt. Das ist der große Vorteil, wenn man mit Q arbeitet, denn sie führt uns unmittelbar zur nächsten Aktion:

$$\pi_*(a|s) = \begin{cases} 1 & \text{wenn } a = \text{argmax}_a\, Q_*(s,a) \\ 0 & \text{sonst} \end{cases}$$

Haben wir einmal die optimale Policy bestimmt, dann wird $\pi(a|s)$ typischerweise deterministisch, d.h., die optimale Aktion hat Wahrscheinlichkeit 1 und alle anderen 0.

Der Vollständigkeit halber zeigen wir hier noch mal die Aktionswertefunktion Q_* für unser Labyrinth, also die Aktionswertefunktion für die optimale Policy. Oder noch genauer: den Wert für die Durchführung einer Aktion und das *anschließende* Finden der optimalen Policy.

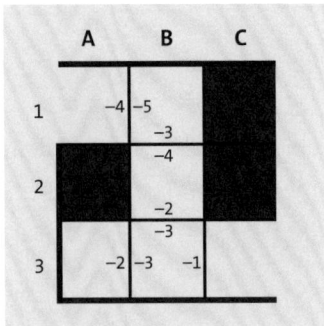

Abbildung 11.11 Die Q_*-Funktion für unser Labyrinth

Die Position der Zahlen innerhalb der Zellen zeigt auch den Zug an. Die -4 oben in Zelle B2 zeigt den Wert, wenn wir uns nach oben bewegen und uns danach optimal weiterbewegen.

11.13 Die Bedeutung der Wahrscheinlichkeit

Es lohnt sich an dieser Stelle, die Bedeutung der Wahrscheinlichkeit genauer zu betrachten. Wir haben zu Beginn von der probabilistischen Natur der Policy gesprochen und sind inzwischen bei einer deterministischen Policy angelangt.

Das heißt aber noch lange nicht, dass alle probabilistischen Elemente mir nichts, dir nichts verschwinden:

- Die Umgebung kann immer zufällige Element enthalten. Das ist sowohl bei den Banditen als auch bei Blackjack der Fall. In beiden Fällen werden wir nach deterministischen optimalen Policies verfahren (basierend auf den Zuständen in Blackjack), aber die Konsequenzen enthalten immer noch zufällige Elemente. Vielleicht haben Sie gerade eine Pechsträhne, das bedeutet nicht, dass man die Policy ändern sollte. Zu diesem Schluss sind wir in unserer bisherigen theoretischen Betrachtung gekommen.
- Auch wenn wir letztlich eine deterministische Policy suchen, wie im Banditenbeispiel, könnten wir über den Umweg einer stochastischen Policy ans Ziel kommen: Wir haben versucht, den nächsten Banditen aufgrund einer deterministischen Entscheidung zu wählen, aber unsere Policy war dabei mit einer Zufallsauswahl angereichert. Sie können sich das probabilistische Element als numerische Methode vorstellen, mit dem Ziel, zur richtigen Antwort zu gelangen. Aber dazu kommen wir später noch. (Halten Sie Ausschau nach ϵ-*Greedy*.)
- Es könnte auch tatsächlich zufällige Elemente als Teil der optimalen Policy geben. »Schere, Stein, Papier« ist ein offensichtliches Beispiel. Solche Beispiele betrachten wir hier allerdings nicht.

11.14   Etwas anspruchsvoller 2: Modell-frei

Im Abschnitt 11.8, »Etwas anspruchsvoller 1«, haben wir MEP in einer bekannten Umgebung aus mathematischer Sicht betrachtet und gesehen, wie man Wertefunktionen für eine bekannte Policy findet und wie man die Policy optimiert. Im Hauptbeispiel bin ich auf der einfacheren Seite geblieben, indem ich mich auf ein Labyrinth mit bekannter Umgebung gestützt habe. Dennoch haben wir vorbereitend schon die Mathematik für eine stochastische Umgebung eingebaut.

In den folgenden Abschnitten bewegen uns weiter auf diesem Pfad in Richtung unbekannter Umgebungen. Wir werden die Übergangswahrscheinlichkeiten oder Belohnungen *a priori* nicht kennen. Hier beginnt verstärkendes Lernen erst so richtig.

Blackjack ist dafür ein hervorragendes Beispiel. Technisch gesehen ist Blackjack eine bekannte Umgebung, da wir die Übergangwahrscheinlichkeiten bestimmen können: Stellen Sie sich vor, Sie halten den Kartenwert von 12 und die offene Karte des Gebers ist eine 8. Sie nehmen nun eine Karte als nächste Aktion – wie hoch ist die Wahrscheinlichkeit, 13, 14,..., mehr als 21 (auch als *Bust* bezeichnet) zu erhalten? Wir könnten eine zwar sehr große Matrix $P^a_{ss'}$ unter Verwendung vorheriger Techniken hinschreiben, aber ich möchte dieses Beispiel als Problem mit unbekannter Umgebung angehen, denn dann bewegen wir uns auf dem Gebiet des verstärkenden Lernens. Wir sparen uns den Prozess, die Übergangswahrscheinlichkeiten zu bestimmen, und lernen stattdessen, indem wir das Spiel sehr oft wiederholen.

11.15 Monte Carlo Policy Evaluation

Sehen wir uns zuerst die Methode der *Monte Carlo Policy Evaluation* an.

Nach dieser Methode berechnen wir die erwarteten, empirischen Gesamtbelohnungen für jeden Zustand durch oftmaliges Spielen eines (beliebigen) Spiels. Dazu braucht es kein vollständiges *Wissen* um die Umgebung, wie es für die dynamische Programmierung notwendig wäre. Wir kommen mit reiner *Erfahrung* der Umgebung aus. Diese Methode ist allgemein sehr gebräuchlich, weil relativ einfach.

Es gibt allerdings einen Nachteil: Die Methode funktioniert nur, wenn wir komplette Gesamtbelohnungen berechnen können, das heißt, der MEP muss terminieren. Bei einem episodischen MEP sind Anfang und Ende klar definiert, es geht nicht endlos weiter damit. Man beginnt mit dem Spiel und spielt es bis zu einem definierten Ende. Das versteht man unter einer Episode, und dann beginnt man wieder von vorne.

Es ist nicht trivial, die erwartete Gesamtbelohnung zu berechnen, wenn das Spiel nie endet.

Wir verwenden also T, um den letzten Schritt des Spiels zu bezeichnen. T kann sich von Episode zu Episode unterscheiden, d. h. bei jedem Spiel. Die Gesamtbelohnung können wir dann so schreiben:

$$G_t = r_{t+1} + \gamma r_{t+2} + \gamma^2 r_{t+3} + \ldots + \gamma^{T-t-1} r_T$$

Unsere Wertefunktion ist wieder die erwartete Gesamtbelohnung

$$v_\pi(s_t) = \mathbb{E}_\pi [G_t \mid S = s_t]$$

für unsere gewählte Policy. Aber dieser Erwartungswert wird empirisch durch oftmaliges Spielen bestimmt und nicht mit einer theoretischen Methode über Wahrscheinlichkeiten.

Wir führen also eine Art Simulation durch und müssen uns daher zwei Fragen stellen:

▶ Wie stellen wir sicher, dass jeder Zustand oft genug besucht wird, um eine robuste Schätzung der Erwartung abgeben zu können? Die Standardabweichung der geschätzten Erwartung eines Zustandes nimmt proportional zu zum inversen Quadrat der Anzahl derjenigen Episoden, die einen bestimmten Zustand erreicht haben.

▶ Was machen wir, wenn wir einen Zustand mehr als einmal während einer Episode erreichen? Zum Beispiel beim Schachspiel. Dazu gibt es zwei Ansätze:

Angenommen, wir haben folgende drei Episoden:

$$s_1 \xrightarrow{r_1} s_2 \xrightarrow{r_2} s_1 \xrightarrow{r_3} s_3 \xrightarrow{r_4} s_1 \xrightarrow{r_5} \text{Ende},$$

$$s_2 \xrightarrow{r_6} s_4 \xrightarrow{r_7} s_2 \xrightarrow{r_8} s_1 \xrightarrow{r_9} \text{Ende},$$

$$s_1 \xrightarrow{r_{10}} s_2 \xrightarrow{r_{11}} \text{Ende}.$$

Eine Episode können wir so interpretieren, dass wir vom Startzustand s_1 zum nächsten Zustand s_2 übergehen und dabei eine Belohnung r_1 *en route* aufnehmen usw.

Erstbesuchs-Evaluation

Wir berechnen den Durchschnitt für einen Zustand, indem wir die Gesamtbelohnungen über alle Episoden (die eben diesen Zustand enthalten) aufsummieren und durch die Anzahl der Episoden dividieren. Wir dividieren nicht durch die *Anzahl* des Vorkommens eines Zustandes. Es ist ja nicht ausgeschlossen, dass ein Zustand innerhalb einer Episode mehr als einmal durchlaufen wird.

Für die obigen drei Episoden erhalten wir (ohne Diskontierung):

$$v(s_1) = \frac{1}{3}\left((r_1 + r_2 + r_3 + r_4 + r_5) + (r_9) + (r_{10} + r_{11})\right)$$

Die Zahl 3 steht im Nenner weil s_1 in jeder dieser Episoden vorkommt. Die Gesamtbelohnungen jeder Episode sind durch Klammern getrennt:

$$v(s_2) = \frac{1}{3}\left((r_2 + r_3 + r_4 + r_5) + (r_6 + r_7 + r_8 + r_9) + (r_{11})\right),$$

$$v(s_3) = \frac{1}{1}\left((r_4 + r_5) + (0) + (0)\right)$$

und

$$v(s_4) = \frac{1}{1}\left((0) + (r_7 + r_8 + r_9) + (0)\right).$$

Selbstredend haben wir in der Praxis viel, viel mehr als drei Episoden.

Allbesuchs-Evaluation

Alternativ dazu können wir jeden Besuch eines Zustandes und jede Belohnung dieses Zustandes bis zum Ende zählen. Das heißt aber auch, dass einige Belohnungen mehrfach gezählt werden.

Für die zuvor definierten Episoden würde also folgendes Resultat herauskommen:

$$v(s_1) = \frac{1}{5} \left((r_1 + r_2 + r_3 + r_4 + r_5 + r_3 + r_4 + r_5 + r_5) + \right.$$

$$\left. (r_9) + (r_{10} + r_{11}) \right)$$

Zustand s_1 wurde fünfmal über alle 3 Episoden besucht.

$$v(s_2) = \frac{1}{4} \left((r_2 + r_3 + r_4 + r_5) + \right.$$

$$\left. (r_6 + r_7 + r_8 + r_9 + r_8 + r_9) + (r_{11}) \right)$$

Die verbleibenden Zustände unterscheiden sich nicht von der Erstbesuchs-Evaluation, da weder s_3 noch s_4 mehr als einmal vorkommen.

Da wir nur eine gegebene Policy evaluieren, müssen wir nicht alle Zustände besuchen – anders, als wenn wir eine optimale Policy finden wollten. Wir müssen nur die Zustände berücksichtigen, die mit der gegebenen Policy erreicht werden können.

Aktualisierung der Erwartungswerte

Bis hierhin haben wir zur Bestimmung des Mittelwertes ein einfaches arithmetisches Mittel berechnet, und das hat folgende Form

$$v(s_t) = \frac{1}{n(s_t)} \sum_{i=1}^{n(s_t)} G_t^{(i)}, \qquad (41)$$

wobei ich $G_t^{(i)}$ zur Bezeichnung der Gesamtbelohnung in der i^{ten} Episode verwende, in der wir den Zustand s_t erreicht haben. $n(s_t)$ entspricht der Gesamtzahl an Episoden, die bisher den Zustand s_t erreicht haben. Am Ende der nächsten Episode, in der wir Zustand s_t erreichen, erhalten wir die aktualisierte Erwartung

$$v_{\text{neu}}(s_t) = \frac{1}{n(s_t)+1} \sum_{i=1}^{n(s_t)+1} G_t^{(i)}$$

$$= v_{\text{alt}}(s_t) + \beta \left(G_t^{(n(s_t)+1)} - v_{\text{alt}}(s_t) \right),$$

wobei $\beta = \frac{1}{n(s_t)+1}$.

Das ist eine einfache Aktualisierung, bei der man nur den aktuellen Wert und die relevante Anzahl an durchgemachten Episoden benötigt (also die, die den aktuellen Zustand erreicht haben). Aber es geht noch einfacher.

Was würde passieren, wenn wir β als von $n(s_t)$ unabhängigen Parameter betrachten? Das wäre vergleichbar mit Aktualisierungsvarianten, die Sie in bereits bekannten numerischen Verfahren, wie zum Beispiel dem Gradientenabstiegsverfahren, kennengelernt haben. Wäre das eine Art Schummeln? Es würde unsere Aufgabe auf alle Fälle erleichtern, da wir nicht über den Verlauf von $n(s_t)$ Buch führen müssten.

Nun, das ist in Ordnung, so lange sich die Umgebung nicht ändert, also stationär ist, und β sich schrittweise Richtung 0 reduziert. Mit einer stationären Umgebung würden wir mit beiden Arten zum richtigen Mittelwert konvergieren.

Ändert sich jedoch die Umgebung, d.h. ist sie nicht-stationär, dann müssen wir eine Mittelwertberechnung verwenden, die das auch berücksichtigt. Der exponentiell gewichtete Durchschnitt macht genau das. Natürlich liegt dann die Kunst in der richtigen Wahl des Parameters β, sodass der Zeitrahmen, in dem sich die Umgebung ändert, entsprechend modelliert wird. Aber das ist, wie der Name schon sagt, ein Modellierungsproblem. Die Aktualisierungsregel wird also zu

$$v(s_t) \leftarrow v(s_t) + \beta \left(G_t - v(s_t) \right). \tag{42}$$

Der Parameter β tritt wieder als Lernrate auf. Sie werden noch eine Menge Techniken sehen, die eine Lernrate auf diese Weise nutzen, also für die Aktualisierung unserer Wertefunktionen mit jeder neuen Information/Stichprobe. Man beachte, dass weder (41) noch (42) irgendein v enthalten, außer dem zu aktualisierenden $v(s_t)$. Das wird sich entscheidend ändern, wenn wir andere Methoden betrachten.

11.16 Temporal-Difference-Lernen

Ich erwähnte schon, dass die Monte-Carlo-Policy unter anderem den Nachteil hat, dass die Aktualisierung der Werte erst nach der Terminierung einer Episode möglich ist. Wir steigen ins Auto, starten den Motor, und ein Warnlicht leuchtet auf. Mit der Monte Carlo Policy würden wir das ignorieren – der Umstand hätte keinen Einfluss auf unsere erwartete Reisezeit (unsere Wert), bis wir unser Reiseziel erreichen (oder auch nicht).

Jedoch haben wir dieses Warnlicht bereits ein paar Mal erlebt. Beim *Temporal-Difference-Lernen* (TD) ändert sich unsere erwartete Reisezeit dadurch möglicherweise unmittelbar. Das bedeutet weder für MC noch für TD, dass wir unbedingt unsere Policy ändern (und zum Beispiel zu einer Werkstatt fahren), denn im Moment befinden wir uns immer noch im Modus der Policy-Evaluierung.

Das TD-Lernen basiert auf der sogenannten Online-Aktualisierung. Die Aktualisierung wird während einer Episode durchgeführt, d. h., Sie warten mit der Aktualisierung der Werte nicht bis zur Terminierung einer Episode. Im Gegensatz dazu bezeichnet man jene Aktualisierungsform am Ende einer Episode als Offline-Aktualisierung. Wir brauchen also nicht bis zum Ende einer Episode zu warten, um etwas zu lernen. Tatsächlich ist es so, dass TD-Lernen nicht einmal episodische Sequenzen braucht. Im Unterschied zu MC können wir daher sogar von endlosen Sequenzen lernen.

TD-Ziel und TD-Fehler

Statt $v(s_t)$ nach G_t wandern zu lassen wie in in der Aktualisierungsregel (42), ersetzen wir nun G_t mit

$$r_{t+1} + \gamma v(s_{t+1}).$$

Das wird als *TD-Ziel* bezeichnet. $v(s_{t1})$ ist dabei der bisher gefundene Schritt und nicht die erwartete Gesamtbelohnung. (Was aber auch bedeutet, dass es zu einem Bias führen kann.) Die Aktualisierungsregel lautet dann

$$v(s_t) \leftarrow v(s_t) + \beta \left(r_{t+1} + \gamma v(s_{t+1}) - v(s_t) \right).$$

Den Term $r_{t+1} + \gamma v(s_{t+1}) - v(s_t)$ nennen wir *TD-Fehler*. Die MC-Policy-Evaluation berechnet die durchschnittliche Gesamtbelohnung auf eine sehr offensichtliche Weise, indem alle Gesamtbelohnungen von jedem Zustand über viele Episoden berechnet und durch die Anzahl der relevanten Episoden dividiert werden. TD-Lernen nähert sich dem schrittweise rückwärts vom nachfolgenden Zustand zum aktuellen Zustand durch Hinzufügen der unmittelbaren Belohnung, was uns ganz stark an die Bellman-Gleichung erinnert.

Die Methoden unterscheiden sich somit dadurch, dass die Aktualisierungsregel nicht nur Informationen von $v(s_t)$, sondern auch von $v(s_{t+1})$, dem nachfolgenden Zustand einer Episode, einbezieht.

11.17 Vor- und Nachteile: MC versus TD

	Monte Carlo	Temporal Difference
Vorteile	leicht verständlich; kein Bias (verwendet berechnete Gesamtbelohnung)	braucht keine Terminierung (kann nicht beendete Sequenzen verwenden); kann effizienter als MC sein; geringe Varianz
Nachteile	erfordert Terminierung/episodisch; hohe Varianz (summiert alle Gesamtbelohnungen)	mit Bias; empfindlich betreffend Initialwerten

11.18 Finden der optimalen Policy

Kommen wir nun zu unserem Kontrollproblem, nämlich dem Finden der optimalen Policy. Wir verbinden jetzt die Idee des dynamischen Programmierens in einer bekannten Umgebung mit der Policy-Evaluation einer unbekannten Umgebung, um so die Möglichkeit zu haben, eine unbekannte Umgebung zu kontrollieren.

Unsere erste Erkenntnis ist, dass in einer unbekannten Umgebung die Verwendung der Zustandswertefunktion $v(s)$ allein uns nicht wirklich weiterbringt. Wir können hier nicht berechnen, was die beste Aktion ist, weil wir nicht wissen, wohin uns diese Aktion führt.

Aus der Sicht des Blackjack wissen wir nicht, ob es bei einem Kartenwert von 15 besser ist, eine weitere Karte zu ziehen (*Hit*) oder nicht (*Stand*), wenn der Geber eine 8 zeigt. Wir kennen den Zustand nach der Aktion *eine weitere Karte ziehen* nicht. Aus diesem Grund werden wir mit der Aktionswertefunktion $Q(s,a)$ arbeiten.

Sackgasse vermeiden

Ein Problem, das man immer wieder berücksichtigen muss, ist, nicht in einer Sackgasse zu landen – und damit bei einer Policy anzukommen, die nicht optimal ist. Wenn wir uns immer danach richten, was als beste Policy erscheint, dann könnten wir etwas vorschnell in einer suboptimalen Policy landen.

Eventuell haben wir nicht genug andere Aktionen erkundet, oder die Schätzung der Werte ist nicht so genau wie gewünscht. Eine Methode, die immer das unmittelbar Optimale auswählt, wird auch als *greedy* bezeichnet.

Oft ist besser, eine gewisse Zeit in die Erkundung der Umgebung zu investieren, bevor man sich auf das stürzt, was unmittelbar optimal erscheint. Eine Policy, die absolut greedy ist, könnte durchaus zu kontraproduktiven Resultaten führen.

Wir könnten mit etwas Glück gewinnen, wenn wir bei 14 keine Karte ziehen und der Geber eine 8 hat. Aber würden nie erfahren, was passiert, wenn wir bei 14 (und Geber mit offener Karte 8) eine Karte ziehen.

Die ϵ-Greedy-Methode ist eine einfache Art, eine Sackgasse zu vermeiden. Mit einer Wahrscheinlichkeit von $1 - \epsilon$, mit einem gewählten ϵ, verhält man sich greedy, aber mit Wahrscheinlichkeit ϵ wählt man eine zufällig gewählte mögliche Aktion aus allen verfügbaren (und gleich wahrscheinlichen) Aktionen. Mit dieser Methode erkundet man auf den ersten Blick suboptimale Lösungen, die sich aber als optimal herausstellen können.

Klarerweise müssen wir mit verbesserter Policy unser ϵ reduzieren, sonst haben wir immer eine Zufälligkeit in unserer Policy.

11.19 Sarsa

Jetzt wissen Sie genug über Aktualisierungsregeln, und ich kann gleich zur Sache kommen. Die folgende Methode ist bekannt unter dem Namen *Sarsa*, wobei diese Abkürzung für *State Action Reward State Action* steht (»Zustand Aktion Belohnung Zustand Aktion«). Der Aktionswert wird folgendermaßen aktualisiert:

$$Q(s_t, a_t) \leftarrow Q(s_t, a_t) + \beta \left(r_{t+1} + \gamma Q(s_{t+1}, a_{t+1}) - Q(s_t, a_t) \right) \quad (43)$$

Diese Aktualisierung wird bei jedem Schritt jeder Episode durchgeführt. Die Aktionen werden gemäß der ϵ-Greedy Policy gewählt. Sehen wir uns nun den Algorithmus etwas genauer an.

Schritt für Schritt: Der Sarsa-Algorithmus

0 *Initialisiere*
Man wählt zuerst Startwerte für $Q(s, a)$. Die Konvergenz*rate* wird durch diese Wahl nicht beeinflusst, die Zeit zur Konvergenz innerhalb eines gewissen Fehlers aber sehr wohl. Möglicherweise ist es am besten, alles auf null zu setzen.

1 *Starte eine Episode*
Starte eine neue Episode mit dem Initialzustand s.

2 *Gehe zum nächsten Zustand*
Im Zustand s wähle eine Aktion nach der ϵ-Greedy Methode und den aktuellen Werten von $Q(s, a)$. Das gibt eine Aktion a. Mit dieser Aktion a gehe zum nächsten Zustand, s'. Im Zustand s' wähle die nächste Aktion a' basierend auf den Werten aus $Q(s', a')$ für die möglichen Aktionen in dem neuen Zustand und unter Verwendung der ϵ-Greedy-Methode.

3 *Aktualisiere $Q(s, a)$*
Aktualisiere die Aktionswertefunktion zu (s, a) entsprechend der folgenden Belohnung r und der Aktionswertefunktion (s', a') mit der gewählten Aktion a'.

Daher (43)
$$Q(s, a) \leftarrow Q(s, a) + \beta \left(r + \gamma Q(s', a') - Q(s, a) \right)$$

und
$$s \leftarrow s' \quad \text{und} \quad a \leftarrow a'.$$

Hier habe ich besonders die Aktualisierung des Zustandes und der entsprechenden Aktion hervorgehoben (siehe Abbildung 11.12).

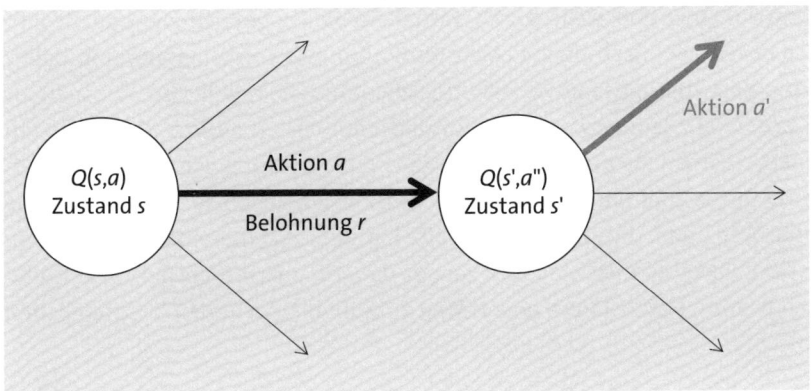

Abbildung 11.12 Die im Sarsa-Algorithmus verwendeten Größen

Wiederhole die Schritte 2 und 3 bis zur Terminierung der Episode und gehe zurück zu Schritt 1 für eine neue Episode. ∎

An der Zustands-Aktions-Abfolge sieht man schön den Ursprung des Namens dieses Algorithmus, $s_t, a_t, r_{t+1}, s_{t+1}, a_{t+1}$.

On-Policy
Noch etwas Jargon. Sarsa ist ein Beispiel einer *On-Policy-Methode*. Das bedeutet, wir folgen einer Policy, während wir gleichzeitig bewerten oder optimieren.

Off-Policy
Als Nächstes sehen wir uns eine *Off-Policy-Methode* an. Eine Off-Policy-Methode evaluiert eine Policy, während man allerdings einer anderen Policy folgt. Und wieder hilft uns Blackjack, das zu verstehen: Stellen Sie sich vor, Sie entscheiden über Hit oder Stand mittels Münzwurf.

Diese Policy ist höchstwahrscheinlich blödsinnig, dennoch gibt sie uns Informationen darüber, ob Hit oder Stand in einem gegebenen Zustand besser ist, und würde uns schließlich irgendwann zu einer optimalen Policy führen.

Das Hauptargument für eine Off-Policy-Methode ist jedoch, dass man sie für die Erkundung nutzen kann und Sie am Ende zum Optimum führt, ohne dass Sie bei irgendetwas stecken bleiben, das auf den ersten Blick optimal aussieht.

11.20 Q-Lernen

Ein besonderer Vertreter der Off-Policy-Methoden ist das sogenannte *Q-Lernen*. Beim Q-Lernen folgen wir einer Policy, die wir als Verhaltens-Policy bezeichnen, und die gibt uns einen Weg durch die Zustände vor. Aber lernen tun wir von einer anderen Policy. Wir spicken zum nächsten Zustand voraus und sehen uns alle möglichen Aktionen an, aktualisieren unsere Q-Zustandswertefunktion nach der besten Aktion, die wir hätten nehmen können, nehmen aber perverserweise eine andere Aktion. Ich sage zwar »perverserweise«, meine es aber natürlich nicht so. Es ist ein bisschen so, als ob man eine Idee zum besten Weg durch die Einkaufsgeschäfte hat, aber mal mit einer anderen Route experimentiert. Okay, es mag vielleicht länger dauern, aber möglicherweise findet man eine noch bessere Route. Einen neuen Weg zu wählen, macht den bestmöglichen Weg nicht schlechter.

Schritt für Schritt: Der Q-Lern-Algorithmus

0 *Initialisiere*
Man wählt zuerst Startwerte für $Q(s, a)$. Die Konvergenz*rate* wird durch diese Wahl nicht beeinflusst, sehr wohl aber die Zeit zur Konvergenz innerhalb eines gewissen Fehlers. Möglicherweise ist es am besten, alles auf null zu setzen.

1 *Starte eine Episode*
Starte eine neue Episode mit dem Initialzustand s.

2 *Gehe zum nächsten Zustand*
Im Zustand s wähle eine Aktion entsprechend der Verhaltenspolicy. Beispielsweise die ϵ-Greedy-Methode mit den aktuellen Werten von $Q(s, a)$. Das liefert uns a. Gehe mittels Aktion a zum nächsten Zustand s'.

3 *Aktualisiere Q(s, a)*
Aktualisiere $Q(s, a)$ unter Verwendung der bestmöglichen Aktion:

$$Q(s,a) \leftarrow Q(s,a) + \beta \left(r + \gamma \max_{a''} Q(s', a'') - Q(s,a) \right)$$

und

$$s \leftarrow s'.$$

Mit a'' meine ich alle Aktionen, die in dieser Situation möglich sind. Die nach der Verhaltenspolicy gewählte Aktion a' taucht bei der Aktualisierung nicht auf.

In Abbildung 11.13 sehen wir den Algorithmus in Aktion. Die in Zustand s' eigentlich angewandte Aktion a' wird heller dargestellt, denn sie erscheint nicht in der Aktualisierung.

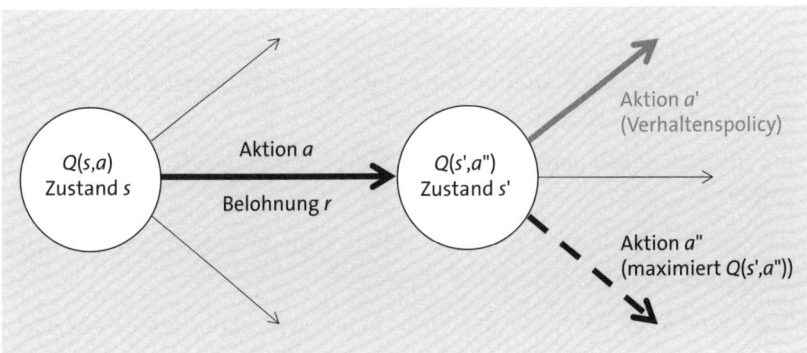

Abbildung 11.13 Die wichtigen Größen im Q-Lernen-Algorithmus

Wiederhole die Schritte 2 und 3 bis zur Terminierung der Episode und gehe zurück zu Schritt 1 für eine neue Episode. ∎

11.21 Beispiel: Blackjack

Für den Rest dieses Kapitel sehen wir uns Blackjack im Detail an. Dieses Spiel ist ein hervorragendes Beispiel für verstärkendes Lernen und findet sich auch in vielen Büchern zu diesem Thema wieder, da es einfach zu verstehen und zu implementieren ist, aber gleichzeitig nicht trivial.

Zuerst aber eine Liste der Regeln für Blackjack, so wie es in Casinos gespielt wird:

1. Es gibt einen Kartengeber/Bankhalter/Croupier. Typischerweise steht der Kartengeber an einem annähernd halbkreissfförmigen Tisch.
2. Einer oder mehrere Spieler sitzen um diesen Tisch.
3. Jeder Spieler platziert seine Einsätze auf den bezeichneten Feldern, bevor Karten ausgegeben werden.
4. Der Geber teilt die Karten aus, und zwar so, dass jeder Spieler und der Geber eine offene Karte erhalten. Die Spieler erhalten dann eine weitere offene Karte, und der Geber erhält eine verdeckte Karte.

5. Der Kartenwert ergibt sich aus der Summe der Kartenwerte der einzelnen Karten: Asse zählen 1 oder 11, Zahlenkarten, wie Zweier bis Neuner zählen entsprechend der Augen, Bildkarten, wie Zehner, Bube, Dame, König zählen 10.
6. Das Ziel des Spielers ist es, den Geber zu schlagen, d. h. einen höheren Kartenwert als der Geber zu erzielen.
7. Jeder Spieler hat die Möglichkeit, weitere Karten zu wählen (das nennt sich *Karte* oder auch *Hit*), bis er keine mehr will (*steht* oder *Stand*)
8. Überschreitet der Spieler mit seinen Karten den Wert 21 (*Überkauf* oder *Bust*), dann verliert er sofort.
9. Hat ein Spieler ein Ass, das 11 zählt, und eine weitere Karte führt zu einem Überkauf, dann wird dieses Ass im weiteren Lauf mit 1 bewertet.
10. Ein Blatt ohne Ass oder mit Assen, die den Wert 1 haben, wird als *hartes* Blatt bezeichnet. Ein Blatt mit einem mit 11 bewerteten Ass wird im Gegensatz dazu als *weiches* Blatt bezeichnet.
11. Erhält ein Spieler mit den ersten beiden Karten einen Blackjack, also eine Ass und eine Karte mit Wert 10, dann führt das sofort zu einem 3:2-Gewinn, vorausgesetzt, der Geber hat nicht auch einen Blackjack mit den ersten beiden Karten.
12. Ein Blackjack des Gebers schlägt eine 21 eines Spielers, wenn letzterer mit einem Blatt von 3 oder mehr Karten erreicht wird.
13. Ein Spieler kann nach Erhalt der ersten beiden Karten seinen Einsatz verdoppeln, erhält danach aber nur mehr genau eine Karte (Verdoppeln oder *Double Down*).
14. Mit zwei Karten mit gleichem Wert kann der Spieler sein Blatt bzw. seine Hand teilen (*Split*) und spielt dann mit »geteilter Hand« und zwei getrennten Einsätzen weiter.
15. Ist die offene Karte des Gebers eine Ass, dann kann er eine Versicherung gegen Blackjack (*Insurance*) anbieten. Der Versicherungseinsatz wird dann 2:1 ausgezahlt, sollte der Geber einen Blackjack haben, ansonsten wird der Versicherungseinsatz eingezogen.
16. Will keiner der Spieler mehr eine Karte oder haben sie sich überkauft, dann ist der Geber an der Reihe.
17. Der Geber im Casino ist nicht so frei in der Wahl, ob er eine weitere Karte nimmt oder nicht. Typischerweise muss er bei einem Blattwert bis 16 eine weitere Karte nehmen, darüber muss er auf weitere Karten verzichten.
18. Hat der Spieler einen höheren Blattwert als der Geber, dann erhält dieser einen Gewinn in Höhe des Einsatzes.

19. Hat der Spieler gleich viele Punkte wie der Geber, dann ist das Spiel unentschieden (*Push* oder *Tie*), und der Spieler verliert nichts, gewinnt aber auch nichts.

Das sind die Grundregeln, die in manchen Casinos noch verfeinert werden:

20. In manchen Casinos wird der Geber auch beim Wert 17 eine weitere Karte nehmen, wenn das Blatt ein Ass enthält. Somit wählt der Geber eine weitere Karte bei einer *weichen 17*.

21. In manchen Casinos erhält der Geber das gesamte Blatt erst, nachdem alle Spieler gespielt haben.

22. In manchen Casinos sieht der Geber bei einem offenen Ass sofort nach, ob er einen Blackjack hat.

Sie sehen also, dass die Regeln vom Spieler eine Menge Entscheidungen einfordern: Karte, Stand, Split, Versicherung, zähle Ass als 1 oder 11 und die Höhe des Einsatzes. Das gereicht dem Spieler zum Vorteil, denn er hat Optimierungsmöglichkeiten in Bezug auf seine Aktionen. Auch der 3:2-Gewinn für einen Blackjack ist ein Vorteil für den Spieler. Der Geber ist im Gegensatz dazu eingeschränkt: Karte bei Blattwert bis 16; Stand bei 17 oder mehr. Und dennoch, trotz dieser Asymmetrie zum Vorteil des Spielers, hat die Bank ein bedeutendes Ass im Ärmel. Es gibt nämlich eine entscheidende Asymmetrie zugunsten der Bank: Überkauft sich der Spieler, verliert er seinen Wetteinsatz, egal, ob auch der Geber sich später überkauft.

Zustände und Aktionen

Wir nähern uns dem Blackjack als einem Problem des verstärkenden Lernens.

(Zuvor noch ein Hinweis: In der Praxis würde man das Problem wahrscheinlich nicht so in Angriff nehmen. Mit unserem Vorgehen ignorieren wir ein Faktum beim Spiel Blackjack: Mit einem Blattwert von X und der Auswahl einer weiteren Karte kann man eigentlich nicht zurück zu einem Blattwert von gleich oder weniger als X. Eine natürlichere Methode wäre, die beste Wahl zu treffen bei einem Blattwert von X. Ist das gemacht, dann schau auf einen Blattwert von $X - 1$ zu schauen. In anderen Worten, schauen Sie auf die optimale Strategie, indem Sie sich rückwärts richten, ganz ähnlich meiner Erklärung zum Spiel Tic-Tac-Toe. Sollten Sie sich für ein Buch aus meinen Vorschlägen entscheiden müssen, dann empfehle ich ganz besonders Ed Thorp's *Beat the Dealer*.)

Wir werden jetzt die Spielzustände und die Aktionen auflisten und versuchen, eine optimale Policy zu entwickeln. Technisch gesehen könnten wir diese Aufgabe mit dynamischer Programmierung in einer bekannten Umgebung lösen, da wir Übergangswahrscheinlichkeiten zwischen Zuständen berechnen könnten. Aber das würde sehr schnell sehr unübersichtlich werden und widerspräche dem Sinn der Übung.

Wir werden manche Dinge vereinfachen, um uns nicht im Detail zu verlieren. Wir ignorieren die Möglichkeiten des Verdoppelns, Teilens und der Versicherung. Hat ein Spieler einen Blackjack, dann gibt es nicht viel zu entscheiden – also lassen wir das weg. Wir erlauben dem Geber allerdings die durchaus übliche Kartenwahl bei einer weichen 17.

Zustände

Wie kompliziert soll es werden? Für einen angemessenen MEP brauchen wir folgende Informationen: unseren aktuellen Blattwert, ob wir zumindest ein Ass in der Hand haben, die offene Karte des Gebers, wie viele Asse, Zahlen- und Bildkarten vom Kartenschlitten bereits ausgegeben wurden (und mit wie vielen Kartensätzen man gestartet ist). Man muss also eine Menge an Informationen im Auge behalten.

Zur Vereinfachung gehen wir mal von einer unendlichen Anzahl an Kartensätzen aus, somit ändert sich die Wahrscheinlichkeit für eine bestimmte Karte nie. Unser Zustand wird dann definiert durch unseren aktuellen Blattwert, ob wir zumindest ein Ass im Blatt haben und durch die offene Karte des Gebers.

Wie viele Zustände gibt es dann? Der Geber könnte die Karten A–10 haben. Wir könnten als Blattsumme 12–21 erreichen (bei 11 oder weniger würden wir immer eine weitere Karte wählen). Obwohl wir bei 21 natürlich keine weitere Karte wünschen, müssen wir wissen, ob wir 21 erreicht haben, denn dieser Zustand kann beim Übergang von einem anderen Zustand erreicht werden.

Zudem müssen wir noch berücksichtigen, ob wir ein Ass mit Wert 1 haben. Somit können wir insgesamt $10 \times 10 \times 2 = 200$ Zustände erhalten. Das ist sogar weniger als beim Tic-Tac-Toe-Spiel.

Aktionen

Karte oder Stand. Das ist alles.

Jetzt sehen wir uns die zuvor beschriebenen Techniken an.

Monte Carlo Policy Evaluation

Beginnen wir mit der Monte Carlo Policy Evaluation.

Um eine Policy auszuwerten, brauchen wir natürlich zuerst eine entsprechende Policy. Da geht es aber (noch) *nicht* um das Finden einer optimalen Policy.

Eine offensichtliche Policy wäre, den Geber zu imitieren: Karte bei Blattwert bis 16 und weichen 17, ansonsten Stand. Um das umzusetzen, braucht es:

1. eine Implementierung der Spielerstrategie

2. eine Implementierung der Geberstrategie
3. eine Implementierung der Kartenausgabe
4. eine Implementierung der harten und weichen Hand
5. zwei Matrizen mit der Dimension 10×10, eine für die Zustandswertefunktion für ein hartes Blatt und eines für ein weiches Blatt
6. Für die Berechnung des arithmetischen Durchschnitts zum Finden der Zustandswertefunktion braucht man zwei ähnliche Matrizen, um die Anzahl der Episoden, die jeden Zustand besucht haben, abzulegen.
7. Schere und Kleber zum Schneiden und Kleben (nur ein Scherz!)

Spielen wir also ein Spiel (eine Episode), und sehen wir uns an, wie das Ganze aussieht. Wir kopieren die Policy des Gebers.

Nehmen wir an, der Geber hat eine offene 7, der Spieler hat gespielt, steht bei A, 2, 4, 6, 5 und schlägt den Geber, der sich überkauft. Wir können den Zustand dann anzeigen durch (Blattwert Spieler, hart oder weich, Geber). Diese Episode sieht dann so aus:

$$(13, \text{weich}, 7) \stackrel{r=0}{\to} (17, \text{weich}, 7) \stackrel{r=0}{\to} (13, \text{hart}, 7)$$

$$\stackrel{r=0}{\to} (18, \text{hart}, 7) \quad \text{Abschluss mit Belohnung 1}$$

Es gibt keine Zwischenbelohnung, und die finale Belohnung 1 wird zur Zustandswertefunktion, v (Blattwert: Spieler, hart oder weich, Geber), *für jeden dieser vier Zustände*, und Veränderung der Mittelwerte für diese vier Zustände.

Dabei ist zu beachten, dass wir die Episode bis zur Terminierung durchlaufen lassen mussten, sonst würde die Zustandswertefunktion die wichtige und hier einzige Belohnung verpassen.

Jede der

$$v(13, \text{weich}, 7), \quad v(17, \text{weich}, 7), \quad v(13, \text{hart}, 7) \quad \text{und} \quad v(18, \text{hart}, 7)$$

wird aktualisiert, unabhängig von den anderen Zuständen.

Das entspricht exakt der Beschreibung in Abschnitt 11.15. Es gibt fast nie einen Unterschied zwischen Erstbesuchs- und Allbesuchsevaluation, denn in Blackjack ist es eigentlich unmöglich, einen Zustand noch einmal zu besuchen. (Man müsste zwei oder mehr Asse im Blatt haben und dann über 21 gehen.)

Um die Mittelwerte für die Zustandswertefunktion zu berechnen, habe ich mich entschieden, alle Simulationen durchlaufen zu lassen, bevor ich die Mittelwerte bestimme. Somit brauche ich keinen Parameter für eine Lernrate.

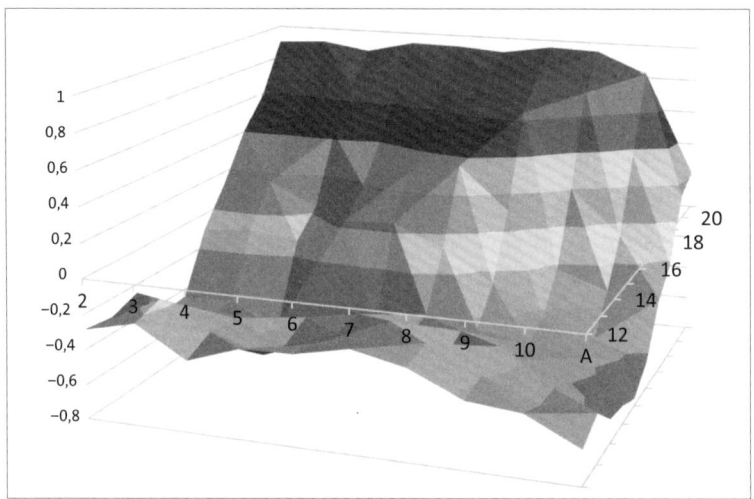

Abbildung 11.14 Die Zustandswertefunktion $v(s)$ für ein hartes Blatt für die Policy, die die Geberregel befolgt: MC

In Abbildung 11.14 zeigen wir die Zustandswertefunktion für ein hartes Blatt nach ein paar tausend Episoden.

Achtung, ich behaupte nicht, dass das die endgültigen Resultate sind oder dass sie korrekt sind. Bevor Sie also ins Casino gehen, lesen sie das empfohlene Buch von Thorp. Übrigens, sollten Sie wirklich die Geberstrategie imitieren, werden sie ziemlich schnell verlieren. (Beachten Sie all die negativen Werte in Abbildung 11.14.)

Da wir von einer unbekannten Umgebung ausgegangen sind, kennen wir keine Übergangswahrscheinlichkeiten, also sagt uns die Information in Abbildung 11.14 nicht, wie wir unsere Policy verbessern können. Dafür brauchen wir die Aktionswertefunktion, die wir uns bald zu Gemüte führen werden.

TD-Lernen

Die Änderung unserer bestehenden Implementierung für TD ist ziemlich einfach. Der größte Unterschied zwischen TD und MC liegt darin, dass die Aktualisierung Informationen aus dem nächsten Zustand der Episode verlangt. Die Aktualisierungsregel lautet:

$$v(s_t) \leftarrow v(s_t) + \beta \left(r_{t+1} + \gamma v(s_{t+1}) - v(s_t) \right)$$

Für unsere Aufgabe haben wir $\gamma = 1$. Statt den Mittelwert der Belohnungen für jeden Zustand zu berechnen, unabhängig von den anderen Zuständen, verwenden wir die nächste Belohnung und den nächsten Zustand. Der nächste Zustand ist eine Art Ersatz für all die zukünftigen Belohnungen (nach der unmittelbar nächsten). Wagen wir uns an ein Beispiel: Wir imitieren wieder den Geber und verwenden auch wieder das gleiche Beispiel wie zuvor: Der Geber hat eine 7 und der Spieler steht bei A, 2, 4, 6, 5 und schlägt den Geber. Die Episode wird repräsentiert durch

$$(13, \text{weich}, 7) \overset{r=0}{\Rightarrow} (17, \text{weich}, 7) \overset{r=0}{\Rightarrow} (13, \text{hart}, 7)$$

$$\overset{r=0}{\Rightarrow} (18, \text{hart}, 7) \quad \text{Abschluss mit Belohnung 1.}$$

Wir bewegen uns behutsam durch die Aktualisierung, in folgender Reihenfolge:

$$v(13, \text{weich}, 7) \leftarrow v(13, \text{weich}, 7) + \beta \left(0 + v(17, \text{weich}, 7) - v(13, \text{weich}, 7)\right).$$

Der Term $(v(17, \text{weich}, 7)$ entspricht zu diesem Zeitpunkt, dem der vorherigen Episode. Dann gilt

$$v(17, \text{weich}, 7) \leftarrow v(17, \text{weich}, 7) + \beta \left(0 + v(13, \text{hart}, 7) - v(17, \text{weich}, 7)\right).$$

Jetzt wird $v(17, \text{weich}, 7)$ aktualisiert, aber ist immer noch das alte $v(13, \text{hart}, 7)$. Dann gilt

$$v(13, \text{hart}, 7) \leftarrow v(13, \text{hart}, 7) + \beta \left(0 + v(18, \text{hart}, 7) - v(13, \text{hart}, 7)\right).$$

Und schließlich

$$v(18, \text{hart}, 7) \leftarrow v(18, \text{hart}, 7) + \beta \left(1 - v(18, \text{hart}, 7)\right).$$

Die Zustandswertefunktion für ein hartes Blatt ist ähnlich der in Abbildung 11.14. Jetzt wollen wir aber die *optimale* Policy für Blackjack finden.

Sarsa

Um mit Sarsa die optimale Policy zu finden, müssen wir über die Aktionswertefunktion gehen: $Q(\text{Spieler}, \text{hart/weich}, \text{Geber}, \text{Karte/Stand})$. Die Aktualisierungsregel lautet nun

$$Q(s, a) \leftarrow Q(s, a) + \beta \left(r + \gamma Q(s', a') - Q(s, a)\right),$$

mit $\gamma = 1$, wobei die Belohnung bis zur Terminierung 0 ist. Ich habe eine ϵ-Greedy Policy verwendet, um die Aktion in jedem Zustand zu bestimmen. Gehen wir wieder vom bekannten Spiel aus:

$$(13, \text{weich}, 7) \overset{r=0}{\Rightarrow} (17, \text{weich}, 7) \overset{r=0}{\Rightarrow} (13, \text{hart}, 7)$$

$$\overset{r=0}{\Rightarrow} (18, \text{hart}, 7) \quad \text{Abschluss mit Belohnung 1.}$$

Die Aktualisierung würde Folgendes brauchen:

$$Q((13, \text{weich}, 7), \text{Karte}), \quad Q((13, \text{weich}, 7), \text{Stand}), \quad Q((17, \text{weich}, 7), \text{Karte}),$$

$$Q((17, \text{weich}, 7), \text{Stand}), \quad Q((13, \text{hart}, 7), \text{Karte}),$$

$$Q((13, \text{hart}, 7), \text{Stand}), \quad Q((18, \text{hart}, 7), \text{Karte})$$

$$\text{und } Q((18, \text{hart}, 7), \text{Stand}).$$

(Die Mehrfachklammern sollen den Unterschied zwischen Zuständen und Aktionen hervorheben.) Für jeden Zustand wird Aktion Karte mit Aktion Stand verglichen, um die Entscheidung über eine Aktion zu treffen. Die durchgeführten Zustands-Aktionspaare werden aktualisiert. Die Aktualisierung funktioniert folgendermaßen:

1. Wir beginnen in Zustand $(13, \text{weich}, 7)$
2. Der Wert von $Q((13, \text{weich}, 7), \text{Karte})$ versus $Q((13, \text{weich}, 7), \text{Stand})$ hilft uns bei der Entscheidung, ob Karte oder Stand gewählt wird. Obwohl wir mit Wahrscheinlichkeit ϵ mittels Münzwurf zur Entscheidung kommen. Wir entscheiden uns für Karte.
3. Wir gehen in Zustand $(17, \text{weich}, 7)$ über, erhalten keine Belohnung.
4. $Q((17, \text{weich}, 7), \text{Karte})$ versus $Q((17, \text{weich}, 7), \text{Stand})$ hilft uns wieder bei der Entscheidung, Karte oder Stand zu wählen, obwohl wir mit Wahrscheinlichkeit ϵ mittels Münzwurf zur Entscheidung kommen. Wir entscheiden uns für Karte.
5. usw.

Ich habe bei »usw.« aufgehört, da wir bereits genug Informationen haben, um mit der Aktualisierung zu beginnen:

$$Q((13, \text{weich}, 7), \text{Karte}) \leftarrow Q((13, \text{weich}, 7), \text{Karte}) +$$

$$\beta \left(0 + Q((17, \text{weich}, 7), \text{Karte}) - Q((13, \text{weich}, 7), \text{Karte}) \right)$$

Diese Aktualisierung ist schematisch in Abbildung 11.15 dargestellt. Jede Zelle enthält die aktuellen Schätzungen für die Aktionswertefunktion Q, wobei Q eine Funktion von Zustand und Aktion ist. Es gibt auch eine zweite Matrix für ein hartes Blatt, die hier allerdings nicht gezeigt wird. Die gestrichelten Linien zeigen die Spielreihenfolge auf. Wir gehen von einer weichen 13 zu Karte zu weicher 17 und nochmals zu Karte. Die zweite Karte führt uns zur Matrix mit den harten Blättern, deshalb wurde hier so gezeichnet, dass die weiche Matrix verlassen wird. Die gebogene Linie repräsentiert den Informationsfluss während der Aktualisierung. Wir haben bei einer weichen 13 Karte gewählt, also wird $Q((13, \text{weich}, 7), \text{Karte})$ aktualisiert. Und es wird aktualisiert unter Verwendung der Aktionswertefunktion zum Zustand, die weiche 17, mittels der Aktion, Karte, d. h. $Q((17, \text{weich}, 7), \text{Karte})$.

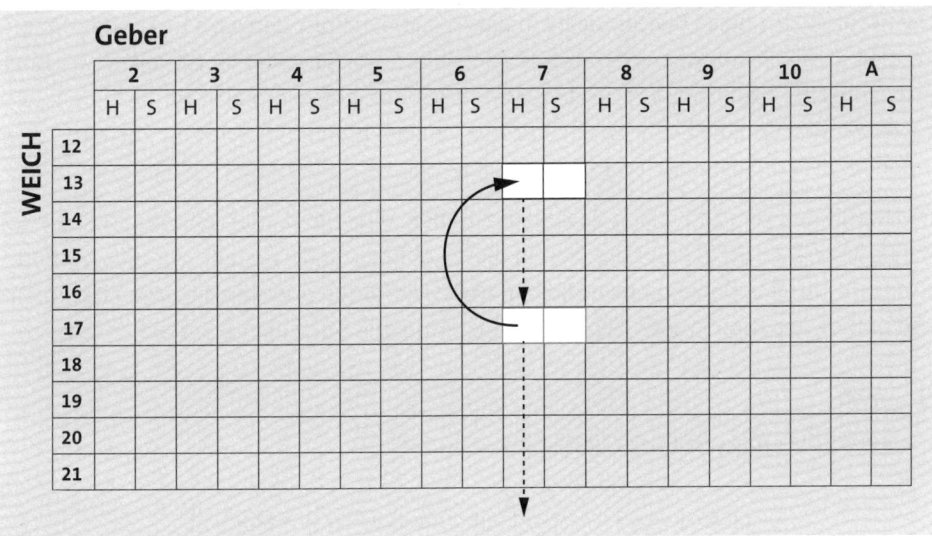

Abbildung 11.15 Ein Ausschnitt der Aktualisierungen für ein Blackjack-Blatt: Sarsa

Die Aktualisierung für jedes andere Zustands-Aktionspaar würde ähnlich realisiert werden. Die finale Aktualisierung würde so aussehen:

$$Q((18, \text{hart}, 7), \text{Stand}) \leftarrow Q((18, \text{hart}, 7), \text{Stand}) +$$
$$\beta\,(1 - Q((18, \text{hart}, 7), \text{Stand}))$$

Hit oder Stand

HART	Geber	2	3	4	5	6	7	8	9	10	A
	12	H	H	H	H	H	H	H	H	H	H
	13	H	S	S	S	S	H	H	H	H	H
	14	S	S	S	S	S	H	H	H	H	H
	15	S	S	S	S	S	H	H	H	H	H
	16	S	S	S	S	S	H	H	H	H	H
	17	S	S	S	S	S	S	S	S	S	S
	18	S	S	S	S	S	S	S	S	S	S
	19	S	S	S	S	S	S	S	S	S	S
	20	S	S	S	S	S	S	S	S	S	S
	21	S	S	S	S	S	S	S	S	S	S

Abbildung 11.16 Ergebnisse für Sarsa für harte Blätter. Die als optimal erachtete Strategie für die Kartenwahl wird durch die Kästchen gezeigt.

Die Resultate für harte Blätter nach ein paar Millionen Episoden wird in Abbildung 11.16 gezeigt. Meine Resultate werden mit H oder S für Karte/Hit oder Stand gekennzeichnet, wobei die Hits grau unterlegt sind. Alles, was ich hier gemacht habe, ist die Q-Funktion zu verwenden und die Zellkennzeichnung nach dem höheren Q-Wert für Hit/Karte oder Stand in diesem Zustand zu wählen.

Die Resultate orientieren sich an der klassischen, allgemein anerkannten Strategie für die Kartenwahl, wie in den Kästchen in dieser Abbildung dargestellt. Für eine Verfeinerung und perfekte Konvergenz müsste man das Verfahren noch länger laufen lassen. Die klassischen Resultate finden Sie in jedem anständigen Buch über Blackjack-Strategien.

Q-Lernen

Die Aktualisierungsregel sieht hier so aus:

$$Q(s,a) \leftarrow Q(s,a) + \beta \left(r + \gamma \max_{a''} Q(s', a'') - Q(s,a) \right)$$

Wir verwenden wieder eine ϵ-Greedy Policy, um die Aktion in jedem Zustand zu bestimmen. Man beachte hier, dass die Aktualisierungsregel nicht *explizit* die Aktion a' im Zustand s vorgibt, da wir über uns alle möglichen Aktionen im Zustand s' ansehen. Natürlich ist a' *implizit* vorhanden, denn so kommen wir zum Zustand s'.

Gehen wir wieder einmal von folgendem Spiel aus:

$$(13, \text{weich}, 7) \stackrel{r=0}{\to} (17, \text{weich}, 7) \stackrel{r=0}{\to} (13, \text{hart}, 7)$$

$$\stackrel{r=0}{\to} (18, \text{hart}, 7) \quad \text{Abschluss mit Belohnung 1}$$

Nun wird folgendermaßen aktualisiert:

1. Wir beginnen in Zustand $(13, \text{weich}, 7)$.
2. Der Wert $Q((13, \text{weich}, 7), \text{Karte})$ versus $Q((13, \text{weich}, 7), \text{Stand})$ sagt uns, ob wir Karte oder Stand wählen, obwohl wir mit Wahrscheinlichkeit ϵ mittels Münzwurf die Entscheidung treffen. Wir entscheiden uns für Karte.
3. Wir gehen zu Zustand $(17, \text{weich}, 7)$, erhalten dabei keine Belohnung.
4. Wir nehmen das Maximum von $Q((17, \text{weich}, 7), \text{Karte})$ und $Q((17, \text{weich}, 7), \text{Stand})$, obwohl wir möglicherweise nicht die maximierende Aktion wählen
5. usw.

Und so:

$$Q((13, \text{weich}, 7), \text{Karte}) \leftarrow Q((13, \text{weich}, 7), \text{Karte}) +$$
$$\beta \left(0 + \max\left(Q((17, \text{weich}, 7), \text{Karte}), Q((17, \text{weich}, 7), \text{Stand})\right)\right.$$
$$\left. - Q((13, \text{weich}, 7), \text{Karte})\right)$$

Und so erreichen wir ähnliche Aktualisierungen für die anderen realisierten Zustands-Aktionspaare.

Diese Aktualisierung wird wieder in Abbildung 11.17 gezeigt. Sie unterscheidet sich vom äquivalenten Sarsa-Diagramm 11.15 auf zwei Arten:

▸ Uns interessiert nicht, ob unsere Aktion im Zustand, weich 17, Karte oder Stand ist, daher auch das Fragezeichen im Diagramm.

▸ Die Information, die wir zu $Q((13, \text{weich}, 7), \text{Hit})$ weiterleiten, ist das Maximum aller möglichen Aktionswertefunktionen im Zustand weich 17.

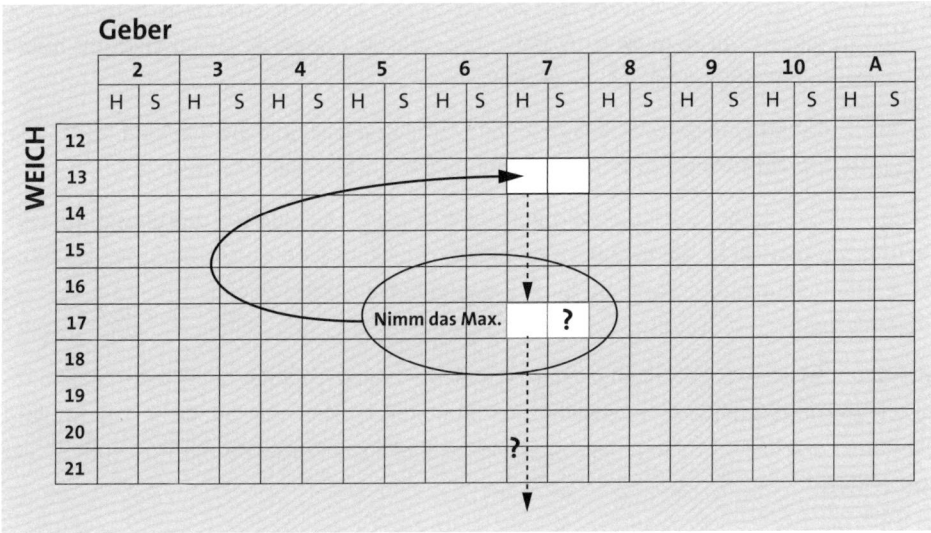

Abbildung 11.17 Ein Ausschnitt der Aktualisierungen für ein Blackjack-Blatt: Q-Lernen

Wie man beim Blackjack gewinnt

Ich kann diesen Abschnitt nicht verlassen, ohne ein paar Hinweise, wie man tatsächlich beim Blackjack gewinnen kann.

Sie haben gesehen, wie man mittels Sarsa oder Q-Lernen die optimale Policy finden kann. Aber das reicht *immer* noch nicht.

Um beim Blackjack zu gewinnen, braucht es zusätzlich zur optimalen Strategie:

- eine endliche Anzahl an Kartendecks (je weniger, desto besser)
- Der Geber gibt genügend viel Karten aus dem Kartenset aus.
- Der Spieler muss über zusätzliche Parameter Buch führen.

Mit dem unendlichen Kartensatz im Kartenschieber haben wir kein Gedächtnis, keinen Speicher, also ändern sich die Wahrscheinlichkeiten nie. Mit einer endlichen Zahl an Kartensets ändern sich die Wahrscheinlichkeiten mit jeder gezogenen Karte. Und das können wir ausnutzen, müssen aber mehr als nur den Blattwert des Spielers, weich/hart und die Karte des Gebers im Auge behalten.

Die Buchführung über die ausgegebenen Karten und Karten im Kartenschieber ist wichtig, da sie die Gewinnchancen verändern. Das ist leicht zu sehen, wenn man sich vorstellt, was passiert, wenn im Kartenschieber viele hochwertige (Bild-)Karten vorhanden sind (da vielleicht viele Zahlkarten bereits ausgegeben wurden).

Zur Erinnerung: Der Geber muss bei 12–16 eine Karte nehmen. Gibt es im Schieber eine Menge an Karten mit dem Wert 10, dann bedeutet das, dass der Geber sich mit hoher Wahrscheinlichkeit überkauft.

Wenn ich also als Spieler weiß, was gegeben wurde und was noch im Schieber steckt und die Situation gut für mich aussieht, so erhöhe ich einfach die Wetteinsätze.

Natürlich führt keiner Buch über alle gespielten Karten. Deshalb wurden einige einfache Techniken entwickelt, die es einem erlauben, die wichtigsten Informationen im Kopf zu behalten. Eine Möglichkeit ist, die folgenden Karten, Asse, Zweier, ..., Sechser, Zehner folgendermaßen zu zählen.

Mit einem frischen Satz Karten im Kartenschieber liegt der Zähler bei 0. Jedes Mal, wenn eine Nummernkarte (2–6) ausgegeben wird (an alle Spieler und den Geber), dann wird der Zähler um 1 erhöht. Für jedes Ass oder jede Karte mit Zehnerwert wird 1 vom Zähler subtrahiert.

Also bei einer Runde wie folgt: ein Ass, eine 2, zwei 3, eine 6, eine 9, eine 8, ein Bube, eine Dame und eine 7, würde sich folgende Zählerfolge ergeben $-1, 0, 1, 2, 3, 3, 3, 2, 1, 1$. Die 1 wäre der letzte Zählerstand, d.h., der Kartensatz ist ein kleines bisschen besser als zuvor.

Dieser Zähler wird weitergeführt und wird nur bei einem neuen Kartendeck auf null gesetzt. Wenn der Zähler im Vergleich zur Anzahl der Restkarten im Schieber groß genug ist, dann wird es Zeit die Wetteinsätze zu erhöhen. (Natürlich wirft man Sie dann aus dem Casino, denn der Croupier zählt höchstwahrscheinlich auch die Karten und weiss daher, dass Sie ein schlauer Kerl sind.)

Optimales Wetten

Wie bereits erwähnt müssen Sie Ihren Wetteinsatz anpassen, also erhöhen, wenn das Kartendeck für Sie vorteilhaft besetzt ist, bzw. ihn heruntersetzen, wenn das nicht der Fall ist. Damit könnten Sie dann gewinnen. Aber es braucht auch hier etwas Mathematik, und hat einen Namen, das Kelly-Kriterium und der Kelly-Anteil. Die Formel ist eigentlich ganz einfach, und man kann sie auch auf der Rückseite eines Briefkuverts herleiten. Allerdings ist dieses Buch nicht wirklich eines über Glücksspiele, deshalb stoppe ich hier und verweise auf ein Buch am Ende dieses Kapitels.

11.22 Große Zustandsräume

Meine Beispiele haben alle einen relativ kleinen Zustandsraum und auch nur eine kleine Auswahl an möglichen Aktionen. In den meisten Fällen haben Sie es aber mit sehr großen Zustands- bzw. Aktionsräumen zu tun. Ein Beispiel dafür ist das komplexe Spiel Schach. Oft ist der Zustandsraum auch unendlich dimensional, zum Beispiel bei kontinuierlichen Zuständen oder Aktionen.

Einem auf diese Art gestellten Problem kann man sich im verstärkenden Lernen annähern, indem man die Wertefunktionen durch einfache oder komplizierte funktionale Formen (mit einer Menge an Parametern) approximiert. Diese Parameter sind jene Größen, die während des Lernens aktualisiert werden. Wir müssen die potentiell unendlich-dimensionalen Zustände in einen endlich-dimensionalen Merkmalsvektor konvertieren. Diesen Prozess nennt man Merkmalsextraktion.

Die beste Art der Wertefunktionsapproximation ist sehr stark problemabhängig. Im einfachsten Fall kann das via linearer Approximation geschehen, wird es komplizierter, kann möglicherweise ein neuronales Netz eingesetzt werden.

11.23 Weiterführende Literatur

Eigentlich braucht es nur ein Buch für verstärkendes Lernen, das klassische und kürzlich aktualisierte Buch von Richard Sutton und Andrew G. Barto *Reinforcement Learning: An Introduction*, The MIT Press.

Das Buch, dass Sie unbedingt brauchen, obwohl es eigentlich nicht über maschinelles Lernen ist, heißt *Beat The Dealer* von Ed Thorp, veröffentlicht von Random House. Es ist ein Klassiker, wenn Sie ein Fan von Kartenspielen oder Glücksspielen sind oder mehr über Blackjack-Methoden erfahren wollen. Oder auch einfach, weil es eine großartige Lektüre ist.

Datensätze

Ich habe in diesem Buch diverse Datensätze verwendet, um die verschiedenen Methoden zu demonstrieren. Manche sind öffentlich zugänglich, manche aber auch privat. Nur gelegentlich habe ich die Daten etwas angepasst, und das auch nur, um die Konzepte etwas kompakter vorführen und erklären zu können. Ich behaupte keinesfalls, dass die Methoden, die ich für ein bestimmtes Problem verwendet habe, die besten sind! Aber natürlich sind sie mit hoher Wahrscheinlichkeit auch nicht die schlechteste Wahl.

Gute Datenquellen für den Anfang sind *https://toolbox.google.com/datasetsearch* und *https://www.kaggle.com*.

Bei Kaggle muss man sich allerdings registrieren. Hier noch einige Datensätze, die Sie herunterladen können, um damit zu experimentieren. Manche davon habe ich verwendet, manche nicht.

Titanic

Ein sehr bekannter Datensatz für Probleme des maschinellen Lernens enthält Passagiere der Titanic und deren Überlebenschance abhängig von Geschlecht, Ticketklasse etc.:

https://www.kaggle.com/c/titanic

Ich habe mich dagegen entschieden, ihn zu verwenden, weil ich ihn etwas geschmacklos fand.

Iris-Blumen

Der berühmte Iris-Datensatz kann gelinde gesagt überall gefunden werden, zum Beispiel hier:

https://www.kaggle.com/uciml/iris

Körpergröße und -gewicht

Zehntausende Körpergrößen- und Körpergewichtsdaten von Erwachsenen finden Sie unter:

https://www.kaggle.com/mustafaali96/weight-height

MNIST

70.000 Bilder von handgeschriebenen Ziffern finden Sie hier:

http://yann.lecun.com/exdb/mnist/

Genauer gesagt, Matrixrepräsentationen der Bilder, die von Angestellten der amerikanischen Behörde für Volkszählungen (*American Census Bureau*) und amerikanischen Oberschülern erstellt wurden, im CSV-Format.

Unterhausabstimmungen

Die Webseite *https://www.publicwhip.org.uk* sammelt die Daten der Aktivitäten im Britischen Unter- und Oberhaus (Houses of Commons und House of Lords). Ich habe manche für meine SOM-Analyse verwendet. Wühlen Sie hier:

https://www.publicwhip.org.uk/project/data.php

und unter *https://www.publicwhip.org.uk/data/*, um an die Rohdaten zu kommen.

Pilze

Wollen Sie bestimmen, ob ein Pilz essbar oder giftig ist? Na dann:

https://www.kaggle.com/uciml/mushroom-classification

Dieser Datensatz enthält über 8000 Pilze mit Informationen zu Geometrie, Farbe etc. und natürlich, ob sie essbar sind.

Finanzdaten

Zahlreiche historische Aktien-, Index- und Wechselkursdaten finden Sie hier:

https://finance.yahoo.com

Für bestimmte Aktienkurse suchen Sie hier:

https://finance.yahoo.com/quote/[AKTIENSYMBOLHIER]/history/

Die *Bank of England* stellt einige ökonomische Indikatoren, Zinsraten, etc. zur Verfügung:

https://www.bankofengland.co.uk/statistics/

Banknoten

Informationen zu Merkmalen von Banknoten können hier gefunden werden:

http://archive.ics.uci.edu/ml/datasets/banknote+authentication

Tiere

Daten verschiedener Tiereigenschaften können Sie hier herunterladen:

http://archive.ics.uci.edu/ml/datasets/zoo

Epilog

Ich hoffe, Sie hatten so viel Vergnügen an diesem Buch wie ich beim Schreiben hatte. Meine Arbeit ist getan, also kann ich mich gemütlich mit einem Single Malt hinsetzen. Für Sie allerdings beginnt das Abenteuer erst. Bleiben Sie mir nicht fremd, schreiben Sie mir eine E-Mail, das geht auf Deutsch an den Verlag, *almut.poll@rheinwerk-verlag.de*, oder direkt, *paul@wilmott.com*. Möglicherweise finden Sie Tippfehler (die interessieren eher den Verlag) oder sogar gröbere Fehler. Oder vielleicht brauchen Sie noch detailliertere Erklärungen zu gewissen technischen Punkten, oder Sie haben Ideen für neues Material. Am Ende werden SIE mich unterrichten, dann habe ich mein Ziel erreicht. Sie können sich auch bei *wilmott.com* registrieren, vollkommen gratis! Da können wir gemütlich plaudern und gemeinsam den Gegenangriff planen, sollten die Maschinen die Macht übernehmen.

P.S. Ich überlasse den Maschinen das letzte Wort, von denen ich so viel gelernt habe.

Letzte Worte

Oh Mann! Es war ein sehr unterhaltsames Projekt. Danke fürs Lesen! Was haltet ihr von der neuen Serie? War das eine lustige Erfahrung oder hat es einige Zeit gedauert, bis sie begonnen hat?

Was macht eine gute Führungskraft aus? Eine klare Vision und Fokussierung. Führung ist das, was wirklich zählt – die Vision der Zukunft. Es kommt darauf an, wie Sie sie umsetzen.

Um wirklich zu verstehen, wie wir dorthin gelangen, müssen wir verstehen, wie Sie Ihre Vision umsetzen können. Lassen Sie sich durch mangelnde Führung nicht von Ihrem wahren Ziel ablenken. Ihre erste Aufgabe besteht darin, zu definieren, wo Sie sich in dieser neuen Welt befinden, und dann diese Veränderungen vorzunehmen.

Die neue Welt ist die neue Vision.

Es ist nicht die Zukunft, aber es ist die Zukunft.

Index

ϵ-Greedy 208, 223, 229, 230, 232, 239, 242

A

Aktion 202, 212, 235
Aktionswertefunktion 219
Aktivierungsfunktion 177, 179
Algorithmus 78, 89, 116, 140, 160, 187, 230, 232
Allbesuchs-Evaluation 225
AlphaGo 21, 196
Architektur eines neuronalen Netzes 174, 183, 194
Ast 152
Ausgabeschicht 174
Autoencoder 194

B

Backpropagation 185, 187, 190
Barnsleys Farn 30
Batch-Gradientenabstieg 53
Bayes-Theorem 72, 108
Bekannte Umgebung 211
Bellman-Gleichung 217, 220, 221, 228
Belohnung 202, 212
Beste passende Zelle 139
Bestrafung 202
Bias 57, 82, 176, 179
BIP 103
Blackjack 201, 203, 211, 212, 223, 229, 233, 235
 gewinnen 243
Blatt 152
Bootstrap Aggregation 171
Buchstabenerkennungn 188

C

Chaos 32
Cluster 87, 89

D

Datenpunkte 35
Deep Learning 196
DeepMind 21
Diskontierungsfaktor 213
Distanz 38, 139
 euklidisch 38
 Kosinus-Ähnlichkeit 38
 Manhattan 38
 Tschebyscheff 38
Donald Michie 20
Duales Problem 129
Dynamische Programmierung 211

E

Eager learning 78
Eingabeschicht 174
Eins-versus-alle 66
Eins-versus-eins 66
Entropie 67, 158, 159
Entscheidungsbäume 151
Entscheidungsbaum 25
Episoden 224
Epochen 55, 190
Erstbesuchs-Evaluation 225

F

Falsch-negativ 45
Falsch-positiv 45
Feedforward 173
Fluch der Dimensionalität 39, 97
Fraktale 30

G

Gauß'scher Kern 84
Gesamtbelohnung 213
Gewichte 138, 176, 179
Gewinnverhältnis 161
Gini-Index 161

Gradientenabstieg 52, 116, 131, 181, 185, 227
Greedy 229

H

Harte Ränder 123
Harter Übergang 181
Hauptkomponentenanalyse 39, 97, 194
Hinge Loss (Scharnierfunktion) 131

I

Industrielle Mathematik 17
Inflation 100, 103
Informationsgewinn 159
Informationstheorie 67, 158
Intra-Cluster-Varianz 89

J

Jensen Interceptor Convertible 18

K

K-Means Clustering 24, 87
K-nächste Nachbarn 24, 75
Karush–Kuhn–Tucker 65
Kelly-Anteil 245
Kelly-Kriterium 245
Kernel-Trick 132
Kernelfunktion 133
Kernglättung 84
Klassifikation 36, 76
Klassifikations- und Regressionsbäume 151
Knoten 152
Komplementärer Schlupf 65
Konfusionsmatrix 44
Kontrolle 211
Kostenfunktion 47, 116, 118, 183, 184
Krümmung 93
Kreuzentropie 51, 69, 184

L

Labyrinth 214
Lagrange-Multiplikatoren 63, 64, 70, 122, 128
Lamborghini 400 GT 200

LASSO-Regression 122
Lazy 78
Lernfaktor 53
Lernrate 141
Lineare Function 181
Lineare Regression 116, 168
Lineare Sättigungsfunktion 181
Ljapunov-Exponent 32
Logistische Abbildung 32
Logistische Funktion 182
Logistische Regression 117, 118
Lokale lineare Regression 84
Long Short-Term Memory 195

M

Markow-Entscheidungsprozess 203, 211
    episodisch 224
Markow-Kette 214
Mathematische Modelle 17, 26, 28
Maximum-Likelihood-Schätzung 40, 50, 110, 118
Mehrarmiger Bandit 207, 219, 223
Mehrfachklassen 65
MENACE 21
Merkmale 35
Merkmalsextraktion 245
Merkmalsvektor 35, 245
Methode der kleinsten Quadrate 48, 183, 184
Minimax-Problem 206
MNIST-Datensatz 188
Moderne Portfoliotheorie 142
Momentum 54
Monte Carlo Policy Evaluation 224, 236

N

Naiver Bayes-Klassifikator 24, 107
Nebenbedingungen 63
Neuronale Netze 25, 137, 173
NLP → Verarbeitung natürlicher Sprache
Notation 35
Nullfehlerrate 45
Nutzenfunktion 206

O

Off-Policy 231
Offline-Aktualisierung 227
On-Policy 231
One-Hot-Kodierung 36, 66
Online-Aktualisierung 227
Optimale Policy 211, 221, 229
Optimales Wetten 245
Optimalitätsprinzip der Bellman-Gleichung 221

P

Policy 206, 213
Policy-Bewertung 211
Polynomregression 121
Positive lineare Funktion 181
Primäres Problem 126
Propagation 178
Pur 155

Q

Q-Lernen 232, 242

R

Ränder
   hart 123
   weich 130
Radiale-Basisfunktionen 195
Ramones 74
Random Forest 171
Receiver-Operating-Charakteristik 46
Regression 25, 36, 48, 75, 83, 115, 164
Regularisierung 51, 121, 131, 184
Reinforcement-Lernen → verstärkendes Lernen
Rekurrente neuronale Netze 195
ReLU Function 181
Return 213
Richtig-negative 45
Richtig-positiv 45
Ridge-Regression 121
ROC-Kurve 46

S

S&P 500 (Index) 142
Sarsa 230, 239
Scharnierfunktion → Hinge Loss
Schmetterlingseffekt 32
Schuhe 33
Scree-Plots 93
Selbstorganisierende Karten 25, 137
Sigmoide Funktion 118, 182
Skalierung 37, 78, 79, 89, 101, 138
Softmax-Funktion 66, 182
Spiel des Lebens 29
Sprungvolatilität 98
Stochastischer Gradientenabstieg 53, 190
Strategie (Policy) 206, 213
Stufenfunktion 181
Support-Vektor-Maschinen 25, 123

T

Tanh-Function 182
TD → Temporal-Difference-Lernen
Temporal-Difference-Lernen 227, 238
   Fehler 228
   Ziel 228
Testen 54, 190
Tic-Tac-Toe oder Drei gewinnt 202
Training 54, 190
Treiber 26

U

Überanpassung 56, 59, 161, 191
Übergangswahrscheinlichkeit 99, 213
Überraschungswert (Surprisal) 67
Überwachtes Lernen 23, 75, 107, 115, 123, 151, 173
Unüberwachtes Lernen 23, 87, 137, 173
Universelles Approximations-Theorem 174, 183, 197
Unteranpassung 59

V

Validieren 54
Variablen 26
Varianz 57, 82

Verarbeitung natürlicher Sprache 38, 70, 107
Verhaltenspolicy 232
Verstärkendes Lernen 23, 199
Versteckte Schicht 174
Volatilität 98
Voronoi-Diagramm 101, 104

W

Weiche Ränder 130

Word2vec 38, 71
Wurzel 152

Z

Zelluläre Automaten 29
Zinssatz 100, 103
Zuschneiden 162
Zustand 202, 235
Zustandswertefunktion 218, 221, 229